21世纪社会学系列教材

城市社会学

夏建中　著

中国人民大学出版社
·北京·

图书在版编目（CIP）数据

城市社会学/夏建中著.
北京：中国人民大学出版社，2010
（21世纪社会学系列教材）
ISBN 978-7-300-12618-0

Ⅰ.①城…
Ⅱ.①夏…
Ⅲ.①城市社会学-高等学校-教材
Ⅳ.①C912.81

中国版本图书馆CIP数据核字（2010）第169439号

21世纪社会学系列教材
城市社会学
夏建中　著

出版发行	中国人民大学出版社		
社　　址	北京中关村大街31号	**邮政编码**	100080
电　　话	010－62511242（总编室）		010－62511770（质管部）
	010－82501766（邮购部）		010－62514148（门市部）
	010－62515195（发行公司）		010－62515275（盗版举报）
网　　址	http：//www.crup.com.cn		
经　　销	新华书店		
印　　刷	北京昌联印刷有限公司		
规　　格	170 mm×228 mm　16开本	**版　　次**	2010年9月第1版
印　　张	15.75	**印　　次**	2022年5月第12次印刷
字　　数	286 000	**定　　价**	35.00元

前　言

萌生撰写这本《城市社会学》的想法是在五六年前。2003—2004年我作为美国富布赖特访问研究学者在芝加哥大学，以及2005年作为美中学术交流委员会高级访问学者在波特兰大学和乔治福克斯大学期间，参加了多个大学的课程、研究讨论及学术会议，走访和观察当地城市社区的各种组织和居民活动，阅读最新的城市社会学英文文献等，当时就希望回国后撰写这本教材。

之所以一直想撰写这本书，主要原因是20世纪80年代以来，发达国家城市社会学的研究不断推陈出新，产生了一些新的理论。其中包括社会学的社区主义理论、以社会为中心的社会资本理论、城市政治中的增长机器理论和机制理论、全球城市理论等。而所有这些在国内尚鲜有论及，学术界对国外城市社会学理论的研究，仍然基本上停留在20世纪80年代以前，即人类生态学理论、社区传统的研究，最多涉及新城市社会学等。

本书的内容既包括世界与中国的城市化、人类生态学理论、社区邻里关系与社区权力的研究和新城市社会学理论，也包括前面提到的城市社会学的最新发展，以及中国城市社区和国外社区的研究。在城市社会学中，社区研究一直是一个重要的领域。特别是在我国改革开放后，大力推动和倡导社区服务、社区建设以及和谐社区创建的背景下，对国内和国外社区进行深入研究显得更为必要。

自20世纪一二十年代芝加哥学派创立至今，城市社会学已经走过了近百年的历程。笔者认为，这一发展历程大致可归纳为三个阶段：第一个阶段是人类生态学理论的发展，该理论的创立象征着城市社会学的正式诞生；第二个阶段是新城市社会学的理论，其主要是对之前城市社会学研究的反思和发展；第三个阶段是当前正方兴未艾的全球城市的研究，该研究已经超越了人类生态学和新城市社会学之间的争论，同时也汲取了两者的优点与成果。但是，三个阶段并不意味着城市社会学发展前两个阶段的理论和方法已经完全过时，因此直到今天，城市化的进展、城市对人类的影响、城市环境中邻里关系的变化、城市特有的生活方式、城市的空间结构与社会结构之间的关系、城市社区的权力关系、城市发展的政治和经济因素等仍然是城市社会学研究的重点。

一些学者因此将城市社会学分为两种主要的理论取向：第一种是探索城市生活的文化、组织和社会心理的后果，第二种是关注城市更广泛的经济和政治影响。前者研究的主要是人们在城市中的体验，这些社会学家常常被归为文化主义者，他们强调的是城市生活的感觉，居民对居住在城市是如何适应和反应的，城市是如何被组织起来进行日常生活的；他们关注的是城市地区产生的价值观和生活方式，它们不同于乡村地区的价值观和生活方式。后者研究的是城市是如何分配财富和权力的，这些社会学家被归为结构主义者，他们考察的是政治和经济力量的相互作用，城市空间的扩大和缩小以及变化的空间组织；他们将城市看作政治和经济关系的物理嵌入体，认为城市本身是更根本力量的表现、被影响人类存在所有方面的社会权力所型塑。对于结构主义者来讲，正确地评价城市生活对人们的影响，需要从理解城市环境是一系列更根本因素的产物这一点开始。

在当前全球化的背景下，城市的作用变得越来越重要，全球城市的体系、结构和功能，民族国家内的城市在全球城市体系中的地位和作用已经吸引了越来越多研究者的关注。因此，在国外社会学界，城市社会学仍然是一个相当活跃的研究领域。由于历史原因，长期以来，我们国家的城市化水平始终落后于全球的平均水平，至今未完成城市化。进入21世纪后，我国的城市化呈现快速发展的态势。我们是在全球化的背景下进行城市化的，因此，全球化、城市化、现代化等交织在一起，城市化过程中出现的社会问题错综复杂，既有发达国家城市化过程中曾经遇到的传统问题，也有因我们的具体国情产生的独特问题，更有我国与当前所有发达国家和发展中国家都正面临的同样问题。所有这些都值得我们城市社会学家进行探讨和研究。

在本书即将付梓之际，首先感谢中国人民大学出版社的潘宇博士，我在回国后就自己想撰写本书的打算与她交谈时，她就非常支持我的想法，当时即决定将其列入出版社的选题和出版计划。无奈，自那时起，我一直忙于各种事情。虽然脑中始终记挂此事，但总是找不到充裕的时间将其尽快完成，处于一种写写停停的状态，进展缓慢。今天，总算完成了这一工作。在此特向她和中国人民大学出版社表示衷心的感谢。同时，也感谢为本书付出辛勤劳动的各位编辑。

夏建中

2010年4月18日于北京世纪城

目 录

第一章

城市的兴起与发展

第一节　城市的产生

一、城市的界定

城市是什么？或者什么可以叫做城市？其界定在不同国家各不相同，在联合国192个成员国的界定中，大约有一半以上是行政上的界定，即行政当局规定哪些聚集点是城市，如布隆迪政府规定，国家的首都或者省会城市才是城市，这样，只有居住在国家首都和省会城市中的居民才是城市人口。有不少国家是根据居住点的人口密度和规模来界定城市和乡村人口，如乌干达规定，100名居民以上的居住点是城市，甚至不考虑非农业经济活动和城市基础设施；再如，丹麦规定，任何250人以上的居民集中居住地区都可以被视为城市。还有一些国家是根据一个区域内的人口和主要功能特征如经济活动来界定，如刚果将人口规模和功能结合起来，规定人口在2 000人以上，主要经济功能为非农业的居住地区都是城市。此外，有22个国家没有城市的界定；另有8个国家将所有的人口都界定为城市人口，如新加坡；有的国家界定所有的人口都不是城市人口，如波利尼西亚。

联合国与此相关的界定是：2万人口以上的聚集地是城市，在此规模以下的聚集地则是农村。而50万人口以上的城市是“大城市”。

我国的规定应当属于行政上的界定，这方面最新的界定是2006年3月10日国家统计局发布的《关于统计上划分城乡的暂行规定》，其中第四条规定，“城镇”是指在中国市镇建制和行政区划的基础上，经该规定划定的区域。“城镇”又包括“城区”和“镇区”。第五条规定，城区是指在市辖区和不设区的市中，经该规定划定的区域。

根据该规定，城区包括：街道办事处所辖的居民委员会地域；城市公共设施、居住设施等连接到的其他居民委员会地域和村民委员会地域。镇区是指在城区以外的镇和其他区域中，经该规定划定的区域。镇区包括：镇所辖的居民委员会地域；镇的公共设施、居住设施等连接到的村民委员会地域；常住人口在3 000人以上的独立的工矿区、开发区、科研单位、大专院校、农场、林场等特殊区域。

但是，作为研究对象的城市，其在学术界的定义则与以上的界定有所不同。对于早期城市，城市研究的学者认为，城市具有四个特征：（1）一定数量的定居人口；（2）非农职业特别是手工业的存在；（3）防御性工事的建筑；（4）集市贸易。在《城市的起源和发展》一文中，肖伯格（G. Sioberg）将城市定义为“达到了一定规模和人口密度的、聚集了各种非农产业从业者（包括文化精英）的聚集地”①。他关注的是城市的物质形态和经济特征。

社会学家对于城市的看法则更注重其社会形态和组织特征，他们将城市定义为有一定的地域规模，并具有如下特征的社会组织形式，这些特征包括：（1）人口数量多，居住密度高，相互差异大；（2）至少有一定的人口从事非农业生产；（3）人们之间的相互交往，主要不是在彼此熟知的、作为完整的个人之间进行的，而往往是在互不相识的人之间进行；（4）社会整合的基础是远比家庭和部落更广泛的东西，如法律、宗教、政治忠诚等；（5）此外，马克斯·韦伯（Max Weber）还认为，城市应有市场功能和制定法律的权力；（6）根据柴尔德（V. Gordon Childe）的观点，城市产生了在许多方面不同于农村社会的社会组织，为现代生活提供了社会基础。这就是建立在贸易和手工业生产基础上的城市经济所产生的劳动分工和专业化，以及由此带来的相互依赖与合作的社会组织。

二、城市产生的条件

城市产生的先决条件是定居生活方式的出现，在采集、狩猎生产方式下的流

① G. Sioberg, The Origin and Evolution of Cities, *Scientific American*, September, 1965.

动性生活状态中是不可能产生城市的。因此，至少应当是在种植农业出现后才可能产生城市。有关城市起源的解释有多种，主要包括以下几种理论。

"农业剩余产品说"。一些学者如柴尔德等认为，农产品生产中剩余产品的出现是非常重要的因素，因为，剩余产品可以支持定居人口的增长。同时，管理剩余农产品的需要使得新的社会组织出现，因此产生了新的社会结构即社会分层和相应的制度。

"大型灌溉设施说"。在《东方专制主义》中，卡尔·魏特夫（Karl August Wittfogel）指出，很多早期城市起源于通常依赖灌溉和洪水控制的地区。因为，大型灌溉项目需要大量人口的集中和新的劳动分工与协作以及复杂的社会管理组织等。

"集市贸易说"。有一些学者注意到绝大多数城市中心都是围绕集市贸易点建立起来的，因而将城市的产生归因于集市贸易的出现。

"军事城堡说"。包括韦伯在内的一些学者认为，城市的起源是因为人们需要聚集在安全的军事防御设施中得到保护。

"宗教中心说"。在早期城市遗址中发现的宗教建筑或者神庙等往往处于中心的位置，这使得一些学者认为，宗教因素可能是城市产生的重要原因。肖伯格指出，宗教精英集团通过对圣坛祭品的控制得到了经济和政治权力，因而能够影响那些促进城市起源发展的社会变化。①

保罗·诺克斯（Paul Knox）认为，近年来更加流行的是一种综合性的解释。因此，笔者认为，城市的产生是多种因素综合的结果，主要因素包括以下三种。

1. 生产力的发展与生产方式的变化是城市产生的基础

农业革命是城市产生的必要条件，即第一次大分工：农业从采集、狩猎中分离出来。出现了定居农业或种植庄稼，因而才有可能出现余粮（大约是公元前5000年）。农业革命后的1 000年左右，城市开始出现，即公元前4000年左右。阿布-拉格哈德（Abu-Lughod）认为，灌溉、洪水控制和犁的发明，导致了人口的增长和扩散，为了保护自己的地盘和农业产品，人口聚居和集中，组成了武装和分配机构等。

2. 宗教仪式中心是城市形成的人口聚集和精神条件

早期人口从不断迁徙、流动的居住方式转变为定居方式，最重要的物质基础是定居农业的产生，但是，定居不一定是大规模人口的聚集，能够让大量的人口

---

① 参见［美］保罗·诺克斯、琳达·迈克卡西：《城市化》，24～25页，北京，科学出版社，2009。

聚集在一起居住，最大的可能是由于宗教祭祀中心的吸引。因为，在远古时代，先民们除了对食物和遮蔽场所的寻求外，最大的关心应当是对自身和周围世界诸多困惑的忧虑，这种精神层面的追求在蒙昧时代必然导致巫术的产生和巫师的崇高社会地位。祭祀中心作为人们寻求精神解释和安慰的场所，必定吸引先民们不断前来朝拜，从不定期到定期，从往来跋涉到在其周围定居，最终为城市的形成创造了大量聚集人口的条件。

正如凯文·林奇（Kevin Lynch）指出的，城市出现的最典型的途径是农民的聚落社会，经济上有剩余生产，政治上有首领，宗教上有仪式和永久性的祭祀或庆典场所。此外的所有功能诸如贸易或市场、战争碉堡以及大型公共设施的管理中心似乎都应该是城市的产物，而不是城市产生的原因。他断言："城市首先是一个宗教圣地。"①

3. 人口的聚集导致社会结构的变化，从而成为城市产生的社会条件

人口的聚集将会产生什么结果呢？涂尔干（Emile Durkheim）与沃思（Louis Wirth）都曾指出：人口的集中会导致劳动分工，于是，不同的职业群体开始出现，渐渐地，阶级和阶层出现。同时，分工造成了相互依赖与合作，为了协调相互之间的合作，进一步产生了管理机构以及权力机构。并且，进一步的发展促进了农业与手工业、手工业与商业的分工。这样，城市的出现造成社会结构的变化，因此城市已经不同于以往的农民聚落。所以我们可以断定，单纯的人口集中并不是城市形成的标志，只有社会结构发生变化，城市才得以形成。

柴尔德指出，人类社会从以亲属关系为基础的无文字的小型农村社会发展为社会结构复杂、文明的都市社会，可被称为"城市革命"，这种革命可以根据以下十大特征加以判断。

第一，人口规模和密度的增长。公元前3000年，不少早期城市的人口都达到了2万人。

第二，出现了农业剩余。农民缴纳什一税或者其他税给神或王，供养僧侣、士兵和其他官员。

第三，大规模公共建筑。国家组织建设的灌溉系统，使得农民可以生产剩余粮食，城市被寺庙所统治。

第四，劳动力的分工。剩余粮食使得艺术、手工艺、商人、士兵和僧侣出现。

第五，文字和数字符号的出现。

---

① ［美］凯文·林奇：《城市形态》，5页，北京，华夏出版社，2001。

第六，从事非生产劳动的社会阶层出现以及阶级的产生。僧侣、军事领袖以及其他官员组成了统治阶级。

第七，精美的艺术开始出现。特别是对人和动物的描绘。

第八，科学的发展。主要是有关农作物的预测、测量和标准化以及税收记录的科学，如算术、几何与天文。

第九，以居住区而不是以亲属关系为基础的政治组织。

第十，长途贸易。主要是那些用于手工艺产品和宗教仪式的原材料的进口。

在《城市社会的发展：早期美索不达米亚和史前墨西哥》一书中，美国人类学家亚当斯（Robert McCormick Adams）也指出，在城市革命中，最本质的变迁是社会组织领域内的变化，即社会的规模加大，复杂性增多，同时，政治上新的机构出现，手工业专业化。

在早期城市中，通常底层是农民、奴隶和工匠，中层是管理者和军人，上层是王族和祭司。

三、早期城市的产生

过去，人们曾认为文明的摇篮是尼罗河流域，但现在，绝大多数学者都一致同意，最早的文明中心是苏美尔（Sumer），也就是《旧约全书》中的“希纳国”（Land of Shinar）。苏美尔位于被称为“美索不达米亚”——大致相当于现在的伊拉克的南部，底格里斯河与幼发拉底河之间的区域，南临波斯湾，由若干块荒芜的、河流泛滥而造成沃土淤积的小平原组成，属于著名的“肥沃新月”（Fertile Crescent）地区的东部。

约公元前3500年时，一些已改进生产技术、正在耕种这片半干旱的肥沃土壤的农业公社，成功地完成了从新石器时代的部落文化到文明的过渡。公元前3000年左右开始，苏美尔地区的部分农业村庄的人口大量增加，已经有15～20座城市，形成了苏美尔文明的众多城邦。其中，乌尔（Ur）是公元前2300—公元前2180年苏美尔的首都，是当时最大的城市之一，其用地规模达到4平方英里；公元前2000年左右，其人口大约为2万人。

在美索不达米亚平原的城市出现后，世界上其他一些地区也先后产生了早期的城市。

公元前3100年，埃及成为一个统一的国家，在此之后，城市开始出现，公元前2000—公元前1400年，出现了底比斯（Thebes）、阿克塔顿（Akhetaten）等首都城市。公元前2500年左右，在现巴基斯坦境内的印度河峡谷开始出现较大的城市社区，肥沃的淤积土壤和广泛的流域灌溉系统是该地区城市形成和发展的物质基础，该地区出现的城市哈拉帕（Harappa），是印度河流域文明的中心。大约在公元前1800年，中国的商朝在黄河流域发展起来，与“肥沃新月”和印度河流域的文明相似，商朝的都城亳（现郑州）与殷（现安阳）也都因为灌溉农业而得到发展。“肥沃新月”、印度河流域与黄河流域之外的第四大文明区域，就是中美洲文明。不过，该地区的早期城市聚落仅能追溯至公元前500年。著名的城市有蒙特阿尔万城（Monte Albán），它是古印第安文化的中心，位于今墨西哥的瓦哈卡城郊外。蒙特阿尔万在西班牙语中意为白山，这里相继是萨波特克人和米斯特克人的文化与宗教圣地。该城从公元前5世纪开始兴建，公元1世纪是其繁盛期，15世纪后衰落，其遗址面积4平方千米，山顶上的中心广场周围有众多神庙及用于祭祀的球场等建筑，其中以广场西南面的舞蹈者神庙最为古老。后来的特奥蒂瓦坎城（Teotihuacan）在现墨西哥城附近，全盛时期为公元300—700年期间，城中大约有20万人口。

第二节　欧洲城市的发展

早期城市产生后，主要由于人口的迁徙、军事的征服、贸易的发展，城市从起源地区向世界上不同的地区扩散。其中，欧洲的古希腊和古罗马帝国的城市发展令人瞩目。

一、欧洲早期的城市化

（一）古希腊

欧洲城市的发展远远落后于四大文明体系，城市后来首先影响到希腊，主要原因是其地理上接近“肥沃新月”地区，后者的商品、人口流动和建城观念影响了该地域城市的产生。根据芒福德（Lewis Mumford）的研究，到公元前8世纪左右，城市文明已经在希腊出现，他们建造了雅典、斯巴达和科林斯等城市，城邦（polis）国家产生，其特点是：居民分散在各城邦国家，而不是集中在单个的城市中；城市的人口规模小，居民大多为200～20 000名；整个希腊存在许多大大小小的城市联盟，联盟中有居统治地位的城市如雅典（到公元前5世纪时，雅典已经有12～18万人口）；不少城市没有城墙，因为四周是海；出现了阶级和阶层，公民与非公民（后者包括妇女、儿童、外来人、奴隶），在雅典鼎盛时期，奴隶与自由人之比达4∶1；人的身份由其出生来决定。

古希腊城邦开创了公民民主参与城市管理的政治模式，村社组织的民主习惯影响到城市国家的公共生活，这在其城市的空间布局中也可显现出来。城市空间可分为两大块，中心或者内核是“卫城”，它是全部实在的精华，“因为卫城首先是城市神祇的家园”①，尤其是伊瑞克特翁神庙和帕提农神庙。当然，世俗的权力也在此。卫城之外是市场和集会广场（agora），开始主要是城市经济活动的中心，是民众从事日常交易的场所；随着后来的发展，市场逐渐包括了节庆活动、市民大会、体育竞赛、戏剧表演等功能。虽然在雅典，市民大会专门有集会地点，但是其他城邦国家大多是两者兼顾，结合了司法、行政、贸易、宗教、社会等诸多重要的城市功能，因此，后来广场以压倒卫城的优势发展，最后成为城市中最重要、最富有活力的因素。②

（二）古罗马

传说罗马共和国建立于公元前509年，公元前27年，罗马共和国被罗马帝国取代。自公元前5世纪初开始，通过一系列的征战，到公元2世纪，罗马帝国达到全盛时期，疆域西起西班牙、不列颠，东到幼发拉底河，南至埃及、迦太基，北达莱茵河、多瑙河，地中海成为当时罗马帝国的内海。其经济空前繁荣，完全取代了古希腊文明。

公元2世纪开始，罗马人在整个欧洲建设了城市，为后来的西欧城市系统奠定了基础。公元3世纪，古罗马帝国的城市人口已经达到100万人，虽然其中大部分是奴隶。

诺克斯等人认为，古希腊与古罗马的城市之间的一个重要区别是，古希腊城市是独立的城邦国家，通常以一个城市为中心，包括周围的村社；而古罗马的城市不是独立的，而是在以罗马为中心的帝国系统内运行，根据等级进行设计，反映出古罗马严格的阶级制度。③

古罗马帝国在城市建设方面最伟大的成就有两方面：遍布整个帝国的道路系统和上下水系统。罗马帝国的道路系统堪称世界上规模最宏伟的古代交通运输网络，一条由不列颠到“肥沃新月”的两河流域，另一条从多瑙河到西班牙和北非。此外，还有从罗马南下直达卡普亚的阿庇乌斯路，从罗马北上直达亚得里亚海滨的北方重镇阿里米昂的弗拉米乌斯路，从这条北上大道延伸，就可与法国、

---

① ［美］刘易斯·芒福德：《城市发展史：起源、演变和前景》，172页，北京，中国建筑工业出版社，2005。

② 参见上书，160～161页。

③ 参见［美］保罗·诺克斯、琳达·迈克卡西：《城市化》，38页，北京，科学出版社，2009。

德国、瑞士、奥地利等相连，通达之途更为广阔；以及以罗马为起点，向西北直达热那亚的奥莱丽亚大道，横贯亚平宁半岛的瓦莱里亚大道，沿着罗马的东南方向延伸，在卡普亚附近与阿庇乌斯路连接的拉丁大道等。罗马道路系统共有约320条联络道路，总长达到8万公里，将意大利各地、英国、西班牙、小亚细亚部分地区、阿拉伯以及非洲北部连成整体，并把这些地区分成12个行省，为罗马的征服和统治创造了条件，并为后来的民族大迁徙和基督教的传播提供了交通的基础。①

古罗马人还创造了输水道和排水道，通过引水渠和网状密布的下水道排水设施，构成了一个完整的城市上下水系统。罗马城有11条供水干渠通往城内，通过干渠从郊外水源地用高架水槽将水引至城内，再经由遍布街道、小巷的管道，供城市居民使用。全部水源基本上按照各1/3的比例分配给贵族及其机构、各大浴场、城市公共喷泉和普通市民。罗马还精心设计了网状地下排水系统，使城市的雨水、污水和废弃物得以排出，有一条主干下水道，被称为“大下水道”，其中一部分至今仍在使用；最为著名的下水道是位于罗马城的主渠，它大到可以划着小船行驶。

二、中世纪欧洲城市的复兴

公元476年，随着西罗马帝国的最后一个皇帝被废黜，罗马帝国崩溃。从此，西欧开始进入长达数百年的黑暗时期，西欧的城市生活也日渐暗淡，以往帝国境内的部分地区成为若干块相互征战的野蛮人的封地，动荡不安的政治局势破坏了长途贸易和经济的正常开展，城市逐渐衰落和萎缩。相对于罗马帝国时期的城市，这时候的城市的居民基本上不超过3 000人。在大多数地方，古老的城市文明几乎都消失了。“实际上，西欧所有的大城市——从迦太基到罗马和米兰——都经历了一次人口骤减。”②

不过，在世界其他地区，城市生活继续繁荣，如伊斯兰世界的麦加、巴格达、大马士革，中国唐朝的长安等。在长途贸易依然兴旺的欧洲其他地区，城市生活也相当繁荣，其中最著名的是此前的希腊殖民地城市拜占庭，亦即今天土耳其的君士坦丁堡（后称为伊斯坦布尔）。凭借其在欧亚贸易中的战略地位，在一个世纪内它的人口从5万增长到30万；到公元6世纪，君士坦丁堡达到鼎盛时期，成为欧洲的首要城市，人口接近50万。

---

① 参见《简明不列颠百科全书》，5卷，486～487页，北京，中国大百科全书出版社，1986。

② ［美］乔尔·科特金：《全球城市史》，59页，北京，社会科学文献出版社，2006。

11世纪，欧洲的城市开始出现复兴，这些复兴的城市大体可以分为两类。一类是在原有城市的基础上重建、再生或者扩展起来的城市；另一类是新建的或在旧城堡的郊区兴建的新城。城市复兴的最主要原因是商业的发展，历史规律表明，工商业越发展、越活跃，城市就越多、越繁荣。商业活动和商人阶层的发展不但使得原有的旧城获得新生，更重要的是促进了新城的出现和市民阶级、城市制度的诞生。

根据皮雷纳（Henri Pirenne）的研究，西欧的商人阶级形成于10世纪，自11世纪始，欧洲的商业在两个策源地开始复兴，第一个策源地是威尼斯和南意大利，第二个策源地是北欧的佛兰德尔海岸。商人阶级形成后，他们基本上居住在城堡之外，并且在城堡的旁边建立一个郊区，即新堡，以别于封建城堡即旧堡。新堡是一个商业地点，成为后来近代城市的雏形。最迟于11世纪初，新堡的居民开始得到了市民的名称。1127年，佛兰德尔的圣奥梅尔市获得自治市特许状，被承认有充分的自治权，从此以后，城市的地位得到书面的保证和认可。但是，与此同时或者稍早些，这些城市已经开始建立自治市的城市制度，这些制度包括：（1）肯定居民的人身自由，以摆脱封建领主的羁绊；（2）建立特别的法庭；（3）在城市中建立治安队伍和制定刑法；（4）废除与从事工商业活动及占有与获得土地不相容的捐税；（5）广泛的城市政治自治。皮雷纳认为，在此之前的西欧根本不存在城市，因为它们都不具备近代城市的两个基本属性——市民阶级的居民和城市制度。①

自治城市的出现对欧洲文明产生了深刻的影响，这些影响包括：

1. 由“城”到“市”的转变

过去的城市，本质上是城镇、城堡或者仅仅是城而已，基本上是教区或者行政管理中心，城中只有农业、手工业和地方集市。现在，有了真正的市场，即长途贸易的交易中心。

2. 城市的社会变化

（1）封建社会的阶级只有贵族、教士、农奴，现在出现了市民阶层；（2）建立了城市制度，这些制度包括：人身自由，特别法庭，制定刑法以保证社会治安，废除封建领主的捐税，更广泛的地方自治；（3）为了共同的商业利益和政治方面的诉求，建立不依附于任何权力的自治团体——行会，这些行会成为自治市产生之前城市的非正式管理机构；（4）自由农民的出现，推动了农奴的解放；（5）土地资本之外，商业资本、货币资本的出现。

---

① 参见［比利时］亨利·皮雷纳：《中世纪的城市》，北京，商务印书馆，1985。

三、工业革命时期（1750—1910 年）的城市化

城市社会学家戴维斯（Kinsley Davis）认为：18 世纪以前的任何城市化的影响都是有限的，虽然城市的产生改变了人类社会的生活方式，但这只能影响到极少数人。由于 50～90 个农民才能养活一个城市人，所以城市人口最多只有总人口的 1%～2%。当时的城市只有几条街道和一两座公共建筑，城墙的长度一般不会超过 1 英里。真正的城市化只有伴随着工业革命，巨量人口涌入城市才会出现。他甚至认为，这才是真正的“城市革命”。[①]

工业革命是以机器取代人力，以大规模工厂化生产取代个体工场手工生产的一场生产与科技革命。大多数观点认为，工业革命发源于英格兰中部地区。18 世纪中叶，英国人瓦特改良蒸汽机之后，由一系列技术革命引起了从手工劳动向动力机器生产转变的重大飞跃。随后传播到整个英格兰以及整个欧洲大陆，19 世纪传播到北美地区。

进一步划分的话，工业革命又可分为两个阶段，即第一次工业革命，从 18 世纪 60 年代到 19 世纪中期，其特点是：工厂制代替了手工工场，机器代替了手工劳动；从社会关系来说，工业革命使依附于落后生产方式的自耕农阶级消失了，工业资产阶级和工业无产阶级形成。第二次工业革命，从 19 世纪 70 年代到 20 世纪初，其特点是电力的广泛应用，人类跨入了电气时代。

工业革命引起了全世界前所未有的城市化。城市在公元前 3500 年前后就产生了，但是，在其后数千年间，城市的规模取决于周围地区所能生产的粮食的数量。因而，人口最稠密的城市都存在于大河流域，如尼罗河流域、“肥沃新月”和黄河流域。随着大规模的河上运输和海上运输的发展，城市能专门从事贸易和工业，从而使其人口增长超过其内地农村的人口增长限度。

工业革命所引起的近代世界范围的城市化要重要得多。由于工厂系统取代了分散在家庭加工的制度，大批人口涌入新的工业中心。技术的进步使得农产品的产量提高，而且，巨量新城市人口也能从世界各地取得粮食而得到供养。同时，技术和医学上的进步有可能消除以前曾害死大批城市居民的瘟疫，甚至有可能使城市的生活较可忍受、比较合意。这些进步中较重要的包括：充分供应洁净的水、改善集中式排水系统和垃圾处理系统、保证充足的商品供应以及预防和控制传染病。

---

① See Kingsley Davis, The Origin and Growth of Urbanization in the World, *American Journal of Sociology*, Vol. 60, No. 5, 1955.

因而，工业革命后，世界各地的城市化以极快的速度发展，到工业革命结束时，城市已经包括了世界人口的1/5，即41 500万人。这是人类历史上的一个巨大的社会变化，因为居住于城市意味着一种全新的生活方式。

城市人口的迅猛扩展使得城市化受到关注，出现了“城市化”（urbanization）的概念。1867年，西班牙工程师瑟尔达（A. Serda）在其著作《城市化基本理论》中首先使用了城市化的概念。其基本上是指城市的发展或者是一个国家总人口中生活在城市的人口的增长。虽然一些学者认为社会学家应当关注城市生活方式的方面，但是，前者的定义更简单，也更容易操作。这样，测度城市化的公式就是：

城市化水平＝城市人口/总人口

到20世纪初，不少发达国家如英国、美国和德国等，已使它们的大多数人口生活在城市里，从而完成了城市化。

1750年时，英国的城市人口约为总人口的24％，1800年仍然为24％；但是，到1851年，这一比例迅速上升到45％；1900年，其城市人口占77％，成为世界上第一个城市人口数量超过农村人口的国家，完成了城市化。

同样，美国大规模的城市化也是在工业革命后开始的，1790年前后，美国开始工业革命，当时其城市人口占总人口的5.1％，到1890年时，这一比例上升至35.1％，1920年为51.2％，完成了城市化。

德国于1840年前后才开始工业革命，到1871年德国统一时，其城市人口占36％，1910年，城市人口占60％。

从全世界来看，1800年，世界总人口为9.8亿，只有不到5％的人口居住在城市中。但是，仅仅过了50年，这一比例就急剧上升到16％。工业革命使得巨量农村人口移入城市，从而对社会产生了深刻和持久的影响，主要表现为：

第一，工业革命使得使用机器生产和现代大工业逐步代替了工场手工业，资本主义雇佣劳动制度普遍建立，这引起了社会阶级关系的深刻变化，产生了近现代历史上最重要的两大阶级——资产阶级和无产阶级。

第二，闲暇活动方式多样化，闲暇时间开始固定化。工业革命之前，英国人的休闲生活主要以宗教庆典和各种节日庆祝活动为主，工业革命后，新的休闲方式出现，包括餐饮娱乐休闲、演艺观赏休闲、体育休闲等。休闲活动不断世俗化。工业革命之前，人们劳作的时间长短不一，工作时间不固定，工作与休闲多无明确的区分；而工业革命后，随着工厂制度的建立，工作和休闲有了明确的时间限制。

第三，城市生活同时也呈现出以下的负面结果：劳动时间长，如19世纪中叶的德国，平均工作时间为15～16小时。居住拥挤，污染严重，这些在恩格斯所著的《英国工人阶级的状况》中有详细、生动的描述。城市人口寿命较社会平均寿命低，如19世纪末，波士顿人口的平均寿命为34.9岁，而当时马萨诸塞州人口的平均寿命为41.5岁；法国为42.2岁，而巴黎仅为28.1岁。[①] 此外，还有犯罪率上升等。

第四，社会大变革引起社会学科的产生。基本上，社会科学的主流学科都正式形成于工业革命后，如经济学、政治科学、社会学以及人类学学科等，主要关注农业社会向工业社会、农村生活向城市生活转型中出现的各种社会新现象和社会问题。如马克思关注资本主义的经济和政治特征以及阶级之间的关系；梅因（Henry Maine）关注人们之间先赋地位的纽带逐步被契约关系取代；滕尼斯（Ferdinand Tonnies）关注控制个人的形式从家庭和邻里的小社区，向大规模的社会正式的也是更非人格化的制度转变；韦伯关注启动这些巨大经济、法律和政治变迁的制度，以及这一大变革之后的制度特点；涂尔干提出人口规模的扩大需要更细的分工，以及人们之间的团结的形式；齐美尔注意到，在大城市中的生活方式会引起个人人格的变化等。

第五，殖民主义在工业革命以前就存在，15世纪末，新航路发现后，欧洲开始了殖民扩张的第一阶段（15世纪—18世纪中叶），工业革命后开始了第二阶段，殖民地国家从过去以提供香料、糖和奴隶为主，变为工业原料、粮食的提供国和市场，且变化的范围、深度和影响都是空前的。

第三节　当代世界的城市化进程与特点

这里主要指第二次世界大战以后的城市发展，不过发达国家与发展中国家呈现出不同的发展特点。

一、发达国家的城市化

（一）城市群的产生与发展

1957年，法国学者戈特曼（Jean Gottmann）在其论文《东北海岸的城市群与城市化》（Megalopolis：Or the Urbanization of the Northeastern Seaboard）

---

① See William G. Flangan, *Urban Sociology*, Allyn & Bacon, 2002, p. 56.

中首先使用城市群（megalopolis）这个概念。当时，他研究的是美国东北部从波士顿到华盛顿的城市连绵带。戈特曼认为，城市群有五个基本标准：(1) 区域内有比较密集的城市；(2) 有相当多的大城市形成各自的都市区，核心城市与都市圈外围地区有密切的社会经济联系；(3) 有联系方便的交通走廊把核心城市连接起来，各都市区之间没有间隔，且联系密切；(4) 必须达到相当大的规模，人口在 2 500 万以上；(5) 属于国家的核心区域，具有国际交往枢纽的作用。当时他把美国东海岸五个大城市圈连接成了一个有 3 000 万人口的地区，总称为大城市群。[①] 之后，戈特曼又首次提出了世界上六大城市群的观点，包括美国东北部大西洋西岸从波士顿到华盛顿地区，欧洲西北部从巴黎经布鲁塞尔、阿姆斯特丹到鲁尔、科隆地区，英格兰中部从曼彻斯特、利物浦到伦敦的地区，美国与加拿大的五大湖区，日本东海道太平洋沿岸和我国以上海为核心的长江三角洲地区。

英国的伦敦—伯明翰—利物浦—曼彻斯特城市群集中了英国 4 个主要大城市和 10 多个中小城市，是英国产业密集带和经济核心区。

德国的莱茵—鲁尔城市群是因工矿业发展而形成的多中心城市集聚区，在长 116 公里、宽 67 公里的范围内聚集了波恩、科隆、杜塞尔多夫、埃森等 20 多个城市，其中 50 万～100 万人的大城市有 5 个。

日本是亚洲地区城市群发展程度最高的国家，已形成典型的城市群。日本城市群由东京、名古屋、大阪三大都市圈组成，大、中、小城市总数达 310 个，包括东京、横滨、川崎、名古屋、大阪、神户、京都等大城市，全日本 11 座人口在 100 万以上的大城市中有 10 座分布在该城市群区域内。三大城市群的面积约 10 万平方千米，占全国总面积的 31.7%；人口近 7 000 万人，占全国总人口的 63.3%。它集中了日本工业企业和工业就业人数的 2/3、工业产值的 3/4 和国民收入的 2/3。

为了反映美国区域和大城市的发展，除了城市化的指标外，美国统计局于 20 世纪 40 年代设计了“标准大都市区”（standard metropolitan area）的概念，指的是至少有一个 5 万人口以上城市，以及它所在县的周围的郊区形成的区域。到 1959 年，意识到都市区的发展通常是跨越一个县的范围，于是“标准大都市区”的概念被修改为“标准大都市统计区”（standard metropolitan statistical area）[②]，指的是至

---

① See J. Gottmann, Megalopolis: Or the Urbanization of the Northeastern Seaboard, *Economic Geography*, July, 1957.

② 20 世纪 80 年代，这个概念被缩短为现在的“大都市统计区”（metropolitan statistical area, MSA）。

少有一个5万人口以上的中心城市，以及它所在的县与周围有密切经济联系的县形成的区域，经济联系确定的主要因素是相互之间通勤的人数和程度。1980年，该概念在此基础上又进一步补充为："若该区域总人口至少有10万（新英格兰地区7.5万），并至少有5万人口居住在人口统计署划定的城市化区域内，即使没有中心城市，也可划为大都市区。"

同时，人们认识到，区域发展和社会空间的整合远比"标准大都市统计区"（也即"大都市统计区"）能联系的地域范围所反映的更广泛。于是，1980年美国统计局还规定，人口在百万以上的大都市市区内，其单独的组成部分若达到一定的标准，则可划分为"主要大都市统计区"（primary metropolitan statistical area，PMSA），而任何包含PMSA的大都市复合体都可称为"联合大都市统计区"（consolidated metropolitan statistical area，CMSA）。后两个概念反映的是城市圈的状况。1990年，再次提出了"大都市区域"（metropolitan area，MA）的概念，将MSA、PMSA和CMSA都包括进来，从此，美国的城市体系就形成了大都市区域与非大都市区域的分野。截至1999年，美国共有258个大都市统计区、73个主要大都市统计区、18个联合大都市统计区。居住在大都市区域的人口约为2.17亿，占总人口的80%左右。

在联合大都市统计区的基础上，美国还形成了四大城市带。波士顿—华盛顿城市带分布于美国东北部大西洋沿岸平原，北起波士顿，南至华盛顿，以波士顿、纽约、费城、巴尔的摩、华盛顿等一系列大城市为中心地带，面积约13.8万平方千米，人口约4 500万人，城市化水平达90%。虽然其面积占国土面积的比重不到1.5%，但却集中了美国人口的20%左右，它是美国经济核心地带，制造业产值占全国的30%。芝加哥—匹兹堡城市带分布于美国五大湖沿岸地区，制造业产值占全国的35%左右。圣迭戈—旧金山城市带分布于美国西部太平洋沿岸，以洛杉矶为中心，南起加利福尼亚的圣迭戈，向北经洛杉矶、圣塔巴巴拉到旧金山海湾地区和萨克拉门托，是新兴产业和阳光地带。以上三个城市带的人口占全国的一半。最后一个是正在兴起的以休斯敦为主体的墨西哥湾城市带。

（二）郊区化的迅猛发展

郊区化可定义为：城市扩展其边缘地带，从人口密度高的中心区域扩散到邻近的密度低的区域。[①] 按照芒福德的研究，郊区化早已有之，19世纪起，在欧美

---

① See John Scott & Gordon Marshall, *Oxford Dictionary of Sociology*, Oxford University Press, 2005, p. 647.

城市中，就出现了大批居民离开城市涌向郊区的现象。不过，大规模的郊区化主要是城市化完成后，即 20 世纪 20 年代以后才开始的。

但是，什么算是郊区？定义这一概念似乎不大容易。笔者根据多种文献，概括出两种不同的观点。一种观点认为，城市的边缘且是原农村的区域被城市扩张后，就可以叫做郊区。另一种观点认为，那些被城市扩张后占领的城市边缘的原农村区域，如果与原城市有着清晰的功能联系，不应当叫做郊区，而仅仅是原城市的扩大而已。换句话讲，只有那些超出了原城市历史边界且又形成了自身自成体系的功能的区域，才可以被称为郊区。所以，持第二种观点的人，为了与容易被混淆的郊区化相区别，提出了"逆城市化"的概念。

不过在实践中，研究者们更多的是采用政府相关部门的界定。美国国家统计局规定，郊区是大都市区内中心城市之外的区域，后又定义为所有大都市区的外环区域。

美国的郊区化是 20 世纪二三十年代开始出现的，第二次世界大战后迅猛发展，到 1970 年，全国郊区人口首次超过居住在其他居住区域内的人口，形成继 1920 年美国城市人口超过农村人口以来的又一次历史性转折。1970 年，美国郊区人口占 37.1%，中心城市人口占 31.5%，农村区域的人口占 31.4%。

推动美国郊区化的最直接的原因，恐怕应当是城市居民对有益于身心健康的居住环境的追求，除此之外，还应当包括以下技术、经济等方面的因素。

第一，全国公路网的迅速发展和私人汽车的普及。20 世纪 50 年代的《国家高速公路系统法案》推动了全美完善的高速公路与普通公路网的系统建设，全美修建了 4.1 万英里的高速公路网。每个主要城市都与该体系连接，城市的外围是环路或者州际环形公路，使得远离城市中心的郊区有更好的可达性。同时，私人汽车的大量普及，使得人们可以在工作地点与居住地点之间往来，而不必尽可能居住在工作地点附近。

第二，房地产开发商的推波助澜。他们在郊区建造大片的住宅，房屋质量、社区环境等都比城市中心更适宜居住，如 1946 年开始至 20 世纪 50 年代的纽约长岛的莱维顿（Levittown）项目，占地 5 000 英亩，有 17 447 个独栋住宅，吸引了 8 万多居民居住。

第三，经济活动在空间上的分散化也促使居民向郊区迁徙，这些因素包括：(1) 大型零售设施的建造，主要是在郊区兴建大型集成式购物中心（mall、megamall），以满足郊区居民购物、休闲娱乐的需求。1957 年，美国城市郊区大约有 2 000 条购物商店街，到 1965 年，这一数字增长到 8 420 条，而到 1980 年，全美已经有 2.2 万个大型购物中心。(2) 企业到郊区建厂，如"工业园"、"科学园”等。最著名的是“硅谷”，从圣何塞到帕拉奥托，有 800 多家工厂。(3) 办公和管理总部从市中心向郊区迁移。

第四，政府鼓励买房的贷款政策和税收政策。特别是 1937 年、1941 年通过的“住宅税收补贴”政策，规定购房者可以在纳税额中扣减其在购房贷款中的贷款利息支出。这样的政策明显地表明买房比租房更划算。而 1944 年通过的《退伍军人权利法案》对住宅产生了更直接的影响，根据该法案，第二次世界大战的复员军人可以在没有钱的情况下购买住宅，而当时的复员军人有 1 600 万。根据戈特迪纳（Mark Gottdiener）的看法，20 世纪 40 到 60 年代，绝大部分有子女的中产阶级白人家庭都离开城市中心迁到郊区居住。[①]

二、发展中国家的城市化

近代世界城市化的主角是发达国家的城市化，1950 年，世界城市人口中的近 2/3 集中在发达国家。不过自那时起，发展中国家的城市人口开始大量增长，从 1950 年的 18%左右上升至 2000 年的 40%左右。

发展中国家城市化呈现以下几大特点：

第一，低度城市化（under-urbanization）。该概念有两种解释：一是指城市人口的实际增长速度低于城市工业生产率发展所需要的人口增长速度，也称为滞后性城市化。二是通常指前社会主义国家如苏联，其产业聚集的发展并没有伴随提供给劳动力的住宅和城市基础设施的足够增长。

第二，过度城市化（over-urbanization）。指的是过量的乡村人口涌入城市，超过了国家正规经济所能承受的范围。在发展中国家，这一现象更为普遍。例如城市化发展快速的拉美国家，1950 年，该地区的城市人口占总人口的 41.6%，1980 年达到 65.6%，已接近于欧洲的城市化水平。但是，这些国家的工业化和经济发展水平远远不如欧洲国家，如墨西哥的城市化水平于 1993 年达到 74%，明显高于荷兰的 62%和意大利的 67%。

拉美国家的“过度城市化”带来了严重的后果。首先是城市化过程中的贫困化。20 世纪 90 年代末，拉美地区每 10 个贫困人口中就有 6 个住在城市，这与非洲、亚洲许多国家贫困人口大都居住在农村地区的情况大不相同。其次是严重的失业问题。由于城市人口迅速膨胀，经济发展落后于城市人口的增长，拉美城

① See Mark Gottdiener & Ray Hutchison, *The New Urban Sociology*, McGraw-Hill Higher Education, 2000, p. 74.

市的失业率很高。2003年，拉美城市公开的失业率曾经达到10.7%。再次，社会问题凸显。拉美许多国家由于大量农村人口盲目涌入城市而造成城市人口迅速增加，城市人口恶性膨胀导致就业机会不足，造成城市中的贫富差距拉大。由于贫富悬殊，社会不稳定的因素急剧增加，各种社会问题层出不穷。最后，环境问题严重。由于过度的人口膨胀超过了城市资源和环境的承载力，拉美地区许多城市的环境污染严重，交通拥挤，供水困难。

第三，首位城市（primate city）发展模式。1939年，马克·杰斐逊（Mark Jefferson）第一个提出城市首位法则（law of the primate city），城市首位法则理论的核心内容是研究首位城市的相对重要性，即城市首位度。

首位度在一定程度上代表了城镇体系中的城市发展要素在最大城市的集中程度。为了计算简便和易于理解，杰斐逊提出了"两城市指数"，即首位城市与第二位城市的人口规模之比的计算方法：

$$S=P_1/P_2$$

两城市指数虽然容易理解且计算方便，但不免以偏赅全。为了改进首位度两城市指数，又有学者提出了"四城市指数"：

$$S=P_1/(P_2+P_3+P_4)$$

一般来讲，正常的两城市指数应该是2，正常的四城市指数应该是1。尽管四城市指数更能全面反映城市规模的特点，但有些研究也表明了它们并不比两城市指数有显著优势。事实上，两种方法的结果有很大的相关性，一般情况下选用两城市指数方法更为简单实用。

发展中国家多有结构失衡、过度集中的趋势，如阿根廷的布宜诺斯艾利斯集中了全国三分之一以上的人口，根据2007年的统计数据，其城市首位度高达8.53；再如泰国的曼谷，1990年的人口是587万，是该国第二大城市的30倍。这些都给首位城市的经济和社会发展带来了巨大的压力。

第四，贫民窟现象。大多数发展中国家的城市增长集中于"失控的城市外围居住点"（uncontrolled peripheral settlement）或者棚户区。这些棚户区基本上被认为属于劣等的贫民窟。根据联合国20世纪50到70年代的统计数据，多数国家的棚户区居住的人口占城市总人口的30%左右。[①] 这些地方缺乏基本的规范，秩序混乱，肮脏、污秽，堕落，犯罪率高。

---

① 参见［美］布莱恩·贝利：《比较城市化——20世纪的不同道路》，88～89页，北京，商务印书馆，2008。

三、近现代世界城市化进程的特点

（一）城市化进程越来越快

自工业革命以来，城市化的速度倍增。1800 年起，世界城镇人口占总人口的百分比，大体上是每 50 年提高一倍。根据著名学者戴维斯的研究，1800 年生活在 2 万人口以上的城市中的居民为世界人口总数的 2.4%，1850 年，这一数值为 4.3%，1900 年则达到 9.2%，1950 年增加到 20.9%。他还指出，1800 年，10 万居民以上的城市中有 1 560 万左右的城市人口，到 1950 年，这一数值增长了 20 倍，城市人口达到 31.3 亿多。①

18 世纪中叶以前，全世界的城市化水平只有 2.1%左右；18 世纪中叶后到 20 世纪前，世界城市人口占总人口的比重由 2%左右上升到 13.3%；1900 年到 1990 年短短 90 年时间内，世界城市人口占总人口的比重由 13.3%迅速上升到 41%。2008 年，联合国人口与发展委员会发布报告宣布，全世界城市居民人数首次在历史上超过农村居民。同时，它还指出，世界城市化进程预计将在许多发展中国家继续快速进行，到 2050 年，世界人口中将有 70%的城市居民。2007 年至 2050 年，发展中国家城市人口比例预计将从 44%增至 67%，而发达国家城市人口比例将可能从 74%增至 86%。

1975 年，美国地理学家诺瑟姆（Ray M. Northam）通过对各个国家城市化的进程进行研究，指出城市化具有阶段性规律。大致可分为三个阶段：第一阶段为城市化初级阶段，城市人口增长缓慢；当城市化水平超过 30%后进入第二阶段，城市化进程加快，这种趋势一直持续到城市化水平达到 70%后才会趋缓；此后为城市化的第三阶段，城市化进程停滞或略有下降。这三个阶段基本上呈现为一条被拉长的 S 形曲线。②

（二）发达国家与发展中国家的城市化呈现不同特点

发达国家城市化起步早，城市化水平高，城市人口普遍达到了 70%以上，早在 20 世纪五六十年代就开始出现逆城市化或者郊区化。而发展中国家城市化起步晚，发展不平衡，城市化水平较低，大多数国家具有低度城市化或者过度城

---

① Kinsley Davis, The Origin and Growth of Urbanization in the World, *American Journal of Sociology*, Vol. 60, No. 5, 1955.

② See R. M. Northam, *Urban geography*, John Wiley & Sons, 1975.

市化现象。

1920—1999 年间，全世界城市人口比例从 19.4%上升到 46%。其中，高收入国家（人均 GNP9266 美元或以上）上升到 77%，中等收入国家上升到 50%，低收入（人均 GNP755 美元或以下）国家只上升到 31%。

直到今天，世界城市人口仍然高度集中在少数几个国家。2007 年，25 个发达和中等发达国家的城市人口占全世界城市人口的 3/4；同年，城市化程度最低的两个区域是非洲（39%为城市人口）和亚洲（41%为城市人口）。因此，在未来几十年中，预计非洲和亚洲将快速城市化，其城市人口的增长将占发展中国家城市人口增长的 80%。但是，联合国预计，到 2050 年，非洲和亚洲的城市化水平仍将大大低于其他区域。世界城市化进程中发达国家与发展中国家的差异如图 1—1所示。

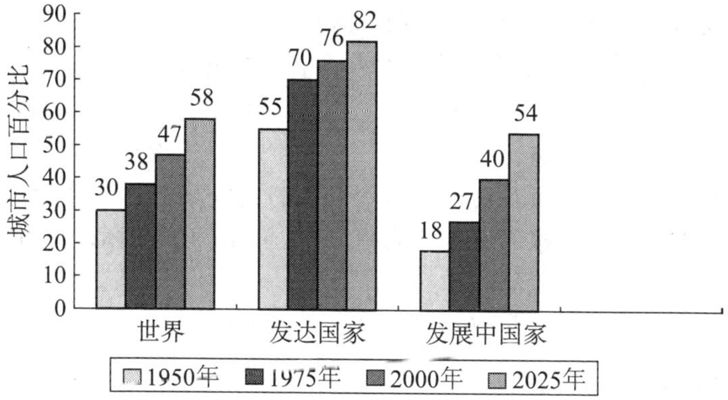

图 1—1　发达国家与发展中国家的城市化进程差异

（三）大城市和特大城市越来越多，居住密度也越来越高

当代城市化的另一个明显特点是人口向大城市迅速集中，特别是发展中国家，出现了越来越多的千万人口级的特大城市，使大城市在现代社会越来越居于支配地位。1975 年，全世界有 21 个人口在 500 万以上的大城市，到 1996 年，这样的城市有 39 个，并且有 16 个千万人口的特大城市。第 1 位是东京（2 720 万），第 2 位是墨西哥城（1 690 万），上海居第 6 位（1 370 万），北京居第 11 位（1 140 万）。

根据联合国经济与社会事务部 2007 年的大城市发展报告，随着世界各国城市化进程的加快，人口超过 1 000 万的“超级城市”的数量也在迅速增加。1950

年，世界上人口超过 1 000 万的城市仅有纽约和东京两座，到了 1975 年，墨西哥也跻身这一行列。而到 2007 年，世界上有 19 座人口逾千万的大城市。根据它的最新排名，中国的上海和北京分列第 7 位和第 16 位。人口居前 10 位的城市依次为：日本东京，3 567 万人；美国纽约—纽瓦克地区，1 904 万人；墨西哥墨西哥城，1 903 万人；印度孟买，1 898 万人；巴西圣保罗，1 885 万人；印度新德里，1 593 万人；中国上海，1 499 万人；印度加尔各答，1 479 万人；孟加拉达卡，1 349 万人；阿根廷布宜诺斯艾利斯，1 280 万人。其他 9 座大城市的排名依次为：洛杉矶—长滩—圣塔安纳、卡拉奇、开罗、里约热内卢、大阪—神户、北京、马尼拉、莫斯科、伊斯坦布尔。该报告预测，到 2025 年，千万人口以上的特大城市将达到近 30 个。[①]

1950 年，居住在 500 万人口以上的大城市和 1 000 万人口以上的特大城市的人口占世界城市总人口的 7%，到 2005 年，这一比例上升到 15%。世界城市人口的平均密度为每平方千米 902 人，而在大城市和特大城市，这一数字要多出数倍，如孟买是 2.3 万人、新德里是 2.8 万人、开罗是 3.1 万人、达卡是 4.3 万人，稍少些的城市如伊斯坦布尔为 6 000 多人、莫斯科是 9 000 多人、墨西哥城是 6 000 人左右。

不过，城市或者大城市在资本的集聚和人口的集聚方面确实有着比较优势。一些研究者指出，多数国家的城市总面积只占国土面积的 1%，全世界城市面积的总和大约占全球陆地面积的 3%。

本章要点

城市有多种界定，社会学的定义更关注其社会组织形式；同样，城市产生的条件也有多种理论，本书认为城市的产生是多种因素综合的结果，生产力的发展和宗教仪式中心的形成可能更为重要；最早的城市起源于“肥沃新月”地区，早期城市主要见于四大文明古国；欧洲中世纪晚期开始出现新型城市的雏形，使得城市自治制度和市民阶级开始出现；工业革命使得大规模的城市化成为可能，19 世纪末 20 世纪初，主要发达国家基本完成了城市化；当代发达国家的城市化呈现城市群、郊区化的特点，而发展中国家则具有低度城市化和过度城市化的特征；总的来看，世界城市化的进程越来越快，大城市和特大城市越来越多。

---

① See United Nations, Department of Economic and Social Affairs, *Urban Agglomerations* 2007, www.unpopulation.org.

基本概念

城市　城市化　城市革命　城市群　郊区化　低度城市化　过度城市化　首位城市　四城市指数　S形曲线

复习思考题

1. 社会学家的城市定义是什么？其与一般的城市学定义有什么区别？
2. 决定城市产生的主要因素是什么？
3. 欧洲中世纪城市发展的特点有哪些？
4. 什么是城市化？
5. 早期欧洲城市化的社会后果有哪些？
6. 现代世界城市化的主要特点有哪些？
7. 发展中国家城市化的特点有哪些？

推荐阅读参考书目

[美] 保罗·诺克斯，琳达·迈克卡西．城市化．北京：科学出版社，2009

[美] 凯文·林奇．城市形态．北京：华夏出版社，2001

[美] 刘易斯·芒福德．城市发展史：起源、演变和前景．北京：中国建筑工业出版社，2005

[美] 乔尔·科特金．全球城市史．北京：社会科学文献出版社，2006

[比利时] 亨利·皮雷纳．中世纪的城市．北京：商务印书馆，1985

[美] 布莱恩·贝利．比较城市化——20世纪的不同道路．北京：商务印书馆，2008

21 世纪 社会学系列教材

第二章

中国城市化的历史

第一节 城市的起源及其在古代和近代的发展历史

作为四大文明古国之一，中国在城市发展方面有着悠久的历史。

一、城市起源及其在古代社会的发展

不少学者认为，中国的城市最早起源于夏朝甚至更早的时间，《黄帝内传》、《世本》、《淮南子》、《吴越春秋》等古籍都记载有黄帝“筑城”或“鲧作城郭”。考古资料也证明，我国筑城起源于原始社会中后期的仰韶文化和龙山文化时代，20世纪30年代，考古学家在山东、河南和湖南都发现了这样的古城。山东章丘城子崖龙山文化遗址中首次发现了完整的古城，距今已有4 000年之久。该城南北长约450米，东西宽约390米，面积为0.17平方千米。

在世界城市发展史上最有名的恐怕就是殷墟文化，它是商朝后期的都城遗址，位于河南省安阳市区西北小屯村一带，建都于公元前1600年左右。殷墟占地面积约24平方千米，大致分为宫殿区、王陵区、一般墓葬区、手工业作坊区、平民居住区和奴隶居住区。殷墟初期有1万人，后期有5万人。晚商时期，居民点主要分布在小屯宫殿宗庙区的外围，各居民点大小不一。同时，居民点的发现和研究也表明，晚商时期的社会结构从本质上说是一种“宗族结构”。

此外，考古还发现，当时已经存在大量的手工业作坊，包括铸铜作坊、制骨作坊、陶器作坊以及玉石雕刻作坊等。

但是近年来，考古学家更多新的发现让我们看到我国更早时期的城市遗址。2007 年，浙江省考古所发布重大考古成果：历经 18 个月，在良渚遗址区内发现一座面积 290 万平方米的古城（面积和北京颐和园差不多)。这座古城，大致以良渚遗址区内的莫角山遗址（于 20 世纪 90 年代初发现）为中心，东西长 1 500～1 700 米，南北长 1 800～1 900 米，略呈圆角长方形，正南北方向。城墙部分地段残高 4 米多，做法考究：底部先垫石块，宽度达 40～60 米，上面堆筑纯净的黄土，夯实。根据城墙中出土的陶瓷碎片，这座古城的年代不晚于良渚文化晚期，也就是说，距今 4 300 年以前。

20 世纪 90 年代挖掘的郑州西山仰韶遗址，历经数年大规模考古发掘，发现一座仰韶时代晚期城址，城址距今 5 300～4 800 年，是迄今中原地区最早的史前城址，城墙长约 265 米，墙宽 3～5 米，高 1.75～2.50 米，圆形，最大直径 180 米，面积约 34 500 平方米，城外有壕沟环绕，城门两座。

此外，还有 1978 年被发现，经历了 20 多年发掘而呈现给世人的华夏第一古城城头山古文化遗址，位于湖南省澧县县城西北 10 公里的车溪乡南岳村。城头山古文化遗址是中国南方史前大溪文化至石家河文化时期的遗址，距今约 7 000～6 500 年。人们在此城居住了 2 000 多年，历经了大溪文化、屈家岭文化、石家河文化几个历史时期，直至石家河文化中期（距今约 4 000 年），古城才遭废弃。在古城使用的 2 000 多年中，古城的居民对城垣进行了多次修缮，其中大型的扩建工程就有三次，使得城垣不断增宽、增高，乃至能保存至今。这座我国发现最早的古城略呈圆形，城垣外圆直径 340 米，内圆直径 325 米，围绕城垣的护城河宽 35 米，总计占地面积达 15 万多平方米（228 亩），其中城内面积 8.8 万平方米（132 亩）。城内已发掘出大片台基式的房屋建筑基础、设施齐全的制陶作坊、宽阔的城中大路、密集的氏族墓葬和保存完好的世界最早的水稻田（6 500 年前）。围壕长 1 000 多米，宽 10 米以上，深约 3 米，比西安市半坡遗址围壕大得多，说明洞庭湖平原早在古城出现 1 000 多年前就已形成了雄踞一方的中心大聚落，并表明长江流域古文化发展达到高度水平，与素称中华文明摇篮的黄河流域相比毫不逊色。

经过早期城市的发展后，我国古代城市发展的第二个辉煌时期是汉代。公元前 202 年，西汉定都长安，即现在的陕西省西安市西北部，并在此延续了 200 余年的统治。汉代是中国古代最繁荣的时期之一，其都城长安曾与古罗马并列为古代东西方两大都会。

已发掘的汉代长安城面积达36平方千米，是古代面积最大的都城遗址之一，也是迄今保存最完整的古代都城遗址。据考古发现，汉代长安城分11个区、8条大街及12个城门。当时宫城内人口约有24万，如果把周围的卫星城镇计算在内的话，人口可达120万。宫城内不同的区域，包括宫殿政治区、贵族豪宅区、普通居民区、手工作坊区、商业区等，与现代城市布局有几分相似。

长安城的皇宫——未央宫面积达5平方千米，是中国古代规模最大的一座皇宫，远大于后来的北京明清紫禁城的0.724平方千米。

不过，根据一些学者的看法，现在对汉代宫城的发掘不足其整个面积的千分之一。

我国古代城市发展的巅峰应当是唐、宋时期。唐长安城是我国历史上规模最为宏伟壮观的都城，其前身是隋文帝于公元582年建立的大兴城，都城面积达84平方千米，是汉代长安城的2.4倍，明清北京城的1.4倍。比同时期的拜占庭王国都城大7倍，较公元800年所建的巴格达城大6.2倍。

公元618年，唐朝建立，唐朝时期长安城进行了多方的补葺与修整，改大兴城为长安城，并使城市布局更趋于合理。龙首原上大明宫的建立，使唐朝统治者占有更高而优越的地理位置。站在龙首原上，俯瞰全城，更显一代帝国一统天下的气度与风范。唐长安城是一个东西略长，南北略窄的长方形。根据考古实测，从东墙的春明门到西墙的金光门之间，东西宽为9 721米（包括两城墙厚度）；从南墙的明德门到北墙的玄武门偏东处之间，南北长为8 651米（包括两城墙厚度）。两相比较，则东西长出1 070米，周长约36.7千米，面积约84平方千米，人口近百万。全城建筑分三大部分：宫城、内城和外城。宫城位于全城北部中心；内城在宫城之南，是行政管理区域；外城则以宫城、内城为中心，向东西南三面展开，包括110个方形街坊。

从城市的平面布局来看，规划者严格讲求左右对称。全城以宫城的承天门、内城的朱雀门和外城的明德门之间的连线，也即承天门大街（亦名天街）和朱雀大街为南北向中轴线，以此为中心向左右展开。为突出北部中央宫城的地位，以承天门、太极殿、两仪殿、甘露殿、延嘉殿和玄武门等一组组高大雄伟的建筑物压在中轴线的北端，以其雄伟的气势来展现皇权的威严。之后，随着新殿不断增添，这种格局才有所变化。

东市和西市位于内城前方两侧，是唐长安城的经济活动中心，也是当时全国工商业贸易中心，还是中外各国进行经济交流活动的重要场所。唐长安城的东市、西市与里坊一样，四周皆有高大的围墙，每个市约占两个坊的面积，市内有四条大街，围墙四面各有两个门，这在对两市遗址进行全面勘察与测量时得到证实。东市的面积，据文献记载："南北居二坊之地"。据考古实测：东市南北长1 000余米，东西宽 24 米，面积为 0.92 平方千米。市的四周，每面各开二门，共有八门。春明门大街宽 120 米，东、南、西三面各宽 122 米。这一宽阔街道的效用是便于商业运输和市民入市前车马的停靠。

东市分布在今天的西安交通大学以西、西安铁路局以北的地方，其街宽近30 米，约是西市街宽的两倍。今天西安交通大学校园尚有西区部分建在东市和东市街道之遗址上。东市靠近三大内（西内太极宫、东内大明宫、南内兴庆宫），周围坊里多皇室贵族和达官显贵宅第，故市中"四方珍奇，皆所积集"（《长安志·东市》），市场经营的商品多上等奢侈品，以满足皇室贵族和达官显贵的需要。

西市在皇城外的西南部。作为长安城乃至全国最主要的市场，西市进行的是封闭式的集中交易，也就是将若干个同类的商品聚集起来，以"肆"（或与之相当的"行"、"店"）为单位组成，市内设有专门的管理机构——市局和平准局。交易区也都是集中在一个四面有墙、开设市门的较为封闭的场所内。

根据考古发掘成果，西市遗址平面呈长方形，南北长 1 031 米，东西宽 927 米，面积为 0.96 平方千米，其范围在今西安莲湖区东桃园以东、老糜家桥以西、东桃园桥以北、中国航空器材公司西北分公司以南，劳南市场位置。

西市的九个区域四面均为街道，这样每个区域的周边都临街，便于交易。每个区域内还有便于内部通行的小巷，在有的巷道下还有砖砌的暗排水道与大街两侧的水沟相连。临街部分出土的商业店铺遗址表明，房屋的规模不大，面阔 4～10 米，进深 3 米多，均沿街毗连；而出土的同类物品相对集中的现象，也证明了某一类型店铺的存在，如珠宝商的店铺就多料珠、珍珠、玛瑙、水晶等制品，铁器店铺就出土了为数不少的铁钉、铁棍与小铁器残块等。

西市周围多平民百姓住宅，市场经营的商品多是衣、烛、饼、药等日常生活品。西市商业较东市繁荣，是长安城的主要工商业区和经济活动中心，因此又被称为"金市"。

西市距离唐长安丝绸之路起点开远门较近，周围坊里居住有不少外商，从而成为一个国际性的贸易市场。这里有来自中亚、南亚、东南亚及高丽、百济、新罗、日本等各国各地区的商人，其中尤以中亚与波斯（今伊朗）、大食（今阿拉伯）的"胡商"最多，他们多侨居于西市或西市附近一些坊里。这些外国的客商把带来的香料、药物卖给中国官僚，再从中国买回珠宝、丝织品和瓷器等。因此，西市中有许多外国商人开设的店铺，如波斯邸、珠宝店、货栈、酒肆等。其中许多西域姑娘为之歌舞侍酒的胡姬酒肆，则时有少年光顾。故李白《少年行》

就有“五陵年少金市东”、“笑入胡姬酒肆中”的诗句。

唐政府对长安城市场特别是东、西两市实行严格的定时贸易与夜禁制度。两市的大门，亦实行早晚随唐长安城城门、街门和坊门共同启闭的制度，并设有门吏专管。

长安城内的“坊里”是由外城中的东西向14条大街、南北向11条大街交叉分割而成，隋文帝初建大兴城时将此棋盘式网格区域定名为“坊”，隋炀帝时改称“里”，唐时又称“坊”。因此，在唐人诗文中常可见到“里”、“坊”并用的情形。

外城是一个大长方形，面积74.6平方千米，完全采取棋盘式对称布局。朱雀大街为全城的中轴线和主干道，以此为界将全城分成东西两半。城的东半部与西半部各有五条南北向的大街，构成街道的对称格局。根据考古实测，这11条街道以朱雀大街最宽，约为150米（北部最宽处达155米），也是全城最宽的街道。其以东的5条南北向街道，依次宽为67米、34米、68米、68米和25米（东顺城街）；以西的5条南北向街道，依次宽为63米、108米（残存宽度）、63米、42米（残存宽度）和20米（西顺城街）。

唐长安城继承和发展了前代都城市民居住区按坊里划分的制度，在外城中列置诸坊，作为都城百万人口住宅的分布区，这种坊里布局及结构严密而整齐。里坊作为唐长安城内单独的居住单元，犹如今天的居民小区，它排列整齐，规则划一，十分有序。这些小区均呈长方形，由于各街道宽窄不一，故各小区大小也不完全一致。全城里坊面积大小可分五类。大体来说，最大的应属皇城东西两侧12坊，南北长约808.5米，东西宽约955.5米，面积有0.77平方千米。最小的是朱雀大街东西两侧的18坊，南北长514米，东西宽477米，面积约0.25平方千米。整个城市以宫城、皇城、朱雀大街为正中，东西两侧里坊不仅两两对称，而且排列整齐。白居易曾写诗形容“百千家似围棋局，十二街如种菜畦”，非常贴切。这种描述在唐代诗文中多有反映。

唐长安城到底有多少“里坊”，历来说法不一。或云110坊，108坊，109坊，莫衷一是。应该说，随着都城建设的发展，长安城里坊之数前后是有变化的，大的增减变化大致有三次。

里坊外围均有高大的围墙环绕，坊墙墙基厚度一般为2.3米至3米不等，均为夯土版筑。各坊内一般都开辟东西南北十字街，四面各开一门。

宋代最具代表性的城市是东京汴梁，其位置在今天的河南开封。从今天复原的地图上看：汴梁城是一座矩形城，由宫城、内城、外城三重城相套，非常整齐，甚至超过唐长安城。宫城即皇城，南北长900米，东西宽200米；内城即旧城，南北长2 900米，东西宽2 600米；外城即新城，南北长5 800米，东西宽

4 800米。整座城池如同一个巨大的三重相套的方盒子，一个车水马龙、人来人往的巨型容器。

这个容器的出现是中国城市史上的一个大转折，因为它是一座真正意义上的商业城市。之前的隋、唐，坊和市是分别设置的，坊是居民区，市是商品交易区，二者不能夹杂，不遵守这样的城市居住管理制度就要受到处罚。宋代城市的最大变化是打破封闭式的坊市制度，建立起开放型的街市制，这种城市商业化进程的推进逐渐形成了城市的时尚生活方式与市民的消费观念。

随着北宋都市的发展，市民阶层的兴起，新市坊制的确立，都市人口的增加，在宋徽宗崇宁年间（公元1102—1106年）汴梁城市人口合计26万余户，约140万人，为当时世界上人口最多的大都市。早先在都市空阔处自发地形成的民间伎艺及相应的服务商业点，逐渐生长壮大，最后终于出现了像桑家瓦子那样巨大的文化消费市场。那里充满数千市民在瓦市里五彩缤纷的文化消费景观。

一个叫孟元老的原汴梁城人在追述北宋汴梁的笔记《东京梦华录》中，专门讲述了汴梁城种种的生活与风俗。其中写到北宋京瓦伎艺的种类有小唱、嘌唱、杂剧、杖头傀儡、悬丝傀儡、球杖踢弄、讲史、小说、散乐、舞旋、小儿相扑、影戏、弄虫蚁、诸宫调、商谜、合生、说浑话、杂班、叫果子、装神鬼等，不可胜数。这些都是迎合都市市民的艺术欣赏趣味的，但这种世俗的娱乐违背儒家的传统观念，这就是“新声巧笑于柳陌花巷，按管调弦于茶坊酒肆”的城市商业文艺景观。

北宋东京汴梁在城市规划上还有一大特点，就是引水入城。北宋东京汴梁城内桥梁众多，蔡河、汴河、金水河、五丈河构成了城市的水网体系，这不仅能够解决城市的交通运输，而且对调节城市的气候环境大有裨益。一般桥的两端与城楼门下面多是商业繁华的地方，多为早市的集散地。

与瓦市勾栏的文艺相呼应的是张择端的《清明上河图》。张择端在图中描绘了汴梁在清明节的繁华景象，从宁静的城郊到城内街市的繁华，房屋树木繁多不说，光是各等市民人物就有500多个，有农夫、船夫、商人、小手工业者、官吏、士子、道人、行脚僧人、江湖郎中、命相师等，三百六十行行行俱全。画卷中的两个精彩部分是“市桥”与“街市”。“市桥”是一座没有桥墩的拱桥，桥的沿河两岸都设有商店铺面，即所谓“街市”。南岸有一家“十千脚店”，这家酒楼自称“脚店”，规模当然比“正店”小，但门前也有“彩楼欢门”，在四周平房中间还建了一座二层楼。临街的门面已经酒客满座，门前停歇有马、驴等，门外的幌子上有“天之美禄”、“新酒”等字样，这是店招，即当时的广告。《清明上河图》这部浓墨重彩的连环画长卷，在今天也可以视作图画本的《东京梦华录》。

经过长期的发展、演变，中国城市到清代已形成一个较为完整的体系，其规模和数量都有了很大的发展。清代中期，城市发展到有史以来的一个新高峰，1800年，北京的人口达110万，此外，苏州、广州等城市的人口规模也接近百万，其余人口规模在10万以上的城市达数十个。美国学者特蒂斯·钱德勒（Tertius Chandler）和杰拉尔德·福克斯（Gerald Fox）研究世界城市史时，曾列举了世界40个最大的城市，中国在1575年时（明代）有9个，在1675年（清代）时有7个，1775年时有6个。①

在《中国古代都城制度史研究》一书中，杨宽对中国古代的城市制度提出了自己的理论，他认为，中国古代城市的发展经历了三个阶段。

第一阶段是商代及商代以前，是有城无郭，即一城制的阶段。

第二阶段从西周到西汉，逐渐演变为两城制，即都城由小城与大城两部分组成。小城是皇帝的宫殿和官衙所在地；大城即郭，由庶民和士兵居住，此外，还包括各种手工艺作坊和市场。

西汉长安的小城设在大城西南，坐西朝东，这是以家为中心的礼制。后来，东汉洛阳的小城位于大城的中央，坐北朝南，转变成以君臣礼制为重。从东汉到唐代，都是这种东西南三面郭区环绕中央北部小城的时期。

第三阶段，唐代的长安城开始了宫城与皇城的分离，都城由两城制变为三城制。

杨宽认为，研究中国古代都市的发展，还应当关注郭内居民区，即里坊与市的发展。他认为，在这方面，都市的发展经历了两个阶段。

第一阶段是从先秦到唐代，实行封闭式的里坊和市集制度。即都市中的里坊和集市四周建有围墙，出入的门户有官吏把门管理，早晚定时关闭，夜间不许出入。一般的居民的住宅只能建在坊内，除了宫殿、官衙和府第可以向街开门，里坊和市场只开一道门。夜间实行戒严，大街上不准通行。

西周到秦汉，居民居住区的单位为“里”，五百步为一里，里中设有官吏，西周称之为里君、秦国称之为里正。东汉以后，贵族居住区被称为坊，坊通“防”，指四周有围墙的区域。北魏后里坊互用。

第二阶段是北宋以后，商店可以沿街行市，居民可沿街建屋，从此，开放的街市制度产生，封闭的里坊和市集制度解体。②

---

① See Tertius Chandler & Gerald Fox, *Three Thousand Years of Urban Growth*, Academic Press, 1974.

② 参见杨宽：《中国古代都城制度史研究》，上海，上海古籍出版社，1993。

二、近现代的发展（1840—1949 年）

第一次鸦片战争后，中国遭列强入侵，逐渐沦为半殖民地半封建国家，这一时期中国的城市化，不仅失去了在封建社会中的长期领先地位，而且远远落后于当时世界城市化的平均水平。

基于对 200 多部清末民初地方志、多个西方观察家的调查、邮局设置情况、非官方报告的整理、考证与分析，对中国晚清城市人口有着深入、细致研究的美国人类学家施坚雅（G. William Skinner）指出，工业化前期，以中国作为整体的全国城市化率实际上几乎不存在，而是形成了若干区域系统。他将中国划分为九大区域：长江下游、岭南、东南沿海、西北、长江中游、华北、长江上游、云贵、满洲。不过，施坚雅在具体分析时，并未将满洲列入完整的第九大区域进行系统讨论。因为他认为，到 19 世纪 90 年代，满洲的城市体系还处在萌芽状态。在《中华帝国晚期的城市》中，他估计，1843 年中国超过 2 000 人的城镇有 1 653 个，城镇人口为 2 072万人，在总人口 40 500 万中占 5.1%。1893 年，城镇人口增至 2 351 万，城市化率为 6%，仅比 1843 年提高 0.9 个百分点。[①] 而 1900 年，世界城市化率为 13%。[②]

1949 年，中国总人口为 5.4 亿，城镇人口从 2 351 万增至 5 765 万，城镇人口所占比重由 6%增至 10.6%。[③] 而同时期的 1950 年，世界城市化率为 29%。[④] 在 1840—1949 年长达近 110 年的历史进程中，中国的城市化率只有 5.5 个百分点的增长。19 世纪末，中国城市化率落后世界城市化率 6 个百分点；50 年后，这一差距扩大到 18 个百分点。

一些学者如宁越敏、李蓓蓓等认为，近现代中国城市的发展可分为三个阶段。

第一阶段，1840—1894 年为起步阶段。中国人口基本上处于停滞徘徊的状态，城市发展的不平衡十分明显。由于连年战争不断，如两次鸦片战争、太平天国运动、中法和中日战争，成千上万的城镇不同程度地遭受了战争摧残，给城市

---

① 参见［美］施坚雅：《中华帝国晚期的城市》，264 页，北京，中华书局，2000。

② See United Nations, Department of Economic and Social Affairs, *The World Urbanization Prospects*: 2005 *Revision*, http: //www. un. org/esa/population/publications/WUP2005/2005wup. htm.

③ 参见中国社会科学院人口研究中心编：《中国人口年鉴·1985》，811 页，北京，中国社会科学出版社，1986。

④ See United Nations, Department of Economic and Social Affairs, *The World Urbanization Prospects*: 2005 *Revision*, http: //www. un. org/esa/population/publications/WUP2005/2005wup. htm.

带来了极大的破坏。从1840年到1894年，城市化进程非常缓慢，城镇化水平仅提高了0.9个百分点。

第二阶段，1895—1937年为初步发展阶段。“1895年《马关条约》的签订可以看成中国城市发展的一个转折点，因为它的有关条款刺激了通商口岸近代机械工业的兴起，并开启了一个铁路铺设的时代。”① 随着城乡商品经济的发展，清末民初兴起了一个兴办实业的热潮，特别是从第一次世界大战到20世纪30年代期间，是城市经济发展较快的时期，1936年更成为中国民族资本主义发展的高峰。民族资本主义的发展，铁路沿线大批城市的兴起，都不同程度地推动了农村人口向城市的流动。如果说，甲午战争前，中国城市化的推动力主要是商业的话，那么，这时期城市化的主要推动力乃是工业和新式交通运输。1936年，城市化率已经达到11.2%。

第三阶段，1937—1949年为曲折发展阶段。1937年抗日战争全面爆发，改变了中国历史的进程，对城市化的发展也产生了巨大的负面影响。由于战火侵扰加之日军的野蛮掠夺，城市遭到严重破坏。抗日战争胜利后，中国一度出现战后的复兴，经济和城市都出现较大发展，但很快又出现了三年的国内战争，内战对经济的破坏相当严重。1949年的生产量与历史上最高年产量比较，农业生产大约下降了25%，轻工业生产大约下降了30%，重工业生产损失尤其严重，大约下降了70%。②

第二节　当代城市化的进程及其特点

一、1949年后的城市化

1949年，新中国成立，中国的城市化从此走上了新的发展轨道。从那时起到现在，我国的城市化大致可划分为五个阶段。

第一，恢复与快速上升阶段（1949—1957年）。1949—1957年是新中国成立初期，也是新旧社会的交替时期。这段时期是我国城市化的奠基时期，也成为城市化的第一个黄金时期。一开始的三年，党和政府的主要工作是恢复遭到战争严

① ［美］施坚雅：《中国封建社会晚期城市研究——施坚雅模式》，64页，长春，吉林教育出版社，1991。

② 参见李蓓蓓、徐峰：《中国近代城市化率及分期研究》，载《华东师范大学学报》（哲学社会科学版），2008（3）；宁越敏、张务栋、钱今昔：《中国城市发展史》，合肥，安徽科学技术出版社，1994。

重破坏的国民经济，随后就开始实施国民经济发展的第一个五年计划。由于新政权的正确政策、经济的迅速恢复和发展以及全国人民的高涨热情，经济发展和城市化都得到了较快的恢复和上升。城市化率从10.6%快速上升到15.4%。

第二，城市化“大跃进”阶段（1958—1960年）。1958年开始的第二个五年计划，在急于求成的“左”的思想指导下，违背经济发展的客观规律，盲目推行“大跃进”和“人民公社化”运动。经济发展的中心片面强调重工业的发展，提出了“以钢为纲”和全面大办工业的总路线，使得大量农村人口进入城市，短短三年时间，城市化水平就提高了4.3个百分点，从15.4%上升到19.7%。

第三，城市化停滞和反城市化时期（1961—1976年）。前三年盲目狂热的政策使得国民经济比例关系严重失调。1960年，重工业占工业总产值的比重达到66.6%，而轻工业从1957年的53%下降到33.3%，农业大幅度减产，比1957年减少22.2%。全国经济处于十分艰难的境地，人口的增长也超过了当时城乡经济所能承受的能力。不得已，从1961年开始，中央决定进行国民经济的调整，同时，国家也大力采取压缩城市人口的政策，动员部分职工及其家属返乡务农，将前段时间号召进入城市的居民再疏散回农村，动员了2 500万多职工回农村。到1965年调整期结束后，全国的城市数量下降到168个，比1961年高峰时期的208个减少了40个，甚至比1957年的176个还少。1964年，城市化率为14.6%。

随后，全国开始了十年的“文化大革命”，再一次给中国社会经济发展带来了前所未有的灾难，工农业生产停滞不前，大批职工家属、知识分子及其家属和知识青年上山下乡；加上“要准备打仗”思想的提出，使更多的人力和物力撤离城市，转向了偏远山区投入“三线建设”中，形成了再一次的反城市化现象。1976年，城市化率为17.6%。从1961年到1976年，城市化发展基本停滞，甚至是不升反降，可以称得上是反城市化。但是，它不同于发达国家的逆城市化，后者是城市化发展到高级阶段的产物，居民的职业未发生变化，只是由中心城市或者城市中心迁移到郊区。

第四，逐步增长期（1977—1998年）。20世纪70年代后期，随着党的十一届三中全会的召开，党和政府开始实施对内改革、对外开放的一系列政策措施。我国城市的建设与发展同国民经济一样进入了生机盎然的阶段。从20世纪80年代起，城市经济体制改革陆续展开，特别是进入90年代以后，小城镇发展战略的实施、经济开发区的普遍建立以及乡镇企业的兴起，带动了城市化的高速发展。城市经济辐射面增强，城市的中心作用得到进一步发挥。特别是党的十四大明确了建立社会主义市场经济体制的总目标，确立了社会主义市场经济体制的基本框架。城市作为区域经济社会发展的中心，其地位和作用得到前所未有的认识和重视。到1998年年底，城市化率达到30.4%。

第五，加快发展期（1999—2008年）。20世纪与21世纪之交，中国的经济继续呈高速发展的态势，尤其是进入21世纪后，大城市和特大城市更是得到空前的发展。2002年11月，党的十六大明确提出“要逐步提高城市化水平，坚持大中小城市和小城镇协调发展，走中国特色的城市化道路”，进一步指出了我国城镇建设发展的新方向，城市化与城市发展开始加速，这似乎也验证了诺瑟姆的S形曲线的规律。2008年年底，城市化率为45.68%，10年的年均增长率达到1.53%，超过了1949年以后（除“大跃进”阶段）任何阶段的增长。图2—1展现了1949年后城市化的发展。

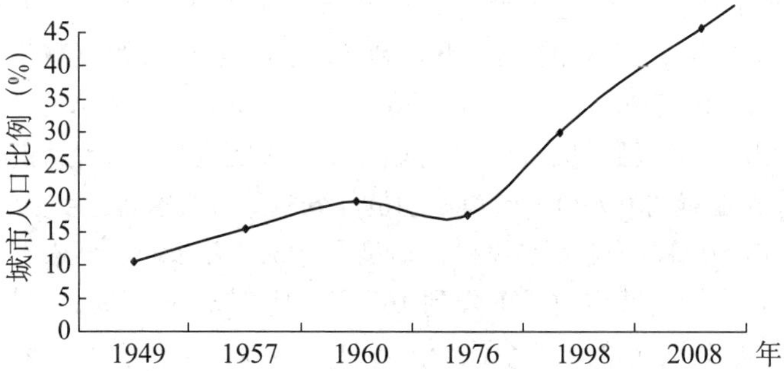

图2—1 当代中国的城市化

此外，城市个数由新中国成立前的132个增加到2008年的655个。2008年年末，全国共有建制镇19 234个，小城镇人口占城镇总人口的比重为45%以上。2008年，在655个城市中，市区总人口在100万以上的城市达122个，占18.6%；50万～100万人口的城市达118个，占18%；50万以下人口的城市达415个，占63.4%。

城市的区域分布也日趋合理，1949年，我国城市集中分布于东部沿海地区，东、中、西部的城市数量分别为53.8%、37%、9.2%，城市人口比例分别为69%、20.7%、10.3%。[①] 1957年，东、中、西部城市数量的比例达到1∶1∶0.4，城市人口的比例为1∶0.46∶0.18；2008年，东、中、西部地区城市数量比例为1∶0.9∶0.4，城市人口的比例为1∶0.51∶0.27。

---

① 根据宁越敏、张务栋、钱今昔所著《中国城市发展史》453页的数据表计算，合肥，安徽科学技术出版社，1994。

二、都市圈的发展

大都市圈是城市化进入更高阶段的标志之一，中国的都市圈起步于 20 世纪 80 年代后期，当时主要是珠三角城市群的发展，后来，到 90 年代，长三角、京津冀都市群也渐渐形成；进入 21 世纪之后，我国已基本形成了以三大都市圈为主的多个城市圈。

东部沿海地区三大城市圈聚集的城市人口和经济总量已使之成为我国经济发展的核心。2008 年，京津冀、长江三角洲和珠江三角洲三大都市圈地级及以上城市地区生产总值（包括市辖县）为 106 242.6 亿元，占全国地级及以上城市地区生产总值（包括市辖县）的 33%。其中，长江三角洲都市圈生产总值为 53 956亿元，珠江三角洲都市圈生产总值为 29 745.6 亿元，京津冀都市圈生产总值为22 541亿元，分别占全国地级及以上城市地区生产总值（包括市辖县）的 16.7%、9.2%和 7%。2008 年，长江三角洲、珠江三角洲和京津冀地级及以上城市人均地区生产总值（包括市辖县）分别为 56 566 元、56 000 元和 37 494 元。

根据发改委 2005 年的数据，长三角、珠三角、京津冀三大都市圈单位国土面积 GDP 产出分别为3 088.14、3 302.12和 992.34 万元/平方千米，第一、第二、第三产业结构比例分别为 4.1∶55.3∶40.6、3.3∶50.6∶46.2 和 7.0∶45.3∶47.6。[①]

长江三角洲都市圈：长江三角洲是我国经济实力最强劲的地区之一，目前被列入“长三角”都市圈的共有 16 座城市，包括上海，江苏的南京、苏州、无锡、常州、镇江、南通、扬州、泰州，浙江的杭州、宁波、湖州、嘉兴、绍兴、舟山和台州。长江三角洲都市圈土地面积约为 21 万平方千米，人口约为 1.4 亿，占全国的 10%。

珠江三角洲都市圈：珠江三角洲是广东省经济社会发展的主要区域，也是中国区域经济中最具生机和活力的地区。珠三角毗邻港澳，包括广州、深圳两个副省级城市，珠海、佛山、江门、东莞、中山五个地级市及若干县级市，共计 14 个市、县（区），土地面积接近 18 万平方千米，人口约为 8 000 万。2000 年，著名城市社会学家卡斯泰尔（Manuel Castells）在《网络社会的崛起》中指出，包括香港、澳门的珠三角都市圈“将成为 21 世纪卓越的工业、商业与文化中

---

① 参见国家发改委：《2005 年我国三大都市经济圈经济运行发展概况》，http：//www.gov.cn/jrzg/2006-04-13/com tent _ 253017.htm。

心”，很可能成为“21世纪最具代表性的都市面貌”[①]。2009年12月开工兴建的世界最大的跨海大桥——港珠澳大桥会进一步促进香港、澳门和珠江三角洲西岸地区经济、文化上的联系与融合，从更深层次上推动港珠澳都市圈的经济发展。

京津冀都市圈：京津冀都市圈以北京、天津“双核”为主轴，以唐山、保定为两翼，包括了北京、天津及河北的唐山、保定、廊坊等2个直辖市、3个地级市和5个县级市，面积20余万平方千米，总人口9 000多万。

此外，厦泉漳闽南三角地带、山东半岛城市群、辽中南城市群、中原城市群、长江中游城市群、海峡西岸城市群、川渝城市群和关中城市群也正在形成或者初露端倪。随着高速铁路网的建成，相信近10年内，我国的都市圈将会得到空前的发展。

除了都市圈外，各个城市在国民经济发展中的地位也都日趋重要。2008年，全国地级及以上城市（不包括市辖县）地区生产总值为186 279.5亿元，占全国GDP的62%，地级及以上城市（不包括市辖县）地区生产总值超过1 000亿元的城市43个，其中20个城市超2 000亿元，依次为上海市、北京市、深圳市、广州市、天津市、佛山市、杭州市、东莞市、重庆市、南京市、武汉市、沈阳市、大连市、成都市、苏州市、青岛市、无锡市、济南市、宁波市、哈尔滨市。2008年全国地级及以上城市（不包括市辖县）地方财政预算内收入16 892.7亿元，占全国地方财政收入的59%；地方财政预算内支出21 296.7亿元，占全国地方财政支出的43.4%。

在保持经济快速发展的同时，城市中以服务业为代表的第三产业得到迅速发展，城市的产业构成实现了优化升级。2008年，全国地级以上城市（不包括市辖县）第一、第二、第三产业的增加值分别为5 931亿元、94 343.5亿元和86 005亿元，2008年第一、第二、第三产业增加值的结构比重为3.2∶50.6∶46.2，与1990年相比，第一产业的比重下降3.4个百分点，第二产业的比重下降了9.8个百分点，第三产业的比重上升13.2个百分点。

三、我国市镇设置和城市人口统计标准

（一）市镇设置标准

新中国成立后，1955年，国务院公布了第一个确定城镇的标准，采用的是

---

① ［美］曼纽尔·卡斯泰尔：《网络社会的崛起》，499、502页，北京，社会科学文献出版社，2001。

人口规模和职业构成相结合的方法。当时规定常住人口 2 000 人以上，50%以上的居民为非农人口的聚居区即为城镇。10 万人口以上的城镇可设市，城市近郊区一律视为城镇区。

1963 年，设镇的人口标准提高到 3 000 人以上、非农人口占 70%以上。同时规定，郊区的非农人口列入城市人口，农业人口不再列入。

1984 年，设镇的人口标准再一次修改为至少应当有 2 000 人以上的非农人口。1986 年，设市标准也做了调整：非农人口 6 万以上，增加了国民生产总值的标准，即年国民生产总值 2 亿元以上的镇可设市；总人口 50 万以上的县，县政府所在镇的非农人口 10 万以上，非农人口占 60%以上，年国民生产总值 3 亿元以上，可以撤县改市。

1993 年，设市标准再一次修改，增加了人口密度和公共基础设施的标准，如撤县改市后的县级市的标准之一为：每平方千米人口密度 400 人以上的县，达到下列指标，可撤县设市：

（1）县政府所在镇从事非农产业的人口不低于 12 万人，其中具有非农业户口的从事非农产业的人口不低于 8 万。县总人口中从事非农产业的人口不低于 30%，并不少于 15 万。

（2）全县乡镇以上工业产值在工农业总产值中的比例不低于 80%，并且不低于 15 亿元；县生产总值不低于 10 亿元，第三产业产值在县生产总值中的比例达到 20%以上；地方本级预算内财政收入不低于人均 100 元，总收入不少于 6 000万元。

（3）城区公共基础设施较为完善。其中自来水普及率不低于 65%，道路铺装率不低于 60%，有较好的排水系统。

设立地级市的标准是：市区从事非农产业的人口在 25 万人以上，其中市政府驻地具有非农业户口的从事非农产业的人口 20 万人以上；工农业总产值 30 亿元以上，其中工业产值占 80%以上；市生产总值在 25 亿元以上；第三产业发达，产值超过第一产业，在市生产总值中的比例达 35%以上；地方本级预算内财政收入 2 亿元以上，已成为若干市县范围内中心城市的县级市，可升格为地级市。

（二）城市人口统计标准

中国计算城市人口的标准同样也在不断发展变化。1963 年以前，界定市镇辖区内的总人口都是城市人口；1964—1981 年，改为市镇辖区内的非农人口才是城镇人口；1982 年后，又再改为 1963 年以前的市镇总人口；1990 年进行第四次人口普查时改为，市人口是设区的市的区人口和不设区的市所辖的街道人口，镇人口是不设区的市所辖的居委会人口和县辖镇的居委会人口。这样的标准实际上是，设区的市采用的是统计口径偏大的辖区总人口，不设区的市和镇采用的是统计口径偏小的非农人口。

1999年12月，为了进行第五次全国人口普查，国家统计局下发了《关于统计上划分城乡的规定（试行）》，规定指出，城市是指经国务院批准设市建制的城市市区，包括设区市的市区和不设区市的市区。

设区市的市区是指：（1）市辖区人口密度在1 500人/平方千米及以上的，市区为区辖全部行政区域；（2）市辖区人口密度不足1 500人/平方千米的，市区为市辖区人民政府驻地和区辖其他街道办事处地域；（3）前款市辖区人民政府驻地的城区建设已延伸到周边建制镇（乡）的部分地域的，其市区还应包括该建制镇（乡）的全部行政区域。

不设区市的市区是指：（1）市人民政府驻地和市辖其他街道办事处地域；（2）市人民政府驻地的城区建设已延伸到周边建制镇（乡）的部分地域的，其市区还应包括该建制镇（乡）的全部行政区域。

镇是指经批准设立的建制镇的镇区。包括县及县以上（不含市）人民政府、行政公署所在的建制镇的镇区和其他建制镇的镇区。

镇区是指：（1）镇人民政府驻地和镇辖其他居委会地域；（2）镇人民政府驻地和城区建设已延伸到周边村民委员会的驻地的，其镇区还应包括该村民委员会的全部区域。

2006年，经国家统计局再次修改，并于2008年7月得到国务院批复的《统计上划分城乡的规定》，指出：本规定作为统计上划分城乡的依据，以我国的行政区划为基础，以民政部门确认的居民委员会和村民委员会辖区为划分对象。

城镇包括城区和镇区，城区是指在市辖区和不设区的市，区、市政府驻地的实际建设连接到的居民委员会和其他区域。镇区是指在城区以外的县人民政府驻地和其他镇，政府驻地的实际建设连接到的居民委员会和其他区域。

与政府驻地的实际建设不连接，且常住人口在3 000人以上的独立的工矿区、开发区、科研单位、大专院校等特殊区域及农场、林场的场部驻地视为镇区。

规定取消了人口密度的指标。该规定自2008年8月1日起实施。

国家统计局还对市镇总人口这一指标标准进行了总结，指出城市人口的定义有两种口径。

第一种口径是按行政建制，市人口为市管辖区域内的全部人口（含市辖镇，不含市辖区县）；镇人口为县辖镇的全部人口（不含市辖镇）。

第二种口径是按常住人口划分，市人口为设区的市的区人口和不设区的市所辖的街道人口；镇人口为不设区的市所辖镇的居民委员会人口和县辖镇的居民委员会人口。

1952—1980 年的数据为第一种口径的数据，1982 年以后的数据为第二种口径的数据。[①]

常住人口＝现有常住人口＋暂时外出人口。1982 年进行的第三次全国人口普查规定，常住人口不仅指常住在普查区内并登记了长住户口的人，还包括普查期间无户口或户口在外地而住本地一年以上的人，但不包括在本地登记为常住户口而离开本地一年以上的人。

第五次全国人口普查时，规定常住人口为：（1）除离开本地半年以上（不包括在国外工作或学习的人）的全部常住本地的户籍人口；（2）户口在外地，但在本地居住半年以上者，或离开户口地半年以上而调查时在本地居住的人口；（3）调查时居住在本地，但在任何地方都没有登记常住户口，如手持户口迁移证、出生证、退伍证、劳改劳教释放证等尚未办理常住户口的人，即所谓“口袋户口”的人。

四、当代中国城市化的特点

经过 60 年的发展，我国的城市化取得了巨大的进展，今天，我们与世界的城市化相比较，仍然存在一些值得关注的特点。

（一）城市化仍然落后于世界城市化水平

根据联合国 2007 年的城市与农村区域报告，2007 年，世界城市化水平为 49.4%，发达国家为 74.4%，发展中国家为 43.8%；但是，如进一步细分的话，除去最落后国家的发展中国家的城市化率为 46.5%。我国当年的城市化率为 44.9%。从数据上看，我国的城市化水平基本相当于发展中国家的平均水平。

评价一个国家的城市化水平是否合适，一般是对工业化水平与城市化水平进行比较。对工业化与城市化关系的量化测度，国际上主要有两种方法：一种是 IU 比和 NU 比的国际标准值，另一种广泛应用的是“钱纳里标准”。IU 比是指劳

---

① 参见国家统计局：《统计指标解释·人口》，http：//www.stats.gov.cn/tjzd/tjzbjs/t20020327_14300.htm。

动力工业化率（即工业劳动力占总劳动力的比重）与城镇化率（即城镇人口占总人口的比重）的比值，NU 比是指劳动力非农化率（即非农业劳动力占总劳动力的比重）与城镇化率的比值。当城镇化、工业化和非农化发展较为协调时，IU 比大致为 0.5，NU 比大致为 1.2。“钱纳里标准”是学者钱纳里（H. Chenery）根据 100 多个国家经济发展历程的经济结构变化计算出的统计经验值。

由于钱纳里采用的是 1964 年的美元，并且是测量 GNP 的数值，因此如果测量我国目前的城市化水平，就会涉及通货膨胀率、汇率以及 GNP 与 GDP 的关系等，所以，我们这里采用第一种方法，即 IU 比和 NU 比的国际标准值。根据国家统计局 2008 年的数据，到 2007 年年底，我国第一、第二、第三产业的就业比例分别是 40.8%、26.8%、32.4%。当年的 IU 比值为 0.6，NU 比值为 1.3，应当讲，城市化水平低于劳动力工业化率和非农化率的水平。如果城市化、工业化和非农化三者关系协调发展的话，2007 年年底，我国的城市化率应在 49.3%～53.6%之间。

（二）区域之间城市化发展不平衡

区域之间的不平衡是我国经济也是城市发展的老问题，虽然近年来中央和地方各级政府一直力图扭转这一状况，但是成效并不明显。1957 年，我国东、中、西部城市数量的比例达到 1∶1∶0.4，城市人口的比例为 1∶0.46∶0.18。2008 年，我国东、中、西部地区城市数量比例为 1∶0.9∶0.4，城市人口的比例为 1∶0.51∶0.27。经过 50 多年的发展，应当讲，在城市数量方面，中部和西部还在下降，人口方面的变化也不大。根据 2009 年《中国统计年鉴》的数据，截至 2008 年年底，东部地区城市人口为 2.9 亿，城市化率为 56.2%，中部地区城市人口为 1.8 亿，城市化率为 43.9%，西部地区城市人口将近 1.4 亿，城市化率为 38.3%。

省际不平衡的情况同样长期存在。2008 年，人口城市化水平最高的广东为 63.37%，而最低的西藏为 22.61%，相差近 3 倍。

（三）户籍制度对城市化的制约

一个国家的城市化进程，主要受两个因素的制约，第一为经济发展，第二为相关的制度安排。我国对城市化进程产生相关影响的制度主要包括：户籍制度、就业制度、土地制度、社会保障制度、市镇设置等。但是，对中国城市化影响最直接、影响力最大的应当是户籍制度。新中国成立以来，我国一直实行严格的户籍管理制度，把农民强制性固定在农村中。这种户籍管理制度是我国城市化过程中的一大障碍。

虽说近 20 年来，我国在户籍制度方面进行了一些必要的改革，但是，该制度仍然存在许多不足之处，阻碍着人口在城乡之间的自由流动，主要的表现是：(1) 目前，只有中小城市的户口对农村居民开放，到大城市落户依然有许多障碍。(2) 在许多城市，农村人口获得城镇户口的条件是必须购买住房，而城市的高房价阻挡了普通农民进入城市。

总而言之，改革开放以来，我国的城市化得到了空前的发展。诺贝尔奖得主斯蒂格利茨（Joseph E. Stiglitz）在世界银行的一次会议上说，21 世纪对世界影响最大的两件事情，第一是美国的高科技产业，第二是中国的城市化。在今后若干年内，我国的城市化率将从目前的 45%左右上升到至少 65%以上，将有 3 亿农村人口进入城市，这确实是世界城市化中壮观的事件。我们恐怕需要从各个方面准备好应对这种发展趋势的现实显现。

本章要点

中国城市的出现最早可追溯到公元前 4000 年左右，古代城市的第二个辉煌时期是汉代，而巅峰则是唐宋时期；宋代开始出现真正的商业城市，建立起开放的街市制度；1840 年以后，中国逐渐沦为半殖民地半封建国家，这一时期中国人口的城市化，不仅失去了在封建社会中的长期领先地位，而且远远落后于当时的世界城市化的平均水平；1949 年以后的当代城市化经历了五个阶段，迄今为止，我国的城市化仍然落后于世界城市化水平。

基本概念

里坊　城郭　市镇　常住人口

复习思考题

1. 中国古代城市发展的特点是什么？
2. 我国市镇设置标准有哪些？
3. 我国城市人口统计标准有哪些？
4. 当代中国城市化的特点是什么？
5. 中国与欧洲城市发展的差异及其原因是什么？

推荐阅读参考书目

杨宽．中国古代都城制度史研究．上海：上海古籍出版社，1993

[美] 施坚雅．中华帝国晚期的城市．北京：中华书局，2000

［美］施坚雅．中国封建社会晚期城市研究——施坚雅模式．长春：吉林教育出版社，1991

宁越敏，张务栋，钱今昔．中国城市发展史．合肥：安徽科学技术出版社，1994

第三章

城市社会学的理论传统

第一节　经典社会学家关于城市的理论观点

工业革命引起的农村社会向城市社会、农业社会向工业社会的转型，引起了相关国家的知识分子的关注，在社会学领域，最著名的研究者主要有马克思和恩格斯、滕尼斯、齐美尔（Georg Simmel）、韦伯、涂尔干。

一、马克思、恩格斯的分析

马克思和恩格斯对于城市并没有专门的论述，但是，作为对人类历史和资本主义发展深入研究的理论家，在他们的著述中有许多有关城市的分析。主要包括以下几个方面。

1. 历史发展中城市的进步作用

在《前资本主义经济形态》和后来的《政治经济学批判》中，马克思探讨了从古代社会到资本主义社会城乡关系的发展和变化。他认为，在亚细亚生产方式中，城市和乡村是无差别的统一，古代社会已经存在以土地财产和农业为基础的城市。中世纪时代（或称日耳曼时代）产生了从乡村出发，后来发展为城市和乡村对立的过程。而资本主义社会则要求乡村城市化，不像古代那样是城市乡村化。

马克思指出，第一个真正的阶级社会是古代的城市国家罗马，罗马建立在奴隶制生产方式的基础上，“古代的历史是城市的历史，不过这是以土地财产和农业为基础的城市”①。而中世纪的商人阶级以及他们建立起来的城镇对于促进不同城市的劳动分工和资本主义生产制度的产生具有重要作用，即“生产和交往间的分工随即引起了各城市间在生产上的新的分工，不久每一个城市都设立一个占优势的工业部门。最初的地域局限性开始逐渐消失”；“不同城市之间的分工的直接结果就是工场手工业的产生”②。

后来，在《共产党宣言》中，他和恩格斯将城市看作人类文明的标志，指出：“资产阶级使农村屈服于城市的统治。它创立了巨大的城市，使城市人口比农村人口大大增加起来，因而使很大一部分居民脱离了农村生活的愚昧状态。正像它使农村从属于城市一样，它使未开化和半开化的国家从属于文明的国家。”③

2. 城乡分离与城乡对立

马克思和恩格斯对于城乡分离或者城乡对立有较多的论述，他们认为，贯穿远古到资本主义所有社会发展阶段特征的城乡分工，既是劳动分工的表现，也是劳动分工的基础。这就是他们在《德意志意识形态》中指出的，“物质劳动和精神劳动的最大的一次分工，就是城市和乡村的分离。城乡之间的对立是随着野蛮向文明的过渡、部落制度向国家的过渡、地域局限性向民族的过渡而开始的，它贯穿着文明的全部历史直至现在”④。在《资本论》中，马克思写道：“一切发达的、以商品交换为媒介的分工的基础，都是城乡的分离。可以说，社会的全部经济史，都概括为这种对立的运动。”⑤

恩格斯认为，古代社会中城市的出现所造成的城市与乡村的分离是“第一次社会大分工”⑥，实际上，就是商业、手工业与农业的分工。

城乡分离促进了劳动分工的发展和社会的进步。但是，城乡分离也造成了城乡对立和城乡差别。在对立的两极，通常是城市对乡村的剥削和掠夺，伴随着这种剥削与被剥削的不平等关系，还存在现代与传统的对立、文明与愚昧的对立。

总的来讲，马克思、恩格斯从社会发展的角度肯定城乡分离，认为其是劳动分工的必然，是历史的进步；而从人道主义角度批判城乡分离造成城乡对立，特

---

① 《马克思恩格斯全集》，中文1版，第46卷（上），480页，北京，人民出版社，1979。

② 《马克思恩格斯选集》，2版，第1卷，107、108页，北京，人民出版社，1995。

③ 同上书，276～277页。

④ 同上书，104页。

⑤ 《马克思恩格斯全集》，中文1版，第23卷，390页，北京，人民出版社，1972。

⑥ 《马克思恩格斯选集》，2版，第3卷，640页，北京，人民出版社，1995。

别是城市对乡村的经济剥削。

3. 城市是资本和劳动力的聚集地

在进入资本主义社会后，城市已经与之前的城市不同，越来越成为资本和劳动力的聚集地。“资产阶级日甚一日地消灭生产资料、财产和人口的分散状态。它使人口密集起来，使生产资料集中起来，使财产聚集在少数人的手里。”①

生产资料和财富集中到少数资产阶级手中，集中在城市地区，使得城市愈加成为资本主义发展和扩张的政治和经济中心，成为享乐和需求的集中地。人口的大量集中，使得资本主义生产保持着源源不断的劳动力后备军。工业革命后，资产阶级追求利润最大化的方法，一方面是增加其生产的数量，另一方面是尽量降低工人的工资，因此以人口大量集中的工厂和廉价劳动力的使用为两大原则。城市中，大量移民人口和从农村流入的人口的聚集，成为廉价劳动力的最佳人选。

但是，城市不仅仅是资本主义逻辑的反映，在城市化的过程中也见证了向社会主义转变的必要条件，这是因为，正是由于城市化，无产阶级在城市中获得了空前的集中，因此，资本在城市的积累和对剩余价值的攫取，产生了革命阶级——无产阶级。在《英国工人阶级状况》中，恩格斯指出：(1) 资本主义生产造就了越来越多的无产阶级，不仅那些从农村移入城市的农民成为无产阶级，而且，“中等阶级中的劳动分子”也变成了工人无产者；小手工业者中的师傅也被“挤到无产阶级的队伍中去了”②。(2) 城市造成了工人阶级的集中，有利于工人阶级的团结。“人口的集中固然对有产阶级起了鼓舞和促进发展的作用，但是它更促进了工人的发展。工人们开始感觉到自己是一个整体，是一个阶级；他们已经意识到，他们分散时虽然是软弱的，但联合在一起就是一种力量。这促进了他们和资产阶级的分离，促进了工人所特有的、也是在他们的生活条件下所应该有的那些见解和思想的形成，他们意识到了自己的受压迫的地位，他们开始在社会上和政治上发生影响和作用。大城市是工人运动的发源地。”③ (3) 资本主义条件下的城市生活对工人群众的政治和道德意识产生双重影响：一方面促进了工人阶级的革命意识和活动；另一方面是消极的，即人际关系淡薄、传统规范衰落、自私自利和道德堕落等，从而造成劳动者的疏离感，这样可以使资产阶级对无产阶级的剥削更顺利。但是，马克思和恩格斯认为，从根本上讲，这是资产阶级对工人阶级的压迫和剥削的制度造成的。

---

① 《马克思恩格斯选集》，2版，第1卷，277页，北京，人民出版社，1995。

② 《马克思恩格斯全集》，中文1版，第2卷，296页，北京，人民出版社，1957。

③ 同上书，407～408页。

4. 城市住宅问题

在《论住宅问题》中，恩格斯从级差地租和资本追求赢利的角度分析了住宅短缺的原因。他认为，城市中的住宅建设以及所有的城市规划都遵循获取更多利润的原则，地理位置好、级差地租（地价）效益高的地段能够吸引更多的投资，或者建造昂贵的住宅，或者改工人住宅为商业设施等，以获取更多的利润。这样，工人住宅就迁到地理位置差的地方。

在《英国工人阶级状况》中，恩格斯还分析了当时曼彻斯特城的区位结构：市中心是广阔的商业区，其周围环绕着带状的工人居住区，带状地区之外较近的区域住着中等的资产阶级，较远的郊外则住着高等资产阶级。马克思和恩格斯还揭示了城市居住结构的阶级对立状况，即富人区总是在城市环境最好、最雅致的地区，穷人区则是最拥挤、环境也最糟糕的地区。这是贫富两极分化的结果。

此外，马克思和恩格斯还指出了在资本主义条件下，城市特别是大城市发展中滋生了种种社会病，包括失业问题、童工问题、移民问题、贫穷问题、住宅问题、环境污染问题、妇女问题、卖淫问题、犯罪问题等。他们指出，这些资本主义城市的社会病，首先根源于社会制度的不合理。恩格斯特别批评了那种把一切城市问题都归咎于大城市本身的观点，指出大城市不过是促使那些早已存在，至少已处于萌芽状态的罪恶迅速全面地发展起来而已。资本主义制度本身才是问题的根源，只有推翻这种制度，城市问题才能从根本上得到解决。

二、韦伯的都市理论

韦伯的社会学解释视角与马克思的理论分析完全不同。马克思努力寻找现象背后的根本性原因，而韦伯关注的是现象形成的逻辑关系；马克思更多地将科学分析与政治论争混合在一起，韦伯则坚持将科学与政治、事实与价值判断分开；马克思强调社会整体，基本上不关心个人，只有当个人能够体现客观关系，即这种关系的人格化化身时，才注意个人的分析，韦伯则认为个人行为和意识是社会学分析的真正基础。

韦伯主要是从历史社会学的角度研究古代与中世纪社会的城市，这方面的研究成果为《城市》，于1911—1913年写就，首次发表于他去世后的1921年。后来，这篇论文被放入《经济与社会》一节的第四版中出版，编者将其归在“非正当性的支配——城市类型学”的标题之下。

韦伯研究的主要是西方城市，不过，也包括俄罗斯、南亚、近东、印度、日本和古代中国的城市。他比较了西方城市与东方城市的差异，也比较了西方古代城市与中世纪城市的不同。但是，他基本上未涉及工业时代的城市。韦伯的城市研究包括以下几个要点。

1. 城市的定义

韦伯认为城市可以有许多不同的定义，社会学的定义是："城市是个巨大的居住密集的聚落（聚落里各家各户紧密相接）；由于过于巨大，以致缺乏在城市以外的邻人团体里居民皆相互认识的特色。"① 根据此定义，城市的特征是人口多、居住密集、人们相互之间难以认识和熟知。经济学的定义则是："城市就是一个其居民主要是依赖工业及商业——而非农业——为生的聚落"②；同时，还必须加上一个主要的条件，即"市场的存在"，且该市场并非长途贸易设置的定期市集或者年市，而是居民在该市场购得的物品的大部分是当地居民或者周围居民特别为市场销售而生产的，或从其他地方取得的。由此可见，韦伯定义的是中世纪后期的城市。这样，在韦伯看来，不管与农村有何种结构上的差异，"城市本质上是个市场聚落"③。

接下来，韦伯又从政治的角度对城市进行界定，他认为，在纯粹经济以外的范畴看，城市是一个要塞或者城堡，同时，在这种程度上，城市也是一个拥有自律权和自治权的共同体或者社区。韦伯认为，并非所有满足经济学定义的城市或者要塞、城堡都可以成为城市共同体。要成为一个城市共同体，"聚落至少得具有较强的工商业性格，而且还得有下列的特征：防御设施；市场；自己的法庭以及——至少部分的——自己的法律；团体的性格及与此相关的；至少得有部分的自律性与自主性"④。他还明确指出，"所谓自治，即拥有完全独立的司法、行政当局"⑤。

因此，韦伯认为，经济和政治是城市概念的两个最重要的方面。经济上，主要指市场制度的建立；政治上，主要指的是自治，至少是部分的自治。他还认为，只有在西方，才有这种城市共同体。如果严格遵守上述的定义，那么即使在西方的中古时期，也只有一部分城市能够称得上是真正的"城市共同体"。

2. 市民阶层

韦伯认为，市民阶层产生于中世纪晚期西欧以行会为基础的商业协会中，在西欧北方，至少在新建城市时，市民作为个人进入市民阶层，个人隶属于城市的地方团体，而不是宗族或者部落来保障他作为市民个人的法律地位。在其他国家

---

①② ［德］韦伯：《韦伯作品集 VI：非正当性的支配——城市类型学》，1～2 页，桂林，广西师范大学出版社，2005。

③ 同上书，4 页。

④ 同上书，23 页。

⑤ 同上书，164 页。

如中国、日本和印度，既没有城市共同体，也不存在市民阶层。在中东地区的美索不达米亚、叙利亚以及腓尼基，城市共同体曾经昙花一现，但是后来就消失不再。韦伯认为，市民对政治事务的参与是城市发展的关键要素，也是民主制度发展的中坚力量。他指出，民主制的担纲者，在古代城市是农民；而在中世纪的城市则是城市工商业者。

在《经济与社会》中，韦伯更指出商人和手工业者即市民阶级建立了城市，与王权谈判并获得特许状的保护，反对地方封建领主。因此，欧洲城市在破坏封建主义的政治和经济关系方面具有重要的作用，城市的发展就是资产阶级的发展。在平民城市中，统治的现代民主形式的基础得以建立。这样发展的结果是，以军事为基础的贵族权力向以经济为基础的工商阶级的权力转变，“在中世纪，市民企业家和小资本的手工业者发挥着重要的政治作用，这些社会阶层在古代城市是没有任何影响的”①。这些阶层采用行会控制城市的方式，成为一个以合理的经济营利为其取向的构成体。

在城市自治的高峰时代，自治达到如下几个方面的成果：政治的独立自主，拥有自己的军队，派代表进入国家的代表机构；城市以及同业公会和行会自治的法律章程；不受外来干预的自己的法院机构和行政机关；对市民的征税和市民对外免税的权力；市场权利，即主要是自治的商业和手工业警察以及垄断性的驱逐权力等。

所以，资产阶级诞生于西欧中世纪后期的城市共同体中，由于工商业资本主义的发展，城市渐渐成为“非正当性支配”的领域，运行于教会和国家君王权力之外，从而构成对宣称其垄断正当性权威的国家的一大挑战。

3. 对古代中国城市的分析

韦伯还对古代中国城市进行了论述，他认为古代中国的城市基本上都是官僚城市、君侯城市，如北京就是典型的官僚城市。在中国古代，城市通常是大政治团体的官府，甚至连处于萌芽阶段的自治行政管理都不存在。而且，更重要的是，缺乏一种城市共同体的性质和与农村人相对立的城市市民的概念。“中国的城市居民，从法律上而言，只是其氏族（因此也是其原籍村落）的成员，那儿有他崇拜祖先的祠堂，透过祠堂，他得尽心维护己身所属的团体。”② 所以，古代中国既没有“城市共同体”，也没有“市民”的概念。

---

① M. Weber, *Economy and Society*, Bedminster Press, 1968, p. 204.

② ［德］韦伯：《韦伯作品集 VI：非正当性的支配——城市类型学》，24 页，桂林，广西师范大学出版社，2005。

居民也可能是当地职业团体的成员，属于城市特定地区的行会或者手工业组织，也是城市行政区，如里、坊的成员。但是，城市居民并未拥有类似西方古代和中世纪的城市市民权，城市也不具备西方城市的法人属性。城市中的职业团体可能还有“自治”，但是，城市中绝没有自治。职业团体、氏族或者商人与工匠，可能会使用捣乱、罢工、罢市等手段对抗官吏压迫，但这通常是驱逐某一个别官吏，或抵触某一具体法令、反抗某一新税收政策，而非争取独立的自治权。官府有时也会就某些事务与行会或者职业团体商量，但是，不存在类似西方可以代表市民的团体，如市参政会。

韦伯还指出，古代中国城市的居民自治和对当地行政事务的参与甚至不如农村。古代中国的农村中的长老会议在村里是最有权力的，地方官府都要依赖其协助。职业团体（如行会）、农村长老会有自治，而城市没有“市民”，没有“自治”，也没有“城市社区”①。

三、涂尔干对城市的看法

与马克思一样，涂尔干对于城市也没有直接的著述，但是，在一些重要的论述方面涉及了城市。

1. 机械团结和有机团结

涂尔干将社会团结的类型分为两种：机械团结、有机团结。这两种类型与传统社会和现代社会，或者与农村社会和城市社会是基本对应吻合的。机械团结主要存在于传统社会中，其基础是将个人同化为具有共同信仰和感情的整体，集体意识完全覆盖个体的意识，其团结的取得是以牺牲个性为代价的。通常，周期性的宗教仪式同机械团结紧密联系在一起。现实中，这些同质性个体主要是由亲缘关系预先决定的，而且只要个人不离开村庄，就无法改变。因此，机械团结的纽带主要就是近乎同质性的集体意识。有机团结是建立在社会成员异质性和相互合作、相互依赖的基础上的，劳动分工是其联结纽带，主要存在于城市中。异质性是其主要特征，其成员在更大范围内交往，个性突出，价值观和信仰多样化。

在《社会分工论》中，涂尔干将“集体意识”定义为：“一般社会成员共同的信仰和情感的总和。”② 后来，在《自杀论》中，他用“集体表象”代替“集体意识”，主要指一个社会中的语言、道德、信仰、习俗、传统意识，甚至包括

① 参见［德］韦伯：《韦伯作品集 VI：非正当性的支配——城市类型学》，26～27 页，桂林，广西师范大学出版社，2005。

② Emile Durkheim, *The Division of Labor in Society*, Free Press, 1997, p. 46.

神话等。再以后，他又进一步指出：人有两种意识，一种意识是个人的，它表现了每个人富有特征的意识形式；另一种意识是整个社会集体共有的，它不会随着个体的主观愿望而改变或者消失。涂尔干将后者这种不是个人从直接经验中取得，而是由社会强加给个人的意识，称为集体意识或者“社会事实”。他认为，社会事实是客观存在的，判断社会事实有三个标准，即社会现象的“外在性”、“强制性”、“普遍性”。并不是所有社会现象都是社会事实，所谓社会事实，在涂尔干看来，特指那些对于个人具有外在强制性的普遍现象。

在以机械团结为主的社会中，集体意识控制着大部分成员的意识。集体意识的强弱可以通过法律制度显现出来，机械团结的社会中，法律具有镇压性的特点，触犯法律的人不仅仅被视为对个人的冒犯，也是对集体，对集体信奉的信条、戒律的冒犯，对社会整体的威胁。因此，采取的往往是严惩的手段。在以有机团结为纽带的社会中，集体意识控制的范围缩小了，个人对触犯戒律的集体反应也减弱了。惩罚主要是认识是非，通过补偿来弥补违法者所造成的损失。涂尔干认为，刑法和商法、民法可分别被视作两种社会法律的例子。不过，涂尔干强调，每一种法律体系都伴随着纯粹的道德规范体系，前一种是公共道德，后一种主要是职业道德。

2. 物理密度（material density）与道德密度（moral density）

涂尔干认为，劳动分工产生的主要原因是单位空间人口的增长，人口密度上升，能够相互联系、相互交往的人数增加。他将人们相互交往的关系称为“道德密度”，将单位空间内的人口状态称为“物理密度”。开始他主张，在现实生活中，这两种密度很难分割。后来他修正了自己的观点，认为地域上的人口集中不一定必然产生社会交往方面的上升，并且明确指出，劳动分工的核心因素是道德密度的上升，即“社会容量的扩大”和“社会密度的增加”是“实现分工的决定性原因”①。

一个社会道德密度的上升往往是通过城市化而展现出来的，“城市总是产生于个人与其他人保持非常亲密联系的需要，在许多地方，社会大众之间的联系要比其他地方更加紧密”②。因此，城市化当然也是劳动分工产生的原因，理由很简单，聚集的人口只有通过功能分化才能生存。

另外，按照涂尔干的观点，集体意识与社会分工是此消彼长的关系，“集体意识越有活力和明确，劳动分工的发展就越困难和越缓慢”，“我们可以直接看到

---

① Emile Durkheim, *The Division of Labor in Society*, Free Press, 1997, p. 258.

② ［法］埃米尔·涂尔干：《社会分工论》，219～220页，北京，三联书店，2000。

集体意识对劳动分工所产生的负面影响是举不胜举的”①。他认为，大城市在其中起着十分重要的作用，由于大城市是现代工业的产物，充满着多元的价值观和信仰，有很强的异质性。而城市化的发展主要是农村移民人口进入城市，农村人口变为城市人口，无疑会打破和瓦解他们身上的传统集体意识。“毋庸置疑，大城市就是进步的中心。城市总是孕育着各种新的观念、时尚、道德和需要。”②

总而言之，道德密度的增加、集体意识的衰弱，这两个主要因素最有可能在城市中发生，所以，城市是社会变化和个人自由的推动力。但是，他也注意到，当旧的集体道德被瓦解，新的价值观系统未建立，社会的道德整合就会面临威胁，失范、自杀、犯罪等社会问题就会出现和上升。

涂尔干认为，道德是社会团结的基础，在传统社会是靠集体意识，而现代社会是靠分工基础上产生的职业道德。不过，他后来的观点有所变化，在《宗教生活的初级形式》中，他提出了集体表象（collective representation）的概念，认为信念系统与集体表象是社会秩序的轴心，包括共同的认知、信仰以及仪式、道德等集体规范。

彼特·桑德斯（Peter Saunders）认为，涂尔干与马克思、韦伯一样，都未将现代城市与发达资本主义社会的主要理论联系起来。涂尔干基本上是从以下两个方面来看城市的。

一方面，他认为，对于特定社会力量的发展来讲，城市是历史上一个非常重要的条件，这些特定的社会力量包括刺激劳动分工产生的人口聚居和社会集中，以及通过打断传统道德纽带而促进社会发展。他坚持，集中居住的大量人口可以通过劳动分工而生存下来，这也是达尔文主义关于人类社会功能分化的观点。

另一方面，他认为，资本主义社会的城市反映了现代社会原子化状态的病态解组这些力量的反常发展。③ 由此可以看出，他对城市是区别对待的，似乎作为开启现代工业社会的中世纪城市更受到他的欣赏，而进入工业社会以后的现代城市则受到他的批判。

---

① Emile Durkheim, *The Division of Labor in Society*, Free Press, 1997, p. 284.

② ［法］埃米尔·涂尔干：《社会分工论》，253页，北京，三联书店，2000。

③ See Peter Saunders, *Social Theory and the Urban Question*, Hutchinson and Co. Ltd, 1984, pp. 46-47.

第二节　齐美尔和滕尼斯关于城市与社区的理论

一、齐美尔的大都市观

齐美尔与韦伯一样，相信只有通过与认识主体的积极互动才能获得人类社会的知识，也即通过具体现实有选择的相关方面的精神活动过程，以及通过分析性的建构对这些相关方面进行分类才能认识世界。他认为，社会学家为了分析社会，为现实世界建立了一个概念框架，而为了获得这个概念框架，就需要对内容和形式进行分析上的区分。在他看来，人类行为的内容应当从心理学角度进行解释，例如，个人选择某些行动的原因是属于心理学的问题；而这些内容表现出来的社会形式则属于社会学现象。

齐美尔对三方互动关系的分析（Simmelian triad）是一个很好的例子。在三人互动的关系中，参与者存在三种不同的互动形式，其中一方可能会成为其他两方的裁判或者协调者；或者也可能在其他两方发生冲突时从中获利；再一种可能就是，他也可以采取分而治之并加以控制的策略。这些在三方互动关系中存在的形式可以应用于许多不同的关系中，如家庭、政治的派系斗争以及国家之间。因此，虽然社会学家不能够解释在任何一种互动关系中参与的一方为什么参与这种策略而不是另外一种策略，但是，他能够分析被采用的策略形式。应用这种分析，社会学家可以在历史上无数千差万别的事件中，概括出它们背后具有基本一致性的规则。所以，社会学是一门人类关系的形式的科学，而这种人类关系是从真实世界互动联系中抽象出来的。就如同语法研究，它研究的是语言的形式，而不是所说的内容。

在齐美尔看来，社会学就是社会形式的几何学。他主张，社会形式既是个人行为的表现手段，也是约束个人的来源。进一步讲，不仅个人存在于社会中，而且，社会也存在于个人之中。作为人类关系形式的社会就既是个性活动的根源，也是其桎梏；社会的扩张既给个性发展的条件，也是其挑战。社会生活就存在于这一无法解决的悖论中。[①]

在研究城市方面，由于出生和成长于柏林，齐美尔亲眼看到工业社会后大城市的发展。所以，以柏林为分析的对象，1903年，他发表了城市社会学分析的著名论文《大城市与精神生活》，此文堪称城市社会学的先驱之作。后来，该论

---

① See Peter Saunders, *Social Theory and the Urban Question*, Hutchinson and Co. Ltd, 1984, pp. 84－85.

文对美国芝加哥学派产生了重要的影响，沃思认为，《大都市与精神生活》是“从社会学观点看待城市最重要的单篇文章”；不仅如此，帕森斯（Talcott Parsons）深具影响力的《社会行动的结构》也专门辟文讨论了齐美尔和滕尼斯的文章。① 根据戈特迪纳的看法，早期美国城市社会学的研究更多追随的是齐美尔的对城市环境中社会行为与活动的关注，而很少韦伯那种进行历史和比较研究的路径。②

齐美尔关心的是现代性，或者是从传统社会向现代社会转型过程中的变化，在传统社会，社会关系主要是建立在亲密或者亲属关系的基础上，经济上主要是易货贸易；而在现代社会，社会关系更多是建立次级群体基础上的个体的、专业化的关系，经济上是以理性计算、斤斤计较为基础的货币经济。齐美尔认为，这些现代性的特征在大城市显现得更清楚。

齐美尔关于大城市的观点主要包括以下几方面。

1. 城市是强刺激的环境，人与物的集中使刺激达到顶点

齐美尔指出农村生活节奏和感官的刺激都慢得多、稳定和平缓得多，而城市生活五光十色，存在无数令人应接不暇的各种符号，城市带来高度的神经刺激或过度心理负荷。“都市人的个性是建立在心理学基础上的，这种心理学基础由于内部和外部刺激快速而持续的变化而导致情绪活动的紧张。”③ 为了适应强刺激的环境，减少心理和情感的负担，人们为自己“建立起一种防卫机制”④。冷漠、世故和工于计算都是这种防卫机制的组成成分，因此，比起乡村，在城市长期的日常生活会改变人们的思维和行为方式，改变人们的心理与人格。

2. 理性计算的最佳方法是货币经济的应用

在城市中，无论是经济活动，还是人们之间的社会交往活动，金钱是最具效率的媒介。金钱既是都市人理性和文化的根源，也是其表现方式。都市人是受其头脑而非其心灵、受计算和智力而非感情所指引的。因此，金钱经济逐步起到支配作用，慢慢地，人与人的关系就变成了金钱关系。

“正是货币经济使得这么多人的日常生活中充满了权衡、算计、清点，以及把

---

① 转引自［英］西蒙·帕克尔：《遇见城市：理论与经验》，19页，台北，群学出版有限公司，2007。

② Mark Gottdiener& Ray Hutchison, *The New Urban Sociology*, McGraw-Hill Higher Education, 2000, p. 105.

③ Georg Simmel, The Metropolis and Mental Life, in: Gary Bridge & Sophie Watson, eds. *The Blackwell City Reader*, Wiley-Blackwell, 2002, p. 11.

④ Ibid, p. 12.

质的价值化约为量的价值。由于金钱具有的计算特性，生活要素之间的关系中出现了一种精确性。”[①] 在城市中，人们日常生活的节律完全是被钟表的时间所统治，形成机械、刻板的生活方式，越来越远离大自然的符合人性发展的生活节奏。

3. 大城市与乡村的比较

齐美尔也指出了城市的优点，如城市的居民更具自由感，这“对于个人的独立自主有重要意义”[②]，大城市往往是创造性活动的发源地；乡村或者小城镇的居民多狭隘和偏见。乡村和小城镇的居民相互熟知，很难做到匿名；而大城市的人大部分互不相识，匿名性强。

4. 城市人的人格结构

齐美尔认为，城市人的人格结构是“高度非人格化的”[③]，其特征主要包括：(1) 理智至上，计算性格。城市人的人际关系基本上都是建立在计算的理智思考基础上的，对金钱和时间的精确计算、对自己付出的“得”与“失”的计算等。(2) 自私冷漠，矜持浅薄。城市居民每天接触无数的人，接触大量的事情，使他不可能也不值得与所有人深入交往，许多事情也没有新鲜感。感情逐渐变得迟钝，缺少好奇的心理，甚至对一切都无所谓；对与自己无关的事情更是漠不关心，逐渐变得缺少人情味和同情心。(3) 自我迷失，孤独。城市人通常将自己置于自我保护的屏障之后，很少有真实感情的交流，也很少有推心置腹、无所不谈的常年好友，“城市里的人就会在内心彻底被原子化了，并且将会陷入一种不可思议的精神状态”[④]。

5. 现代社会中劳动分工的影响

桑德斯概括了齐美尔有关劳动分工对人类交往关系形式的三种影响：(1) 劳动分工使得社会生活碎片化和割裂化。在同质性高的小规模社会，个人的群体成员身份构成了向心的模式，如个人属于行会，行会属于联盟等。因此，个人被纵向地整合进社会中，这种关系模式呈现出整体性。而在现代社会的劳动分工中，个人从属的社会交往圈成为彼此之间的障碍，个人对于任何一项分工的参与都是部分的或者专门化的。个人无法使自己的产品人格化，或者对其“灌注自己的个性”[⑤]。(2) 劳动分工强化了由于城市规模而产生的自我意识。这是因为，在高度

---

① Georg Simmel, The Metropolis and Mental Life, in: Gary Bridge & Sophie Watson, eds. *The Blackwell City Reader*, Wiley-Blackwell, 2002, p. 13.

② Ibid, p. 15.

③ Ibid, p. 14.

④ Ibid, p. 16.

⑤ 薛毅主编：《西方都市文化研究读本》，第 2 卷，61 页，桂林，广西师范大学出版社，2008。

分化的社会，个人持续地暴露在无休无止、各种各样的变化的环境中，而只有自己的个性是唯一的和持续不变的。因此，劳动分工推动了利己主义和个人主义的发展。(3) 劳动分工造成了个人对整个文化世界的疏远或者异化，齐美尔认为，异化是现代性不可避免的后果，因为劳动分工将创造者与其创造物分裂开来。①

所以，齐美尔关注的现代性存在三个核心要素，即城市、货币经济与理性计算、劳动分工。这三个要素决定了城市居民的精神生活特点。

二、滕尼斯的社区研究

1887 年，滕尼斯出版了《社区与社会》（又译《共同体与社会》），该书被国内外社会学界誉为社区概念和理论的滥觞。滕尼斯的思想深受英国思想家如霍布斯（Thomas Hobbs）、梅因以及斯宾塞（Herbert Spencer）等人的影响，马克思也对其思想有较大影响。意志的概念是其理论的核心，他认为，人类的意志存在两种基本形式，第一种是自然意志，是一种根本性的、有机的、本能驱动型的意志；第二种是理性意志，它是一种深思熟虑的、工具性的、目的导向的意志。自然意志来源于个人的性情和性格，理性意志是一种将手段与目的区别来看的能力，实践中来源于个人自私自利的理性算计。在此基础上，滕尼斯提出了两种理想类型：社区与社会。

1. 社区

滕尼斯将社区或者共同体划分为三种类型，即血缘共同体、地缘共同体和情感共同体，实际上，就是亲属关系、邻里关系和友谊关系。其特点包括：建立在以情感、传统和共同纽带作为统治力量的自然意志基础上，对社区有强烈的认同感，人与人之间亲密度高、感情深，道德约束感强，社会整合程度高，且传统具有连续性；此外还有经济上分工不发达，价值观比较一致，基本不存在成员的跨地域流动。

2. 社会

滕尼斯认为社会的特点是建立在理性、个人主义和情感祛除的理性意志的基础上，对社区几乎没有认同感，感情上中立，契约尊重主义者；以商品交换关系为基础，理性计算是其基本条件，价值观多元化，关心自己胜过关心他人，自私自利。

滕尼斯还指出，共同体生活的外在物理形态可包括家族、村庄和城市。这里

---

① See Peter Saunders, *Social Theory and the Urban Question*, Hutchinson and Co. Ltd, 1984, p. 89.

的城市指的是小城市，村庄和小城市都保留着很多家庭的特征，村庄保留得多一些，小城市保留得少一些。“只有到了城市发展为大城市时，城市才几乎完全丧失了这些特征。”① 城市的形成以共同体为基础，但是，当城市逐渐成长为大城市时，先是行会，后是法团组织取代传统的共同体，并且以契约和法律将人们集合在一起，而不是像共同体中，以伦理将人们团结起来。个人的行动不受人情和道德的约束，看起来是自由的，但是，却受到法律和契约的制约，所以，也常常是身不由己的。

总的来讲，他赞扬共同体生活，视其为富有生机的整体，而批判社会或者大城市的生活，认为它是机械的集合体。“大城市和社会的状态从根本上说是人民的毁灭和死亡……除非共同体本质和思想重新得到滋养，并且在行将灭亡的文化之内悄悄发展新的文化。”②

克林·贝尔（Colin Bell）和霍华德·纽拜（Howard Newby）认为，滕尼斯特别强调社区的最基本要素是其地域性或者地方性，如家族、村落、小城镇；而现代社会学家讨论社区时已经超出地方性，虽然还包括地方共同体，但是也包括其成员在宗教、工作以及文化方面联系的共同体。③

本章要点

经典社会学家很早就对城市进行了研究，马克思和恩格斯既指出了城市的进步作用，也批判了城市对乡村的剥削和对于资本主义资本积累的贡献；韦伯主要对资本主义城市产生和发展的特点进行了研究，认为市场制度和自治是城市概念的核心；涂尔干更多的是从机械团结与劳动分工基础上产生的有机团结角度上进行研究，对城市的看法也有所区别；齐美尔是最早对城市社会与人的关系进行专门研究的，他认为，城市的环境会影响城市人的人格；滕尼斯则是第一个提出“社区”概念的社会学家，指出社区与社会不同的特点。

基本概念

城乡分离　城乡对立　城市共同体　自治市　机械团结　有机团结　物理密度　道德密度　城市人的人格结构　社区

---

① ［德］斐迪南·滕尼斯：《共同体与社会》，333 页，北京，商务印书馆，1999。

② 同上书，339 页。

③ See Colin Bell & Howard Newby: *Community Studies*, George Allen & Unwin, 1978, p. 24.

复习思考题

1. 马克思和恩格斯是如何分析城市的？
2. 韦伯的“城市共同体”的特征是什么？
3. 韦伯如何看待古代中国城市？
4. 涂尔干关于物理密度和道德密度的观点是什么？
5. 齐美尔怎样看待城市对人的影响？
6. 滕尼斯关于社区与社会的思想是什么？

推荐阅读参考书目

马克思恩格斯选集．2 版．第 1 卷．北京：人民出版社，1995

马克思恩格斯选集．2 版．第 3 卷．北京：人民出版社，1995

马克思恩格斯全集．中文 1 版．第 2 卷．北京：人民出版社，1957

马克思．资本论．北京：人民出版社，1975

［德］韦伯．韦伯作品集 VI：非正当性的支配——城市类型学．桂林：广西师范大学出版社，2005

［法］埃米尔·涂尔干．社会分工论．北京：三联书店，2000

［德］斐迪南·滕尼斯．共同体与社会．北京：商务印书馆，1999

Peter Saunders. Social Theory and the Urban Question. Hutchinson and Co. Ltd，1984

Georg Simmel. The Metropolis and Mental Life. in：Gary Bridge & Sophie Watson，eds. *The Blackwell City Reader*. Wiley-Blackwell，2002

第四章

城市社会学的产生与发展

第一节　芝加哥学派的人类生态学理论

1890年，芝加哥大学建立时，芝加哥已经是当时美国的三大城市之一，与纽约、费城并列。当时的城市人口为110万（1840年时仅有4 470个居民），到1930年，其城市人口上升到350万。1892年，该校的第一批学生入学，同年，社会学系诞生，成为美国第一个社会学系。很快，该系对美国社会学的发展就产生了重要且长远的影响，这部分地是由于其第一任系主任斯莫尔（Albion Small）于1895年创办了《美国社会学杂志》，该刊物是世界第一本社会学杂志；同时，斯莫尔还为1905年美国社会学学会的建立作出了主要贡献，这是今天美国社会学协会的前身。这些为芝加哥学派长期的领导地位奠定了基础。

1915—1940年间，芝加哥大学社会学系从事了一系列研究工作，其特点首先是经验研究，与此前的带有大量道德主义印记的社会调查或者新闻调查分道扬镳；此外，还包括关注城市社会问题的城市社会学研究和独特的质性研究方法。这一学派被称为芝加哥学派，[①] 不过，芝加哥大学社会学系自己则将帕克（Robert E. Park）和伯吉斯（Ernest W. Burgess）时代称为芝加哥学派的第一代，第

① 参见［法］阿兰·库隆：《芝加哥学派》，1～2页，北京，商务印书馆，2000。

二次世界大战后，休斯（Everett Hughes）、沃纳（Lloyd Warner）、布鲁姆（Herbert Blumer）等人构成了芝加哥学派的第二代。[①] 这是社会学100余年的历史上，除了以涂尔干为灵魂的社会学年鉴学派以外，唯一享有如此盛誉的一个科学家共同体。

以帕克为代表的第一代芝加哥学派的最大贡献可能就是创立和发展了人类生态学理论，里斯曼（Leonard Reissman）指出，该理论是社会学中“最接近系统的城市理论的”[②]。桑德斯则认为，“人类生态学是第一个全面的城市社会学理论，也可以说是美国第一个全面的社会学理论。因为，当时美国社会学已经获得了作为一个学科的制度性承认，但是，还缺少本土的社会学理论”[③]。

一、帕克的人类生态学理论

罗伯特·帕克，大学就读于密歇根大学，曾经受约翰·杜威（John Dewey）的影响；毕业后，辗转于明尼苏达、底特律、丹佛、纽约和芝加哥这五大新兴城市之间从事记者工作；后重返校园，1898年重返学院，一年后，获哈佛大学硕士学位。之后赴德国求学，1899—1900年间，曾在柏林齐美尔的课堂听哲学和社会学课程，深受齐美尔思想的影响；1900年后，先在斯特拉斯堡，后在海德堡大学师从哲学家文德尔班（Wilhelm Windelband），1903年获博士学位。回国后，1904—1905年在哈佛大学哲学系任教，1914年受邀到芝加哥大学社会学系任教，1915年建立了第一个美国城市研究中心；1923年升任教授，很快成为芝加哥学派的中心人物。

帕克被人们誉为芝加哥学派的旗手或开山祖师，因为正是他的研究工作，才使芝加哥大学社会学系获得了芝加哥学派的美称。他同时也是城市社会学的奠基人。

1921—1931年的10年间，在帕克的指导下，他的同事和学生进行了十几项有关城市生活和城市社会问题的研究，其研究对象包括非法团伙、流浪汉、职业舞女、妓女、吸毒者、青少年罪犯以及犹太移民等。1932年，帕克到北京燕京大学担任访问教授，还带着费孝通“这批小伙子到北京的天桥去参观‘下层社会’”，他希望学生能够从实际生活中学习社会学。

帕克的主要研究成果包括1915年发表的文章《城市：对城市环境中人类行

---

① http：//sociology. uchicago. edu/department/history. shtml.

② Leonard Reissman, *Urban Process*, Collier Macmillan, 1964, p. 93.

③ Peter Saunders, *Social Theory and the Urban Question*, Hutchinson and Co. Ltd, 1984, p. 48.

为进行研究的建议》，这篇文章后来被收入他与伯吉斯和麦肯齐（R. Mckenzie）合著的《城市——对都市环境研究的建议》（1925）中，此外还有1921年与伯吉斯合著的《社会学导论》和1936年发表的论文《人类生态学》，以及他去世后出版的《人类社区》（1952）等。他关于城市社会学研究的主要观点可归纳为以下几个方面。

1. 对城市的看法

帕克认为，“城市是一种心理状态，是各种习俗和传统构成的整体，是存在于该传统，并且是这种传统发散出的组织化的态度和情感的整体。换言之，城市绝不仅仅是物质的装置和人工构造物，它与构成城市的居民生机勃勃的活动密切联系在一起，它是自然的产物，尤其是人类本性的产物”①。城市更多的是人造的产物，它包括两个主要的结构，一个是物质结构，另一个是道德结构。但是，这两个结构归根结底是发端于人类本性，是人类本性的表现形式。② 人性和道德束缚在城市中不断地相互碰撞。

虽然帕克在德国留学，但是，似乎他受涂尔干的影响要比齐美尔更多些。涂尔干认为，社会解组是人类社会前进的必然代价，过多的道德束缚与过少的道德束缚一样，都不是人类发展的福音。帕克同意涂尔干的看法，一方面认为，城市的发展瓦解了以往家庭、教会和村落保存的传统道德和社会凝聚力，“大城市中的不良习惯和犯罪现象都有所增加”。另一方面，他也注意到，城市提供了个人自由发展和自我展现的舞台，旧的解组可被看成在新的社会控制模式基础形成的更高层次社会组织的前奏。他指出，城市将日益以正规机构为其特征，科层制制度是典型；家庭、教堂和学校这些首属关系已经让位于次属关系，与之并行不悖的是基于成文法的社会控制新模式取代了基于道德的社会控制模式。③

帕克认为，城市是由不同的人口组合而成的有机体，以复杂的劳动分工为特征。与涂尔干一样，他同意，在城市内的人口的增长，以及交通和沟通网络的扩张，将会形成功能的进一步专业化和更强的相互依赖纽带。同时，他还指出，功能分化也会在空间上表现出来，例如，竞争不仅促进了劳动分工，也引起了在城市环境中，将不同的经济群体分布在不同的地点。城市土地的使用可以揭示这种经济上相互依赖的模式。

---

① Robert E. Park, Ernest W. Burgess, *The City: Suggestions for Investigation of Human Behavior in the Urban Environment*, University of Chicago Press, 1984, p. 1.

② 参见［美］帕克、伯吉斯、麦肯齐：《城市社会学》，3～4页，北京，华夏出版社，1987。

③ 同上书，25～29页。

受齐美尔的影响，他也强调城市生活的心理因素，即感情色彩少、理智成分多，但是，他认为，感情纽带的破碎会形成新的社会纽带，即以利益群体为基础的纽带。

当然，可能最有影响的就是他对城市的以下看法：城市是社会变迁的主要力量，先于整个社会的变迁；城市生活使得各种人类本性和特征充分展示出来，并将其放大，总之，将人性中过度的善与恶都展示出来。因此，城市是社会实验室或者诊疗室，我们可从中对人性和社会过程进行充分研究。

2. 人类生态学理论的主要观点

生态学（ecology）这个概念是由德国生物学家海克尔（Ernest Haeckel）于1866年第一次提出的，他将该概念定义为：对有机体与其环境之间相互复杂的关系的研究，环境既包括无生命的也包括有生命的构成成分。并且他强调该概念的经济学和进化论的意义，指出这种相互关系是达尔文主张的为生存而斗争的条件。[①]

1918年，帕克提出了用生态学来构建社会学理论视角的想法，1921年，在《社会学导论》中，他和伯吉斯第一次提出了“人类生态学”这个概念，指出：“对于同一地域内的植物社区的演替和构成这些社区的各种物种之间的竞争性合作关系的分析，或许可以很好地用作人类生态学类似研究的模式。”[②]。

帕克认为，达尔文阐述的自然界生存竞争法则在人类社会同样也存在，在自然界中，一方面，动物或者植物为了生存和繁衍进行着你死我活的斗争；另一方面，由于达尔文所称的“生命之网”（the web of life）的存在，食物链上的相互依赖性使得各生命体之间又存在着“共生关系”，共生是指彼此关系中既相互独立又相互依存的状况。这种既竞争又共生的关系造成了自然界的平衡和秩序。而在人类社会，一方面，由于相互竞争，人们处于对利益的本能的争夺中；另一方面，由于劳动分工或者生活的功能分化，人们又处于相互依赖与合作的关系中。帕克将此称为“竞争性合作”的关系。帕克进一步指出，共生描述的是生物性，而不是文化性。因为，人类社会的平衡和秩序一方面是通过竞争而实现，另一方面，还要受到文化的限制，如道德。所以，城市生活在帕克看来，可以分为两个层次，一个是其生物性，另一个是其文化性。前者指的是个人和组织为了有限的环境资源，彼此处于激烈的竞争中；后者指的是具有共同社会背景的人们相同的

---

① See Edgar F. Borgatta, *Encyclopedia of Sociology*, Macmillan Reference, 2000, p. 1209.

② R. E. Park, E. W. Burgess, *Introduction to the Science of Sociology*, University of Chicago Press, 1972, p. 555.

情感、价值观、文化符号和道德秩序等形成的合作性纽带。

帕克强调，“生态学关注的是社区，而不是社会”①。戈特迪纳认为，根据帕克的观点，大城市中出现越来越多的社区的时候，每一个社区内部的生活主要是通过情感、价值观以及合作性道德秩序而运行的。虽然帕克认为人类社会合作的基础包括了两个因素，即劳动分工与文化因素，但是，帕克更加关注的是城市社会中的竞争性，特别是越到晚年，越强调生物性层次作为城市生态学的基本预设。这些被后来的研究者们批评为忽视了城市中文化的作用，忽视了社区的基础。②

按照帕克的定义，“人类生态学是将应用于动植物之间相互关系的分析方法应用于人类之间的相互关系中”③。我们将其做如下表述可能更好把握些：人类生态学是对个人、群体及其社会环境之间关系的研究，它借鉴生物学的法则来解释城市人口（包括机构）的空间分布及其变化。具体到城市中，人类生态学法则的运行是：竞争决定了人口的分布和居住区域的地点和规模，个人与群体从相对不大稳定的落脚点逐步找到基本稳定的居住点，每一个居民和共同体就是这样在城市物理与生活的环境中找到最适合自己的小生境。如此，人类生态学也可以看作空间生态学。在城市空间中，不同的个人和群体占据不同的区位，这些都与他们各自的竞争实力有关。因此，他提出了一个著名的假设：各人类群体在城市居住地点之间的“空间距离”与这些群体之间的“社会距离”相联系。

3. 有关移民和同化的理论

作为当时的第二大城市，芝加哥涌入了大量的移民，帕克与其同事和学生极为关注移民与同化的研究，产生了许多重要的成果和具深远影响力的理论。可以讲，“芝加哥学派最重要的著作几乎都是有关移民问题和移民融入美国社会的问题的”。

帕克在这方面也提出了自己的理论。首先，帕克在齐美尔的“陌生人”理论基础上发展出“边缘人”的理论。1908 年，齐美尔在《陌生人》一文中提出了“陌生人”的概念，指出，社会学意义上的“陌生人”是双重意义的统一，既脱离任何既定的地域空间的漫游，又固定在一个地域空间点上出现。他不是今天来、明天走的流浪者，而是今天来、明天留下来的暂住者或潜在的流浪人。“陌生人”必须来自外部，并作为一个暂时的“内部人”与常住社区者产生相对的意义。

在“陌生人”概念的基础上，1928 年，帕克提出了“边缘人”的概念，并

---

① Robert Ezra Park, *Human Communities*, Free Press, 1952, p. 251.

② See Mark Gottdiener & Ray Hutchison, *The New Urban Sociology*, McGraw - Hill Higher Education, 2000, p. 111.

③ Robert Ezra Park, Human Ecology, *American Journal of Sociology*, Vol. 42, No. 1, 1936.

定义：边缘人“在两种文化和两种社会的边缘，这两种文化和社会从未完全相互渗透和融合”①。后来，他再一次定义：“边缘人是命运安排其生活在两个社会中，并处于不仅仅是不同，而且是敌对的文化中，……在这两种不同且难以熔化的文化被全部或者部分地融合的过程中，他的心灵备受煎熬。”② 由此可见，“边缘人”是处于两个社会、两种文化的边缘。一般来讲，移民都属于边缘人，不管他是跨国移民，还是国内农村进入城市的移民。他们中的大部分都或多或少地会产生“边缘人”的人格。

帕克还提出了移民群体融入当地社会的族群关系周期理论，他将族群之间互动的过程分为四个阶段：敌对、冲突、适应和同化。敌对是不同族群最初级的相互作用，其特点是“没有社会接触的相互作用”，即个人之间没有接触。

第二个阶段是冲突，当人们面对不同的人群时，冲突是不可避免的。冲突是个人意识到他们处于敌对状态时的表现。敌对是无意识的和非个人的，而冲突则是有意识的，并将个人深深牵扯进去。

随后进入不稳定的适应阶段，它表明个人和群体为适应由敌对和冲突造成的社会境况而作出的努力。适应是一种社会现象，在此阶段，各群体共存，虽然仍是潜在的对手，但各群体却接受彼此的差别。

最后一个阶段就是同化。在此阶段，移民族群与社会主流族群之间的差别消失了，各自的价值观念混合在一起。

按照帕克的观点，“边缘人”是适应与同化之间的过渡，他是从其原来的文化群体中走出来的人，但是还未能完全进入新的世界，被两种文化边缘化，并受这种边缘化的煎熬。不过，边缘人同时也是两个群体、两个社会的接触点。因此，边缘人生活的社区——移民社区可被视为通向同化道路上不可或缺的一个临时宿营地。移民社区有利于培养移民们的身份转换，以便在他们的旧身份和新身份之间建立联系。帕克指出，移民社区可以缓解不同文化的冲击，而且还可以为移民提供生存、精神需求和人际交往关系方面的保障，避免了移民在新的陌生环境中意志消沉以及沦落犯罪。当然，他还强调，教育在族群同化方面也起着十分重要的作用，因为，不同文化群体的同化是通过提供使用同一种语言和认同共同的传统与技术而实现的。③

此外，帕克还提出了城市研究的方法。他认为，人类学家博阿斯（Franz Boas）、

---

① Robert Ezra Park, Human Migration and the Marginal Man, *American Journal of Sociology*, Vol. 33, No. 6, 1928.

② Robert Ezra Park, Cultural Conflict and the Marginal Man, in: Everett Stonequist, *The Marginal Man*, Charles Scribner's Sons, 1937, p. 15.

③ 参见［法］阿兰·库隆：《芝加哥学派》，32～34 页、47 页，北京，商务印书馆，2000。

罗威（Robert Lowie）研究北美印第安人风俗习惯和生活的长期、耐心细致的观察方法可以用来研究城市居民的生活习惯、信仰、社会活动以及风俗、观念等。他还主张，应当观察而不要参与。

二、伯吉斯的同心圆理论

伯吉斯是帕克的同事，1916 年进入芝加哥大学，1921 年与帕克合著《社会学导论》，该书影响了当时的许多人，被誉为“社会学的圣经”。他认为，人口的压力使得城市不断扩大，由此引发了人口和机构不断向中心区域聚集和商业设施不断分散化的双重过程。由于空间的竞争，中心区会吸引一些活动进来，但是，同时也有一些活动会被迫向城市边缘分散，会不断进行配置。按照伯吉斯的观点，城市最终会形成以中心区高度聚集的形式，该中心成为城市的控制中心，也是地价最高的地方，围绕中心区会形成数个同心圆。这就是著名的“同心圆假说”，以当时的芝加哥市为模本，他第一个应用人类生态学理论构建了城市生态地图。

伯吉斯将城市划分为五个同心圆区域（见图 4—1）：

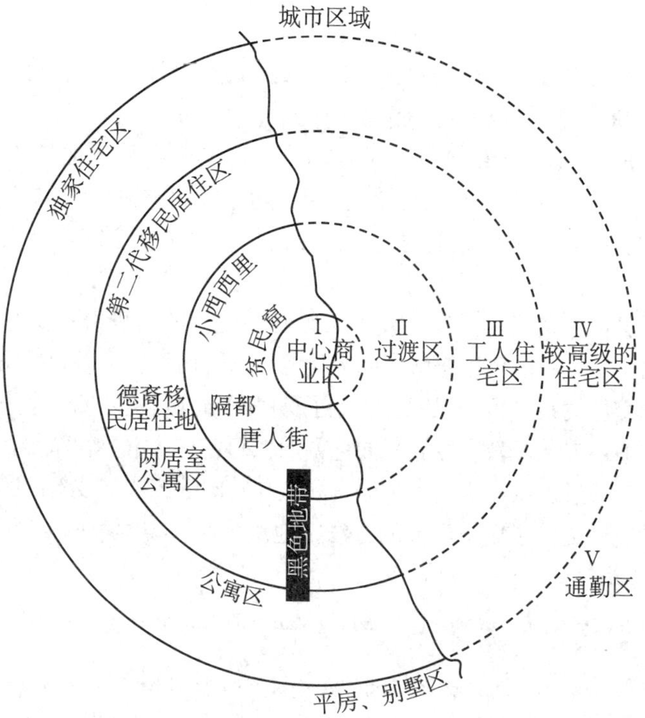

图 4—1　同心圆模式

第一环是中心商业区，也是城市的中心。

第二环是过渡区，它是中心商业区的外围区域。贫民窟、城市中最破旧的房屋等都集中在这个区域，由于中心商业区的不断扩张，该区域处于被侵入和接替的前奏或者过程中。所以，房地产的主人不会再出钱维修这些房屋，但是，仍然将它们出租出去谋利。城市中的穷苦阶层，包括刚刚来到此地的移民和少数族裔成为这些房屋的租户，他们被迫与这些地区的罪犯、妓女、流浪汉等为伍，因为他们没有选择居住地域的实力。

第三环是工人住宅区。该区域的房屋多是双拼住宅，居民基本上是从第二环迁出的原住户，体现了工人阶级的上升性流动。

第四环是较高级的住宅区，包括公寓旅馆、高级公寓等，独栋住宅占据了大片的区域，显示出这些住宅的主人有实力享有这种生活方式。

第五环是通勤区。那些居住于城市边缘地带或者郊区的居民，为了满足自己对郊区生活方式和住宅所有权的渴望，愿意忍受上下班距离上的不方便。每天往返于市中心与郊区之间。

根据生态学对区位（position）竞争的理论，伯吉斯解释了住宅、社区和工商业机构的空间模型，表明了竞争形成了某种空间形式和空间中的社会组织类型。但是，这种模式需要一个最重要的条件，即市中心必须能够提供最多的工作机会，拥有最多的社会活动，因此成为人们最想居住的区域。

伯吉斯还揭示了城市人口的社会组织特点在空间上是散开的，特别是呈现为人口密度从中心向边缘坡度散开的特点。社会问题如精神病、帮派团伙、犯罪以及种族背景的发生几率也随着向郊区的移动而越来越少，同时，住宅私有者和核心家庭越来越多。内城常常是各种犯罪、疾病、家庭破裂以及其他社会解组和问题的场所。

伯吉斯认为，影响城市区域变化的主要因素是经济竞争（价格）的因素，还有以前土地的利用情况、城市规划中的政治干预、流行的运输方式等。但是，批评者认为他忽视了种族、民族的文化传统、对历史遗址的感情等。

三、麦肯齐的城市生态过程研究

麦肯齐是帕克与伯吉斯的学生，始终致力于将人类生态学的理论应用于城市区域的研究。他认为，城市的发展是产生新的社会组织形式的交通工具和沟通技术进步的结果，这方面，美国的进步可以划分为三个阶段：1850 年以前是前铁路时代，1850—1900 年是铁路时代，1900 年后是汽车时代。因此，技术变革是影响城市空间模式的关键变量。1933 年，在《都市社区》中，他写道："以前独立的小镇、村庄和乡村区域已经成为扩张的城市的一部分，这种新型的超级社区是围绕着一个占统治地位的焦点建立起来的，包括多个活动中心。在制度化劳动分工的复杂性和人口流动两方面，它都不同于铁路时代建立起来的城市，其地域规模是根据汽车运输以及该都市与其他区域的竞争而决定的。”①

他还在其博士论文《邻里：对俄亥俄哥伦布市当地生活的研究》（1921）中指出，在大都市里，不同民族、不同文化、不同经济收入的人，往往居住在不同地区。随着时间的推移，他们将经历竞争、淘汰、分配、顺应的过程。竞争力、顺应力强的向富裕地区迁移，竞争力、顺应力弱的则被淘汰。在这个竞争过程中，会出现犯罪、暴动、自杀等社会问题。

不过，他对人类生态学的最大贡献是指出了该理论在城市空间变化中发挥作用的具体过程，他将其概括为四种生态过程：浓缩与离散、集中与分散、隔离、侵入与接替。

1. 浓缩与离散（concentration and dispersion）

浓缩是在既定区域内居住的同类人口和机构的数量增长的趋势，浓缩的程度通过密度来测量。离散与浓缩相反，是既定区域内同类人口和机构的数量下降的趋势。

2. 集中与分散（centralization and decentralization）

人口和机构聚集到城市中枢地带或者中心位置的趋势叫作集中，分散则与集中相反。集中和分散是浓缩和离散的特例，浓缩是相同人口或机构聚集到一起，而集中则是指它们聚集到中心位置。离散和分散亦分别是前两者的相反趋势。

3. 隔离（segregation）

城市中不断发生对匮乏资源和有利空间位置的竞争，竞争的结果是相似的人群或机构聚集到一个特定的区域，人口和机构分别进入与自己同质的社区，这些社区彼此分离，就叫作隔离。一般来讲，种族、民族、社会阶层、职业等都可以成为隔离的手段或者识别标准。

4. 侵入与接替（invasion and succession）

侵入与接替这两个生态过程是紧密联系的，它们不同于浓缩与离散、集中与分散两两对立的关系。在相互隔离的城市社区中，当一个群体开始进入另一个群体占统治地位的社区时，这就叫作侵入；一般来讲，后者会产生抵抗，但是当前者完全取代了后者，成为该社区新的统治群体时，就构成了接替。从某种意义上讲，城市的发展可以被理解为无数这类侵入——抵抗——接替的生态过程。

麦肯齐还指出，侵入现象分为两类：一是土地利用形式的变化，二是土地占有者的更迭。前者指的是，土地利用从一种目的变为另一种目的，如居住区变成商业区，或者相反。后者则包括各种变化，如社会阶层、种族构成等。侵入和接

---

① R. McKenzie, *The Metropolitan Community*, McGraw-Hill, 1933, pp. 6-7.

替往往会引起原有区域内经济特征的变化。

四、城市发展的其他模式

围绕伯吉斯的同心圆理论，一些学者进行了研究，他们发现，城市发展并非都是同心圆模式，而是存在其他不同的模式，最有影响的是扇形模式和多中心模式。

(一) 霍依特的扇形模式

通过对 142 个城市 1900 年、1915 年、1936 年三年居住模式变化的考察，霍依特（Homer Hoyt）发现，从中心向边缘分散的居住变化，表现出来的是楔形散开的模式，而不是同心圆式的散开。

在 1939 年出版的《美国城市居民社区的结构和成长》中，他提出了“扇形理论模式”（见图 4—2），指出，一些类型的住宅是沿着特定的路线由内向外地扩张的，典型的是交通线路。地形也对居住模式产生重要的影响，富裕群体通常占据地势较高的地域，附近毗邻的区域则会成为具有发展潜力的地块。那些交通便利、购物便利、有充分的商业设施，并且是社区居民领袖所在地的区域，常常能够吸引更富有的阶层。

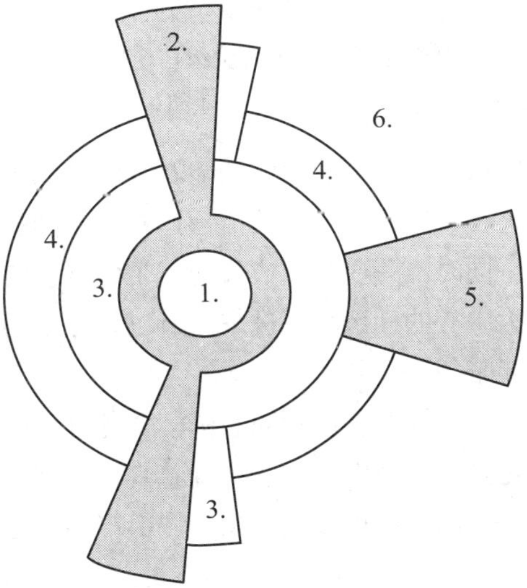

图 4—2　扇形模式

注：1. 中心商业区，2. 制造业区，3. 工人阶级住宅区，4. 中产阶级住宅区，5. 上层社会住宅区，6. 通勤区。

（二）哈里斯和厄尔曼的多中心模式

到第二次世界大战前后，美国的城市空间结构已经开始发生重大的变化，即向中心集中化的趋势逐步被相反的趋势——分散化取代。哈里斯（Chauncy Harris）和厄尔曼（Edward Ullman）注意到这种新的现象，1945 年，他们在《城市的本质》一文中提出了"多中心模式"（见图 4—3）。

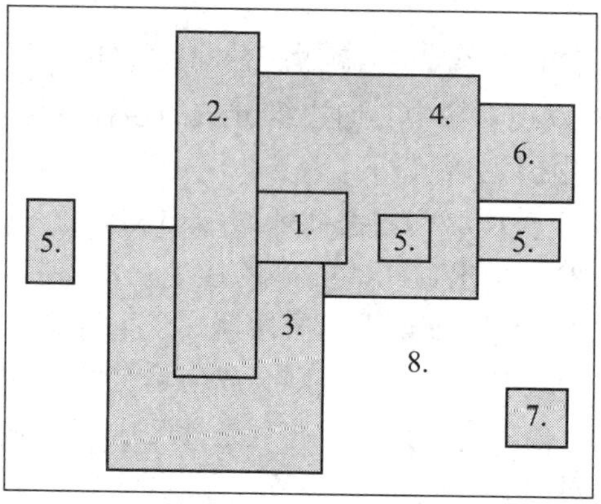

图 4—3　多中心模式

注：1. 中心商业区，2. 制造业区，3. 工人阶级住宅区，4. 中产阶级住宅区，5. 上层社会住宅区，6. 城市外围中心商业区，7. 郊区产业园，8. 通勤区。

他们认为，在任何城市中，分散化的功能及其特定的需求需要向特殊的和专门的区域集中。这样，在城市中，相似的活动通常在相同的地区，从而构成集聚的现象或者小的中心。同时，一些快速成长的城市常常会将附近以前是功能独立的小城镇或者以自我为中心的社区合并进来。所以，城市的发展往往是围绕多个中心而不对称地发展起来的。

虽然扇形模式和多中心模式是由对同心圆模式的批评而创立的，但是，这三种模式的共同前提都是要有一个中心，它控制着其他所有区域。近年来，这种观点已经越来越过时了。人们开始更多地强调区域都市圈中相对独立的多个城市中心的作用，而非单个城市。

此外，在洛杉矶、休斯敦这些阳光地带快速发展的城市，已经开始显现出另一种新的城市空间模式，即"边缘圆模式"。其特点是中心区域的面积很小，机构也很少，一些与居民密切相关的机构如政府部门、社会福利事业、休闲娱乐设施等都坐落在城市边缘地带。城市的重心在边缘而非市中心（见图 4—4）。

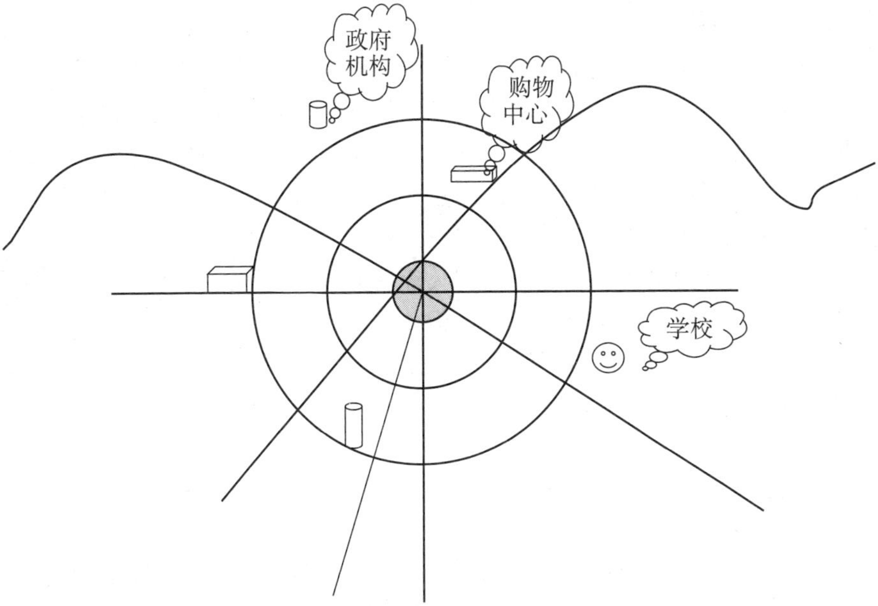

图 4—4　边缘圆模式

注：本图为笔者根据有关讲授制作。

第二节　人类生态学理论的发展与重建

20 世纪 30 至 40 年代，人类生态学受到较多的批评，主要的批评认为，人类生态学忽略了人类文化的作用，过分地强调人的生物性，忽视人的社会性与文化性，而如果撇开人类社会的文化基质，就无法正确地分析人的行为。因此，20 世纪 50 年代以后，一些社会学者开始重建人类生态学，他们反对将生物学家解释物种在不断变化的环境中如何分布的竞争和进化的机制片面地应用于人类社会，重视文化的因素和功能主义的观点，关注人类群体在适应其环境的过程中如何产生特定模式的社会关系。其中，最有影响的是“新正统生态学”和“社会文化生态学”。

一、新正统生态学

新正统生态学的主要代表人物是霍利（Amos Hawley）和邓肯（Otis Duncan）。

（一）霍利的功能主义生态学：人类生态学的再生

霍利是麦肯齐的学生，1944 年，在《生态学与人类生态学》一文中，他指出，人类生态学是可行的理论视角。但同时他认为，空间不应当是人类生态学理论的核心问题，只应当算是其附带的问题。早期芝加哥学派对社会现象的空间分布的重点关注并非真正的生态学理论框架，而是属于地理学的研究。在人类生态学的研究中，空间仅仅是需要考虑的因素之一，而非全部，正如其他科学也要考虑它一样。因此，人类生态学的关注点不是物质性的人类社区，而应当是社区的生态过程，即人类通过功能分化而适应其环境的过程。因此他将关注点从社会现象的空间分布转向社区的功能系统及其相互关系。

1950 年，他出版了《人类生态学：一种社区结构的理论》，并将其献给麦肯齐。在此书中，他建立了自己的生态学理论框架。与帕克一样，他也主张，科学应当根据其理论视角而不是研究对象来进行区分。所以，按照这一观点，霍利认为，人类生态学的独特视角就是寻求解释人类如何集体地和无意识地适应其环境。

霍利对于适应的分析主要是围绕生态学的四个原则而展开的，即相互依赖、关键功能、功能分化、支配。这些原则来自对人类生活的恒久不变条件进行研究的“基本假定”。例如，每一个人类群体都必须提供某种手段，以使其成员为了生存可以从环境中获取资源；每一个群体都要在其成员中发展出某种相互依赖的方式等。

1. 相互依赖原则

霍利认为，他的人类生态学理论与早期的人类生态学理论的主要不同就是，他强调的是相互依赖，而后者强调的是竞争。他认为，在所有人类社会中，对环境的适应过程都包括其社会成员之间相互依赖的发展，这种依赖关系可以采取两种形式，即异质性的互补性共生关系（如功能不同的群体之间的互相补充的关系）和同质性的增强性共栖关系（如功能相同群体的聚合关系）；也可称为共生关系和共栖关系。在这两种关系中，个体的联合所增加的集体行动的能力都能超过个体在孤立状态下所可能有的能力。共生关系可以增强群体的专业化力量，共栖关系可以增强群体的数量上的力量。霍利分别将它们称为共同体群体（corporate group）和类别群体（categoric group），现代社会主要的共同体群体有家庭、协会和地域性组织；而主要的类别群体是那些建立在相同职业基础上的组织，如工会。

2. 关键功能原则

在根据功能系统和相互依赖关系而确定生态学社区之后，霍利提出了关键功能，它指的是在人类适应其外部环境的过程中发挥更重要功能的要素，如最有影响力的生产方式或手段、组织。桑德斯认为，霍利的著作中显示，在资本主义社会中，关键功能是私人企业组织，一方面，它通过物质产品的生产而协调了人类与自然环境的关系；另一方面，它通过交易或者贸易协调了人口与其社会环境之间的关系。[①]

3. 功能分化原则

霍利指出，关键功能的效能对于功能分化和支配这两个生态学原则非常重要，其中之一就是功能分化。功能分化的程度取决于关键功能的生产能力，例如，在狩猎和采集的社会中，由于关键功能的生产能力很低，功能分化和专业化的程度都很低。而在围绕现代工业这一关键功能组织起来的社会中，生产能力很高，功能分化的极限目前尚不存在。这是非常重要的，因为包括了社会组织不断复杂化模式的功能分化是人类适应其环境的主要方式。换句话说，在关键功能具有充分生产能力的情况下，功能分化可以重建人口与其环境之间由于竞争和技术发展而受到损害的平衡。

4. 支配原则

支配原则同样取决于关键功能，支配地位属于那些对关键功能贡献最大的机构。霍利认为，这些机构更多的是经济性的机构，而非政治性的机构。在生态系统中工商业的功能支配，在政治上是通过对社区决策的影响而表现出来的。不仅如此，工商业的功能支配还通过空间和时间表现出来。空间上是通过中心性表现出来的，因为人类聚落的中心是功能相互依赖并被整合与管理的地点。因此，履行关键功能的支配机构就占据了中心位置，同时，其他承担较少功能的单位，根据它们相对于关键功能的贡献被分散在周围。“一般来说，履行关键功能的机构对位置具有最优先的要求权。其他机构就分散在关键功能机构的周围，距离远近与其功能独立于关键功能的程度相对应。”[②] 因而，功能的层次以一种空间梯度的形式表示出来。

尽管霍利指出，不同功能机构在空间上的分类可能受到诸如地形和交通线路等因素的影响，但他的分析仍然得出了一个常识性的结论：“一个显著的趋势就

---

① See Peter Saunders, *Social Theory and the Urban Question*, Hutchinson and Co. Ltd, 1984, p. 70.

② A. Hawley, Human Ecology, *International Encyclopedia of the Social Sciences*, Vol. 4, Macmillan and Free Press, 1968, p. 333.

是，每个土地等级的使用都按照其与中心的合适距离而分割成一个区域。结果，一系列或多或少对称的同心圆就总体上展示出一个普遍的社区模式的轮廓。”①这样，伯吉斯有关土地使用模型的著名描述被霍利所证实，但是，霍利的分析不同于伯吉斯。霍利将这种模型形成的原因解释为功能的支配，而不是中心的支配。在工商业在系统中履行关键功能的地方，工商业就处于人类聚落的中心区；而在其他机构（如前工业社会的家族）履行关键功能时，它同样占据中心位置。因此，前工业城市空间模型的证据与伯吉斯的模型相矛盾，但是，它与霍利的模型却是完全吻合的。

支配的时间维度揭示了，在社区中主要的支配机构的节奏会对其他机构的活动施加影响。就像工商业的支配在空间上通过土地使用模式表现出来，它在时间上则是通过社区的活动节奏表现出来。最明显的例子就是上下班高峰时间。②

（二）邓肯的生态复合体理论

邓肯是美国20世纪下半叶著名的定量研究社会学家，1949年，他在芝加哥大学获得博士学位。邓肯一生最出名的著作，是他和彼得·布劳（Peter Blau）于1967年合著的《美国的职业结构》，该著作曾获得美国社会学协会的索罗金奖。

在人类生态学研究方面，邓肯的贡献主要有两点。

第一，1959年，邓肯与施努尔（Leo F. Schnore）和罗斯（Peter H. Rossi）发表了《社会组织研究中的文化、行为和生态学视角》，第一次提出了“生态复合体”（ecological complex）的概念。后来，邓肯自己又进一步完善了这个概念，并建立起系统的生态复合体理论。他认为，人类社会是一个生态系统，系统的范围可以大到全球，也可以小到一个社区。生态系统的价值在于可以为确定和描述系统各变量之间的关系提供一个工具。邓肯将其人类生态学的系统界定为由四个关联变量组成的相互依赖的生态复合体。这四个变量分别是：

人口（population），一般指的是被结构化的群体，其特征、规模和构成随所研究的单位不同而发生变化，如城市人口与农村人口就不同。组织（organization），主要指的是为了适应环境而产生的各种组织类型，包括社会结构和制度变迁。环境（environment），包括所有外在于人口的变量，既指自然环境，也包括社会环境。技术（technology），指的是人口在适应环境的过程中开发的技能

---

① A. Hawley, *Human Ecology: a theory of Community Structure*, Ronald Press, 1950, p. 264.

② See Peter Saunders, *Social Theory and the Urban Question*, Hutchinson and Co. Ltd, 1984, pp. 67 - 72.

和工具。生态系统中的每一个要素都可以归纳进这四个变量，研究者可以简洁地描述和研究这四个变量之间的关系。这个生态复合体模式，也被称为 POET 模式。

邓肯认为，虽然这四个变量相互依赖，但是，人口与组织多被认为是因变量，而环境和技术是自变量。也就是说，系统外部的环境和内部的生产力增长是最重要的。“生态扩张……可以概括为‘生态复合体’四个变量的一个公式：技术积累的加速强化了环境的开发，以及人口的变迁（现在普遍称之为‘人口爆炸’）和组织的革命。”①

例如用生态复合体视角对美国郊区化进行分析的话，大致路线是：P——战后“婴儿潮”的出现。1945—1958 年，大量婴儿的出生带来了人口的变化和家庭住宅需求的增长，这是在第二次世界大战期间和大萧条时代都没有的现象。进而引发了 E——城市环境中住宅的不足和市中心居住的高密度。20 世纪 50 年代，许多市中心住宅破旧、空间狭小，缺少现代居住设施；人口的高密度使得开发商的成本增加，在拆迁和重建过程中，这些开发商更乐于建造商业区而非住宅区。这些问题的出现导致 O——联邦住宅机构和退伍军人管理局的成立。这些组织对向郊区搬迁的家庭实行补贴政策，从而推动了美国历史上第一次大规模的郊区化运动。此外，T——汽车技术的快速提升，使得造车成本降低，家用汽车的大众化（战后十年中，汽车的拥有量增长了四倍）也使人们居住和工作地点的分离成为可能。所有这些使得中心城市分散化和郊区快速发展的环境成为现实。

第二，1955 年，他与贝弗丽·邓肯（Beverly Duncan）发表了《居住分布与职业分层》一文。在文中一开始，他们就提出论文的目的是为了验证帕克的“空间距离”与“社会距离”这一假设，接着指出，他们的研究已经发现了这两个变量之间存在紧密的联系。

他们的研究采用的是 1950 年芝加哥市以及邻近区域的人口统计数据，共有 1 178个人口普查区，其中，芝加哥市有 935 个，附近区域有 243 个。他们将这些普查区按照围绕芝加哥市中心而划分的同心圆和扇形区域进行划分，先划分出五个扇形区域，然后与同心圆相结合，共划分出 104 个分割地段。利用职业分层、收入、隔离、低价租房的集中情况、各职业群体距离市中心的距离等指标，他们验证了帕克的著名假设。

他们指出，“生态学的分析为这个假设提供了强有力的支持，职业群体的空

---

① Otis Dudley Duncan, Social Organization and the Ecosystem, in: Robert E. Lee Faris, *Handbook of Modern Sociology*, Rand McNally, 1964, p. 75.

间距离与他们的社会距离密切相关，这既可以用常规的社会经济地位指标来测量，也可以用职业的差别进行测量。那些彼此隔离最严重的职业群体在社会经济地位的量表上也处于两端，在低房租区域的居民集中程度与他们的社会经济地位成反比，居住点与市中心的距离也是与他们的社会经济地位成反比。这些结果与生态学理论相一致，并且支持了这一理论”①。

二、社会文化生态学

与新正统生态学有所区别，社会文化生态学不同意古典人类生态学认为的经济因素是决定人类居住行为的主要变量，而是认为，文化在决定人类居住行为中起着非常重要的作用。这方面的代表人物主要有两位，沃尔特·费雷（Walter Firey）和希曼（Albert Seeman）。

（一）费雷对波士顿土地利用的分析

沃尔特·费雷毕业于哈佛大学社会学系，1945 年，他发表了《作为生态学变量的情感和象征》，此文是他博士论文的核心内容。在文中一开始，他就指出，迄今为止的生态学理论对于城市空间的特征与居住点选择活动性质的基本假设，归根结底是认为，人们在空间中对地点的利用活动是一种经济活动，是受价格制约的活动。他通过对波士顿市中心附近的贝肯山（Beacon Hill）、公地和北区（North End）的研究，指出这三个城市地点的利用活动与上述假设完全不同。

贝肯山是市内距离商业中心很近的中上层阶级居住区，150 年以来，尽管它距离商业区和低租金租户聚集的西区很近，但是，它始终保持着中上层阶级居住区的特点。根据 1894—1943 年波士顿上层阶级家庭户数的统计数据，市内的家庭总户数基本上一直处于下降趋势，但是，唯有贝肯山的家庭户数变化不大并且略有上升，此外，郊区的家庭户数也不断上升。费雷认为，这些上层阶级居民之所以没有从市中心向郊区搬迁，最主要的原因是贝肯山已经成为一种情感的象征，这种情感成为对那些居民的主要吸引力。这些情感包括审美的、历史的和家族的三个方面。当地居民把贝肯山看作“神圣的荣誉”、“古老、神奇而富有魅力的地方”，在这些情感的表达背后隐藏着这一地区深厚的历史。居民以曾经或者正在居住在这里为傲。

---

① Otis Dudley Duncan & Beverly Duncan, Residential Distribution and Occupational Stratification, *American Journal of Sociology*, 1955, Vol. 60, No. 5, p. 502.

如果说，贝肯山由于其象征价值可能很具有保值增值的经济功能的话，那么，公地的利用就完全与土地利用的经济规律大相径庭了。波士顿公地面积达48英亩，处于商业区的三面包围中，有一面与贝肯山接壤。曾经不断有打着解决土地短缺、交通拥挤的旗号，提出开发此“闲置”公地的压力存在，但是，这块公地却一直被当地居民通过不断立法来进行保护。费雷指出，该公地自美国殖民地时期就存在，在这块地方曾经发生了许多重要的历史事件。所以，公地是具有非常强烈感情、价值观的象征，它以前、现在和将来都是一种传统和激励的源泉，这种源泉是新英格兰人重建他们的信仰、恢复他们的道德力量，以及增强他们成长和进步的能力。

北区是一个破败的移民社区，与附近的其他贫民窟一样，许多住宅、建筑物年久失修、衰微破败。长期以来，一直被称为“波士顿典型的贫困之地”。该地区是波士顿人口居住密度最高的区域，其居民主要是意大利后裔，约占93％。费雷发现，许多意大利移民仍然愿意居住在这个地区，特别是那些第一代的老年居民更加乐于在此居住，尽管他们中的一些人有经济实力在其他地区购买条件较好的住宅。根据1930—1940年的有效移民数据，从北区移民中迁出来的人口中，第二代移民中的27.08％迁出，而第一代移民中仅迁出12.26％。费雷认为，这些居民不愿意迁移的主要原因是他们对该社区的文化价值观和人际关系网络的依恋和归属感。一个当地居民在回答费雷的访谈时讲道，他们的父母肯定不愿意搬离该社区，因为“他们父母的所有朋友、所有亲戚都在这里，他们熟知这里的每一个人”。

根据以上三个地方的调查和研究，费雷指出：(1) 空间有象征的功能。它是与特定地点相联系的某种文化价值观的象征，从而影响土地的利用。(2) 土地的利用活动不仅仅是经济活动，而且承载着感情，后者对地点的选择和发展进程有着巨大的影响。(3) 空间可以成为一种工具或载体，让有共同文化或价值观的人群聚居在一起。

(二) 希曼对盐湖地区摩门教社区的研究

1938年，希曼发表了《盐湖盆地的社区》一文，也对经济因素是决定人类居住行为的主要变量提出质疑。希曼于1937年访问盐湖地区时，发现摩门教在盐湖盆地建立的城市和社区不同于美国普遍存在的土地利用模式，其主要有三种社区类型。

1. 农村社区

其居民主要是农民，居住在比较紧凑的地域内，社区周围是农地。社区的规划是在社区中心建有教堂、学校和社会大厅；围绕着它们的是一片片居民住宅，住宅通常是砖砌结构，住宅的周围是草坪，其后是干草堆、车库、畜棚等。社区内主干街道与支干街道成棋盘状纵横交错。由于其宗教信仰，摩门教群体对于平等有着强烈的追求，所以农地都尽可能被分割成许多规模一样的田地，基本上是20英亩。当更多的人加入摩门教后，田地会再次进行分割。社区建设的重点是其教堂、学校和社会大厅等，其教义不鼓励个人占有大块土地，生活要简单，而不是寻求个人的发财致富。

2. 农村小镇社区

与农村社区稍有不同，农村社区是从事农产品生产和分配的社区，而农村小镇社区除了从事同样的活动外，还包括一些商品的生产加工。因此，小镇的居民与美国其他城镇的居民不大一样，前者包括从事农业活动的农民。小镇有规划良好的商业区，内有百货商店、餐馆、旅馆、银行以及其他服务设施等；此外还有不少工厂，如水果罐头、蔬菜、食品、牛奶和乳酪、糖等加工厂。

3. 城市社区

与前两种社区不同，该社区的居民中没有从事农业活动的农民，与大多数美国城市差不多，有警察和消防队、教育中心、大型宗教活动场所和工商业中心。但是，不同的是，城市不是在人口达到一定规模后才开始设计和建设的，而是在社区一开始建立时就设计好的。其模式是：街道必须宽阔，每一个街区有10英亩的面积，可以住20户居民，每户居民占地0.5英亩。城市的中心是教堂、学校和公共建筑的所在地。粮仓和马厩则必须在城市的边缘。

根据以上的研究，希曼得出了如下结论：这三种社区都是受以下两种理念的影响：第一是强调群体团结；第二是对盐湖地区的环境保护。具体对于摩门教来讲，这些社区的建设首先需要满足以下需要：

（1）为社区成员提供安全；（2）居民的居住应当尽可能便于接触到群体的直接首领，从而使得合作更有效率；（3）能够使居民的社会交往得到加强，同时，为教堂、学校和其他公共建筑保留足够规模的土地；（4）居住与可耕地分离，使得土地更有效地被利用。

从以上特点和理念不难看出，决定盐湖地区社区土地利用模式的并非经济因素，而主要是宗教和文化因素。

本章要点

20世纪20至30年代，人类生态学成为城市社会学也是美国社会学的第一个社会学理论；帕克是该理论的创立者，所谓人类生态学是对个人、群体及其社会环境之间关系的研究，它借鉴生物学的法则来解释城市人口（包括机构）的空间分布及其变化；伯吉斯第一个运用人类生态学理论构建了城市生态地图，提出了同心圆模式；之后，还出现了扇形模式、多中心模式和边缘圆模式；麦肯齐则提出了城市的四种生态过程；通过对早期人类生态学的扬弃，霍利等人提出了“新正统生态学”和“社会文化生态学”理论。

基本概念

人类生态学　边缘人　同心圆模式　浓缩与离散　集中与分散　隔离　侵入与接替　扇形模式　多中心模式

复习思考题

1. 什么是人类生态学？
2. 请分析帕克有关移民的研究。
3. 城市生态学过程有几种类型？
4. 人类生态学关于城市空间分布的四种模式分别是什么？
5. 人类生态学的主要缺陷是什么？
6. 霍利的功能主义生态学的四原则是什么？
7. 邓肯的生态复合体理论是什么？
8. 社会文化生态学理论的主要观点是什么？

推荐阅读参考书目

［法］阿兰·库隆．芝加哥学派．北京：商务印书馆，2000

［美］帕克，伯吉斯，麦肯齐．城市社会学．北京：华夏出版社，1987

Peter Saunders. Social Theory and the Urban Question. Hutchinson and Co. Ltd，1984

Otis Dudley Duncan & Beverly Duncan. Residential Distribution and Occupational Stratification. *American Journal of Sociology*，Vol. 60，No. 5，1955

Mark Gottdiener，Ray Hutchison. The New Urban Sociology. McGraw-Hill Higher Education，2000

Walter Firey. Sentiment and Symbolism as Ecological Variables. *American Sociological Review*，Vol. 10，No. 2，1945

第五章

城市社区研究的理论与方法

第一节 社区的概念与类型

一、社区的概念

社区是社会学家使用最多的词，同时，也是概念上最复杂、歧义最多的词之一，这可以从该概念的产生与发展看出来。学者们普遍承认，社区这个概念源于德国社会学家滕尼斯的贡献，他因此被誉为社区理论的创建者。1887年，他出版了社会学名著《Gemeinschaft und Gesellschaft》。此书被译成英文时，书名为《Community and Society》，中文将其译为《社区与社会》。费孝通先生在谈到"社区"这个术语的翻译时指出：社会是人际关系的综合，每一个社区都是一个社会，而社会却不是社区，"这个词实际是指在一个地方共同生活的人，……是指一群聚集在一个地方分工合作的人，它是具体的，这群人之间的关系，即人际关系，构成社会"①。

滕尼斯使用的"gemeinschaft"和"gesellschaft"这两个概念，通常也被中文译为"礼俗社会"和"法理社会"或者"共同体"与"社会"，他强调的是这

① 费孝通：《从人类学是一门交叉的学科谈起》，载《广西民族学院学报》，1997（1）。

两种理想类型的对立。礼俗社会的特征是“亲密无间的、与世隔绝的、排外的共同生活”，其成员由共同的价值观和传统维系在一起，他们有共同的善恶观念、有共同的朋友和敌人，在他们中间存在着“我们”或“我们的”意识。而法理社会的特征是更多的理智与工于心计，人们首先关心的是自己的私利，契约和个人主义至上。这应当说是滕尼斯的原意，类似的论述在社会学大师韦伯、涂尔干的著述中也有。例如韦伯认为，基于成员主观的共同感建立起来的关系，包括家、近邻、种族、宗教等都属于礼俗社会；涂尔干则提出了“机械团结”和“有机团结”的概念。

但是，当用“community”来表示“礼俗社会”这个概念时，特别是对“community”进行实证的社会学研究后，就出现了混乱与麻烦。一方面，在英文中“community”的语义很复杂，包括社会学、经济史、社会史甚至政治学的各种用法；另一方面，更主要的是在社会学研究的操作上，这个概念很难把握，因而出现了无数个关于社区的定义，而每个定义都是研究者根据自己的需要，进行的不同解说。

虽然滕尼斯第一个提出了社区这个概念，但是，他并没有给出明确的定义。绝大多数美国社会学家认为，社区的经典定义是芝加哥学派的领军人物帕克界定的，他指出：“被接受的社区的本质特征包括：(1) 按区域组织起来的人口；(2) 这些人口不同程度地完全扎根于他们赖以生息的土地；(3) 社区中的每个人都生活在相互依赖的关系中。”①

1955 年，美国社会学家希勒里 (G. A. Hillery) 发表了《社区定义：共识的领域》一文，在文中，他收集了有关社区的 94 个定义并进行了统计分析，最后得出结论：“除了人包含于社区这一概念内之外，有关社区的性质，没有完全相同的解释”，如将社区定义为一种群体、一种过程、一个社会系统、一个地理区域、一种态度、一种生活方式以及一种自给自足的地方等。最后，希勒里归纳出三个核心的要素是大多数定义中都提到的，即：(1) 一个特定的地点；(2) 共同的关系；(3) 社会互动。②

1971 年，社会学家克林·贝尔和霍华德·纽拜发现了更多的定义——98个。

1968 年出版的《国际社会科学百科全书》(第 3 卷) 在谈到社区时，社会学家伯纳德和桑德斯将社区的定义概括为三种：(1) 社区是居住于特定地区范围内

---

① R. Park, Human Ecology, *American Journal of Sociology*, 1936, 17 (1), pp. 1-15.

② See G. A. Hillery Jr, Definition of Community: Area of Agreement, *Rural Sociology*, No. 20, 1955, p. 20.

的人口；(2) 社区是以地域为界并具有整合功能的社区系统；(3) 社区是具有地方性的自治自决的行动单位。

1974年出版的《社会学百科全书》认为，社区一词在社会学上的主要用法是指空间或地域的社会组织，其次是指心理凝聚力或共同情感下结合于此组织中者。

1979年出版的《新社会学辞典》指出，社区一词是指称人们的集体，这些人占有一个地理区域，共同从事经济活动和政治活动，基本上形成一个具有某些共同价值标准和相互从属的感情的自治的社会单位，城市、城镇、乡村或教区就是例子。这里包括地理区域、互动关系和共同情感三个特征，或地域性社会组织和共同情感两个特征。

1994年出版的《社会学辞典》指出，社区这个术语，“至少指的是地理区域内人们的集合”。

迄今为止，虽然社区的定义还在不断发展，但是，绝大多数美国社会学家都接受了帕克特别是希勒里概括的三个关键因素的传统定义，都同意社区的社会学定义应当包括三个共同要素，即地域性、社会互动与共同的联系纽带。

但是，即使承认上述定义，在以下三个方面仍有必要加以明确。

第一，作为地域性社会组织类型的社区与作为社会关系或情感类型的社区之间经常出现混淆，一些人强调前者，而另一些人强调后者。

作为前者，社区主要是指共同拥有一个确定的地理区域的群体，如邻里、城市、村庄等；一些社会学者如帕克、霍利认为，社区最重要的特征是共同的地域，虽然他们也承认共同联系，但是认为这些联系本身不足以构成社区。

作为后者，社区主要指具有共同特质、归属感，并且维持着形成社会实体的社会联系和社会互动的群体，如种族、宗教团体等；强调后者观点的人否定地缘性的意义，他们更强调共同联系。共同联系、归属感来自对共同历史的信念或共同命运、共同价值观、利益、亲属关系等，这些特征都不以一起生活为前提，其成员在地理上是分散的。虽然持后一种观点的人比持前一种观点的人遭到了更多的批评，但是近些年来，现代科学技术的发展给一些社区居民生活带来的变化却有力地支持了后者的观点。“社区解放论”的创建人费舍尔（Claude S. Fischer）强调指出，廉价而高效率的通信与交通，使得居住在不同地域的人可以维持初级纽带关系，从而比较接近滕尼斯所指出的那种“礼俗社会”或“社区的理想状态”。

第二，作为社会组织的社区与正式社会组织不应混淆，一些社会学家于20

世纪六七十年代撰文作出区分：正式社会组织以专门的、明确的目标为导向，其成员在实现其目标的活动中，都是作为专门角色的承担者而建立相互关系，如公司、学校、教会、军队、职业协会等都是正式组织。社区是以泛化的、扩散的目标为首要导向，其成员的关系要松散得多，包括成员之间更多的生活层面，如家庭、种族群体、邻里等都是社区组织。不过，这两者之中都可以包括一些性质对立的亚组织，如工厂中存在工人的非正式的朋友群体，社区邻里中也存在志愿者协会这类正式组织等。

第三，确定社区的范围或规模也是争论的热点之一，与正式组织相比，缺乏清楚的范围是社区组织的主要特征之一，但是，在以地缘性为基础的社区中，如没有范围的界限，那么社区的概念可以扩展到整个国家和整个世界（事实上也确实有人将欧盟或者世界看成一个社区），霍利坚持把社区的规模限制在居民对本区域的日常生活有一种大致的了解范围内，人们对自己的社区十分熟悉，耳闻目睹那些不会引起其他地方的人注意、关心的日常琐事。这样，就将全球、国家和巨型城市排除在外。

但是，社区的最小范围有没有呢？比如一个家庭是不是一个社区。一些社会学家提出可根据以下两方面来把握。

其一，社区必须发挥一些基本功能，包括提供基本经济需要、社会化、社会控制、社会参与和相互支持的功能。

其二，社区是社会的缩影，与其他群体不同，它也是一个社会系统，包括政府、经济、教育、宗教、家庭等子系统。所以，社区必须具有一定规模。

通过以上叙述，我们可以看出社区概念具有以下几个主要特征：（1）共同性，主要指共同利益、共同文化、共同意识或价值观等；（2）非正式组织性；（3）社区内居民相互之间互动较多，对社区内的日常生活比较熟悉；（4）具有一些基本社会功能和一定规模；（5）地域性在多数情况下还是一个必须考虑的因素，但可以确信，非地域性将会越来越重要，今后很长一段时间内，社区将包括地域性社区和非地域性社区两种类型。

最后我们还要注意，如前所述，社区这个概念在社会学史上一直存在争论，在现在和将来也仍将存在争论。目前，一些社会学家承继前面论述的强调地域性社会组织类型的社区与强调作为社会关系或情感的社区类型之间的争论，认为社区这个概念同时负载着两个不大相干的社会事实，一是它界定着一定的地域规模或范围（也包括"网络社区"这类空间的规模和范围），二是它象征着"礼俗社会"的意义。他们主张，界定着一定地域规模或范围的社区应当被"地域性"或"地方性"的概念来取代，象征"礼俗社会"意义的社区应当被"城市生活方式"

这个概念来取代。

绝大多数人都与多个社区保持着联系，这一方面是由于我们不会永远固定在一个地方，而是会在地理上不断迁移，或者会通过电子通信技术与更多的人发生联系；另一方面，我们居住的小社区通常隶属于更大的社区，这些社区同样会影响我们的生活。作为社会学者，我们需要知道这些规模大小不同的社区。

社区提供给我们丰富多彩的社会和个人生活，它影响我们思考和行为的方式，用价值观、行为规范、明确的法律、非文字的行为举止准则包围和塑造我们；用关于现实世界的意义和解释以及对世界的设想滋养我们；为我们的居住、工作、学习、成长、买卖、宗教仪式、娱乐和休息以及受到关照提供资源、机会和场所。根据费林（P. Fellin）的观点，一个令人满意的社区应当是一个“有能力回应广泛的成员需要，解决他们在日常生活中遇到的问题和困难的社区”[①]。当居民能够：对其社区承担义务，自我意识到他们共享的价值观和利益，在相互交往中敞开心胸，广泛参与社区的决策时，社区以上的能力将会得到加强。

二、社区的类型或者范围

根据社区社会学的有关研究，社区的规模越小，居民对社区认同的程度越高。S. 格林鲍姆（S. Greenbaum）1985 年对美国堪萨斯城的研究表明：居民知道距自己 150 英尺内的 61%的住户，而当距离在 150～300 英尺时，则只知道 20%的住户，距离更远时，知道的更少。这一研究结果说明，在居住与认识交往上存在着一条“距离衰减”的规律。

社会学家 G. D. 沙特斯（G. D. Suttles）和 A. J. 亨特（A. J. Hunter）根据社区规模和居住认同的程度，将社区的类型分为四种。

面对面的街区（face block）。规模大致是一条街的一部分或城市街区的一条街，居民相互认识，日常活动围绕着自己家的周围发生，遇到的也都是熟面孔，一般来讲，父母常将自己的孩子限制在这个范围内玩耍。

被保护的邻里关系（defended neighborhood）。指的是基本封闭的社区，有严格的边界。社区内外的成员都知道其有共同的认同，居民在边界内的街道上能够感到比邻近的社区更安全。居民对外来的侵入和威胁能形成一种共同的防卫心理，他们很有可能要组织成某种团体来保护自己的利益。这种类型的社区一般包括几个城市街区，也可能是一个高层建筑。

---

① P. Fellin, *The community and the social workers*, F. E. Peacock, 2001, p. 70.

有限责任的社区（community of limited liability）。被保护的邻里关系不一定有政府承认的官方认同，而有限责任的社区的基本特征就是官方认同；具有制度上保证的名称与边界。绝大多数人都将它视为一个标准社区，如一所综合学校（包括小学和中学）、被计为一个选举区等。

有限责任的扩大社区（expanding community of limited liability）。这是第三种类型的扩大版，通常指的是一个城市的整个地域；它更像是一个假想的实体，似乎能够触摸到其表面，但总是看不清楚。如曼哈顿“西南扇形区”、伦敦的“东部贫民区”等，居民常达到10万余人。亨特与沙特斯特别指出，这种社区内的社交适宜性远远比不上第一种和第二种类型的社区。

后来，J. 斯洛瓦克（J. Slovak）对新泽西的纽瓦克城的研究也证明：人们对被保护的邻里关系的依恋要大大强于有限责任的社区，对第三、第四种类型社区的依恋，往往表明人们对该地区是良好居住地的一般性满意，而对第一、第二种类型社区的依恋，更多的是建立在感情基础上的。

第二节　社区的功能与比较维度

一、社区的功能

社区也是一种社会系统，其各个部分相互联系、相互影响，为社区成员履行着各种社会功能。但是，社区作为社会系统与正式组织作为社会系统不一样，它不是被一个中央权威理性组织起来的，也没有一个非常明确的目标。社区实际上是履行与地方有关的主要社会功能的各社会部分或者各社会子系统的联合体，功能上是一个社会活动的组织，是为居民提供他们日常生活中必需的更广泛的活动区域和活动资源的。从这方面讲，一个社区具有地方性，但不一定必须具有明确的地理边界。

社区具有五大功能：生产/服务—分配—消费功能、社会化功能、社会控制功能、社会参与功能和相互支持功能。这些功能是社区及其成员的存在所必需的，社区通过正式或者非正式的组织和群体模式来履行这些功能。

作为社会系统的社区系统地进行功能的运转，同时其各功能实体相互作用、相互影响，各功能实体和制度结构作用、影响和贡献于社区共同的目的，相互支持以完成各自的社会功能。系统的每一部分对于社区达到其目的都是必需的，所有这些社会功能和社会结构都是相互依赖的，并且影响我们的生活。一个贫困的社区对于相互支持和社会福利有更多的需求，而一个富裕的社区有能力提供这些需求，但是，只有其社会化的共同价值观支持公共福利和义务给予才可能实现。

（一）生产/服务—分配—消费功能

生产/服务—分配—消费是组织个人和其他资源进行商品和服务的生产、分配与消费的系统，这是社区经济的功能，也是社区最基本的功能。社区必须能够满足当代和下一代对物品和服务的需求，如果下一代没有可以满足的消费必需品，就不会有生产的继续，也就不会有社区的继续。没有生产和分配，也就没有消费，也就没有相互支持；没有消费也就没有社会化、社会控制和社会参与的能量。所以，这个功能是社区必需的功能。

生产/服务—分配—消费功能并不需要特殊的经济制度或者模式，其组织是高度灵活的。可以是个人自由放任主义的模式，也可以是合作式股份制的公司模式；可以是家庭和家族层次的，也可以是社区层次的。这里的生产/服务—分配—消费功能是服务于社区的需要，而不是像目前经常被看到的，是社区服务于经济系统的需要。这个道理常常被只认利润的市场所忽略，而这种不被约束的市场对于社区的凝聚力与价值观是一种破坏，甚至是摧毁。随着全球化的发展，生产/服务—分配—消费功能的决策已经越来越远离社区和个人，但是，我们还是应当记住以下几点：

（1）经济是社会的创造物，而不是天生地产生的。

（2）比起其他系统来，经济系统是最不具有内在的道德的；其道德水平是由其服务社区的好坏所决定的。

（3）经济服务于社区，不应当是社区为经济而存在。

（4）生产/服务—分配—消费功能或者经济系统的结构是社区的存在所必需的，但是，只有经济系统并不够，其他的功能必须同样发挥作用。

（二）社会化功能

社会化是一个过程，通过这个过程，个人学习和获得其社会的知识、共享的价值观和行为模式，学习适合于社会提供的多种社会角色的行为。学习这些社会价值、角色和行为规范是一个人终身的正式和非正式的学习过程，实际上就是我们学习如何思考与行动和思考什么与做什么的过程。社区是在社会行为特定的结构和评判方面指导人们的最初地点。

社会化是初级和次级群体如家庭、教会、非正式的伙伴群体以及当代才出现的高等学校教育机构的责任。然而，现在这些初级和次级的群体和机构已经失去了它们在社会化方面的部分控制力。当代社区中的社会化的控制已经超越了地方社区，教育、宗教、娱乐和信息已经再也不限于社区，而是成为国家甚至全球层面的事情。商业、大众媒体、互联网现在都是社会化的重要工具。但是即使如此，社区在社会化方面仍然起着重要的作用，如社区里的家庭、邻里、教会和学校等正式或非正式的组织，对于青少年的价值观、角色和行为规范的形成具有相当大的影响。人们从幼年时候开始，在与社区内邻里、小伙伴群体以及社区小学校老师和同学的交往过程中，初步学习了群体和社会的文化，学习了如何承担社会角色。

（三）社会控制功能

社会控制是这样一个过程，社区通过社会控制过程获得其成员对规定和禁止的社会角色、规范和行为的遵守。社会控制内在于社会或者社区中，这些规范和行为模式进入到组织成员活动的每一个方面。没有社会规范，社会就呈现为一片混乱。这里的问题不是社区是否规范和控制其成员的行为，而是如何规范和控制，出于什么原因。

行为的控制有两种方式：(1) 通过社会化过程发展出来的内在控制；(2) 制度化形成的对社区提倡和允许的行为进行奖励和对社区禁止的行为进行惩罚的外部控制。绝大多数社会机构履行着这些社会控制功能，社会工作和社会福利也是社会控制的一种机制。崔特纳教授（W. I. Trattner）认为，社会控制"是一个社会中使社会生存足以获得支持水平的社会内聚力，包括在社会秩序的范围内使贫困者和无助者能够生存和发挥功能的措施和手段。也就是我们现在叫作社会工作和社会福利的那些工作"①。

著名的社区主义理论家埃兹奥尼（A. Etzioni）指出，社会控制是必需的，但是，它最好是在社区中被初级群体所行使："我们认为，自由的个人需要社区，因为社区可以做他们的后盾，以反对国家的侵害，维系用于亲属、朋友、邻里和其他社区成员之间的道德，而不是那种政府的控制和对权威的恐惧。……如果一个社会的大多数成员不能经常有良好的行为举止，那么，任何社会都不可能运转顺利。"②

如果社会化和公民社会很弱，那么，在极为异质、分化的社区内就需要对个人更多地强调外部的社会控制结构。当团结受到损害，外部的社会控制为了社会秩序必然被强化。绝大多数的这些控制会被政府的法律系统所执行，超政府的群

---

① W. I. Trattner, *From Poor Law to Welfare State: History of Social Welfare in America*, Free Press, 1999, p. xxvii.

② Amitai Etzioni, *The Spirit of Community: Rights, Responsibilities and the Communitarian Agenda*, Grown Publishers, 1993, p. 15, p. 30.

体会强夺社区的权力。外部的社会控制意味着社会化的失败，外部社会控制的增长和引入能否促进社区共同的价值观令人怀疑。

不过，如我们所看到的，社区的社会化正在弱化，正在变得越来越复杂、越来越相互依赖、越来越多样化。契约与法律条款取代了通过社会化进行社会控制的非正式手段，高等教育和纵向的社会控制系统导致了对个人自由的正式限制，政府和企业扩张，闯入个人生活中合法的私人领域。对个人自由和地方社区权威的强迫，近年来被国家政权所强化。政府通常对公共物品的社会责任食言，并且正在放弃其社会化的责任。

（四）社会参与功能

社会参与是社区的根本功能，如果社区成员和社区本身是个健康的社会且有权能（competence），那么就允许和要求其成员参与社区的生活和治理。按照费林的定义，社区具有权能指的是“社区为了达到其目的而解决问题的能力”[①]。社区的各个部分进行合作、共享决策权、共同努力以满足社区的需要。当社区广泛地参与决策时，社区权能得到加强。社会参与是社区实践的核心和社会工作实践的社会要素，也是参与式民主的根本。社会参与是改变社区社会控制机构和政策不利以及专横影响不可或缺的，可以纠正社会的边缘化。社区本身的概念就需要其成员直接地相互交往和参与，以便发展社区的性格和传递与实现社区的价值观。

社区参与需要可以发展、维持和规范社区生活和其他如生产/服务—分配—消费、社会化、社会控制、相互支持这些社区功能的社会结构，包括非正式的初级和次级群体活动的参与以及社区更正式的法规制度的建立与治理的公民参与。由于工业社会中工作与家庭的分离、社区物理—地理边界的扩大、契约社会的形成，公民参与已经变得越来越遥远和零碎。社会互动和参与也更加复杂、孤立和减少，更大的、更加非个人的社区的正式社会结构已经取代了直接的、整合的、联系紧密的社会互动，大众的市场化方式侵蚀了调解功能、互惠与社区责任机制。在这种更加非个人的、技术的模式中的参与对于社区的社会融合所必需的社会投资、社会资本和互惠也许是关键的因素。

社区中社会参与的下降和政治系统的无能往往会引起严重的社会问题，这种下降会强化社会的边缘化，最终导致社会的排斥。充分的社会参与需要公民对地方社区和国家治理的参与，在民主的社区中，社会和公民的参与特别重要，民主依赖于其多个组织对政策实施影响，如果公民及其组织不参与这个过程，他们就

---

① P. Fellin, *The Community and the Social Workers*, F. E. Peacock, 2001, p. 71.

会在政府的规则制定中被排除在外和不被考虑。

社区参与中志愿者组织和中介机构起着非常重要的作用。对现代社会原子化和社会解组进行矫正的途径就是各种各样的志愿者组织中个人（包括其服务的客户）的积极活动，志愿者组织提供了与新成员见面和建立关系的机会，学习与他们一起工作，扩大社会整合的互惠性，发展社会和公民参与的技巧，促进社会支持。参与的人趋向于更多地参与，并且具有更多的社会和政治参与机会。没有志愿者组织层面的参与，个人就只会被局限于那种正式的公民参与。

以社区为基础的志愿者组织是一种中介的结构，它们在个人与更复杂的社会之间起着一种缓冲器的作用。它们对于保护个人和民主免受全球漩涡式经济的超国家和超公司的侵害是必需的，为个人提供了保护性的区域。志愿者组织作为中介式的组织，对于社会的分裂、原子化和社会的解组能够起到安慰性作用。拉德（C. E. Ladd）指出，“参加面对面的群体，来表达共同的利益和兴趣是公民社会的关键因素。这种群体帮助人们抵抗现代社会的压力。它们教育市民技巧并将生活扩大到家庭以外的活动中去”[①]。那些参与志愿者组织的人具有更多的公民之间的信任。

中介结构的最好例子是家庭、教会、工会、社会支持群体和邻里组织。随着全球化经济的无孔不入和跨国公司的统治，个体独立的消费者越来越与市场的功能无关。如同个体的选民对于全国性政治市场基本没有什么影响一样，个体的消费者同样对于市场也没有什么影响力。而一个跨国公司却有极大的影响力。如果没有中介结构，个人与国家和市场的巨型组织结构相比，就基本处于无权无势的境地。有了中介结构，个人就能够聚集自己的影响力，联合起来作为一个协调者和一个行动群体来面对巨大的公司和国家。但是，中介组织在发展中也应当防止自己蜕变为那种巨型组织，就像历史上出现的工会、政党以及红十字会那样。

（五）相互支持功能

相互支持的功能和社会福利的功能是在社区在其成员和家庭遇到困难，且不能提供自己的家庭和个人关系以获得帮助时发挥作用的。相互支持即在需要时彼此帮助，传统上，初级和次级群体如家庭、邻里和朋友是提供社会支持和社会保证的第一道供给线，当社区变得越来越复杂，更多的次级和第三级正式组织如国家的有关机构、营利和非营利的健康和福利组织、保险公司、日间看护中心、志愿者队伍以及婴幼儿照管中心等会来履行这些功能。这种帮助可以是临时性的，

---

① C. E. Ladd, Bowling with Tocqueville: Civic Engagement and Social Capital, *The Responsive Community*, 1999, 9 (2), p. 11.

也可以是长期的。

相互支持所必需的内在整合是人们之间的信任和密切纽带，人们需要信任来防止“搭便车”的人和“傻子”的出现。那些在相互支持中不能创造点滴公共财产或者物品、没有任何公共责任感、不能对公共物品作出任何贡献，并且粗暴使用这些物品的接受者就是搭便车者。而那些捐助者或纳税者、或者那些没有践踏公共财产而是具有公共责任感的人就是傻子。

“搭便车”和傻子的两难困境反映了福利国家的公地悲剧，这种公地悲剧在于，如果我们能够什么都不做就可以满足自己的需要，如公地的使用，那么就可能不会有什么动力去发展个人和集体的财产；但是，如果我们的需要不能从共同财产中获得满足，那么就会有一些人使用和挥霍公共的财产，不给下一代留下什么东西。所以，公共财产如果要永远存在的话，就必须是所有的人生活在和谐中并共同行动，换句话说，就是社区必须是一个信任度高的强民主社区。

信任或者进一步讲，培育以社会为中心的社会资本是避免“搭便车”和傻子两难困境与公地悲剧的解决途径，社会工作为人们之间的网络关系、规范的建立和相互支持与信任提供了一种公共结构和社会资源。①

二、社区比较研究的维度和要素

城市社会学家沃伦夫妇（Rachelle Warren & Donald Warren）根据对底特律数个社区的研究归纳出以下三个比较维度：

一是互动性。邻里之间的互动是否频繁，社区全体居民中有多少居民进行邻里拜访或者串门，比如可以统计一年的平均数字。

二是认同感。社区居民在多大程度上认为自己属于该社区或者能够共享或共担该社区的命运；有没有对本社区邻里、社区地点、社区象征的特殊情感或者意识。

三是连接性。该社区与外面的更大的社会之间是否有连接通道，这些连接通道或者联系纽带的性质是什么，比如是行政性的还是社会性、生活性的。

他们认为，可以根据以上三个维度区分出六种不同类型的社区：

第一，整合型社区。此类社区在以上三个维度上得分都很高，既与社区之外保持联系，在居民之中也是活动的中心；居民积极参加社区和整个城市的各种社团活动；居民之间联系密切，有许多共同关心的事情。

---

① See David A. Hardcastle & Patricia R. Powers, *Community Practice*, Oxford University Press, 2004, pp. 103－107; R. L. Warren, *The Community in America*, Rand McNally, 1978, pp. 168－208.

第二，教区型社区。此类社区在互动性和认同感上得分高，而在连接性上得分低。我群或者族性的意识相当强烈，有自己认同的传统文化和价值观，这些文化和价值观多是保守的，甚至与工业社会中的主流文化和价值观抵牾；它们很少受外界不同价值观的影响，或者说能够自动地过滤或屏蔽外面社会那些不被认可的价值观；邻里社会的各个方面自足程度很高，能独立于其外面的社会。这类社区通常是传统的村落或者小镇社区，或者是少数民族的社区，并且规模都很小。

第三，散漫型社区。此类社区在认同感上得分高，其他两个维度上得分都低。居民们有许多共同关心的事情，但是参与率很低，而且也很少与外面联系；居民的成分有较高的同质性，比如在社会经济地位方面基本相等，且多属于较高阶层地位的群体；这些居民大多不需要依赖于邻里的帮助，他们的社会网络中也很少有邻里的位置。这种类型多属于新建立的社区或者高级住宅社区，后一种社区中基本上住的都是富有的人群。

第四，躁动型社区。各种活动相当活跃，在认同感上得分低，在互动性和连接性上得分高。居民对社区的归属感很低，但是仍然履行社区的各种重要功能；社区内的各种活动很积极，但是，管理方面相当薄弱；人们积极参加各种社区组织，但是，这些组织常常频繁地瓦解和重建，组织的领导人不断地变换，因此这类社区的组织模式类似于"抢座位"的游戏；居民不断地迁入和迁出，参与各种活动往往不是为了改善邻里关系，而更多的是出于职业或者其他的社会目的。

第五，暂时型社区。这类社区在互动性上得分高，在其他两个维度上得分低。在这类社区居住的居民与躁动型社区中的居民一样，流动性相当大，但是，在前一种社区中，新迁入的居民很快就被社区组织所动员和吸纳，而在暂时型社区中，只有极少的社区组织存在。这些社区组织对动员和吸纳居民基本上没有兴趣，因此，在这类社区中，居民的参与程度极低，只有极少部分的老居民可能参与。而且，这些社区组织常常是属于不同的群体，它们之间联合与协调多于分裂和矛盾，各种组织活动的目的往往不是出于整个社区凝聚力和认同感的增强，更多的是出于自己小团体的利益，总是力图达到彼此相互分化的状态。所以，居民对社区基本上没有认同感和归属意识，也几乎没有任何社区组织和集体行动。

第六，紊乱型社区。这类社区在三个维度上得分都很低，既缺少社区内的凝聚力，也与外面的世界隔绝，可以称得上是没有邻里关系的社区，或者是完全个人化的社区。居民不属于任何社区组织，也与邻里没有任何来往；邻里之间相互不信任，彼此防备；没有任何社区的集体活动和行动。基本上指的是那些穷困、衰败、罪犯横行的社区。

研究社区的另一位社会学家罗兰·沃伦（Roland Warren）则认为，社区可以在以下四个维度上进行相互的比较：

（1）社区在履行其五大功能方面，对社区以外的纵向上级组织和机构依赖或者独立的相对程度，这比较的是该社区的自治性程度。

（2）当地机构（如商店、教堂、学校等）的服务区域相互吻合的程度，也许，有的社区服务区域中的每个人得到的都是同一社区的各种机构的服务，而有的也许相反，根本不存在服务的共同地理区域，因此也不存在社区活动的共同地理中心。

（3）对共同地域的心理认同程度，有的社区中的居民相互之间很少联系，很少将社区看作重要的社会群体，也很少具有属于该社区的意识；而有的社区则可能完全相反。

（4）社区内各种当地组织和个人相互之间联系的程度的紧密性，比较社区水平维度上情感、行为与社会系统相互之间关系的强弱。①

如果我们通过罗兰·沃伦列举的维度和要素进行社区之间的比较的话，首先能够看到一个社区在结构上的区别。因为，一个社会中存在无数的社区，社区与社会有联系，也应当有区别。如果社区内各种组织之间的联系充分、各种功能能够主要由社区本身来履行，并且对居民的社会生活有足够强烈和特色鲜明的意义，从而成为一个自足的社会系统，那么，这就是一个理想类型的社区，如传统的农村社区。反之，如果该社区所有功能的履行和运转都超出本社区的界限，必须主要由社区之外的组织来满足，而且自身也没有具鲜明特色的供居民认同的意义，那么，这种社区可能与其周围更大的社会彼此是很难分清的。在这个意义上，我们称其为社区或者社会恐怕都是可以的。

前一种社区，我们可称其为社区的横向结构模式，即侧重于当地层次上社区内各种组织、机构之间的结构与功能上的横向联系；后者，我们可称之为社区的纵向结构模式，即侧重于超出社区范围的与更大社会之间的结构和功能上的纵向联系。一般来讲，越是具纵向结构模式特点的社区，自治程度越低、居民对该社区的认同感越弱、社区内居民的联系越少、相互之间的情感越淡。

第三节　城市社区邻里关系研究

社区邻里关系的研究首先源于芝加哥学派，在芝加哥学派的人类生态学分析中，社区研究占据着重要的地位。1894 年，斯莫尔（Albion W. Small）和文森特（G. E Vincent）出版了第一本社会学教材《社会研究导论》，较之其他的研

① See R. L. Warren, *The Community in America*, Rand McNally, 1978, p. 13.

究主题，社区得到了最多的篇幅，当时，不管是犹太人隔都（Ghetto）还是上层阶级社区，都是社会学研究最重要的对象。

邻里关系研究亦可被称为城市性研究，主要是对社区居民归属感、成员共同情感、城市居民心理状态的研究，这方面的研究有三种不同的理论。

一、社区失落论

这种理论的代表人物是芝加哥学派的主要人物沃思，沃思是人类生态学的领军人物帕克的学生，而后者是著名社会学家齐美尔的学生。

1903 年，齐美尔发表了论文《大城市与精神生活》，指出农村与城市给予人的影响是不同的，农村的生活节奏和感官刺激都比较稳定和平缓，相比之下，城市则是一种强刺激环境，给居民带来过度的心理负荷，为了适应这种环境，城市人不得不改变他们的心理与人格，不得不理智地对待纷至沓来的各种人和各种事，不得不工于心计以区别那些重要与不重要的刺激，对不重要或不涉及个人利害关系的刺激不予以关注，而集中精力对付那些重要或与个人利益有关的刺激。这样就使城市人渐渐形成老于世故或“奸诈冷淡”的人格，而整个城市社会也就变成重理智、重效率的社会。齐美尔进一步指出，城市代表着高度理智、高效率的社会活动和庞大而复杂的社会组织，而为使城市所有活动能顺利进行、社会组织能顺利运转，必须有一种共同的媒介，这就是金钱，只有金钱才是最具效率的媒介。这样，城市中人与人的关系也就变成了金钱关系。

受齐美尔的影响，1938 年，沃思发表了著名论文《作为一种生活方式的城市性》，此论文的影响之大，以至时至今日其观点都是社会学家们争辩的焦点之一。文中的城市性（urbanism）指的是，在城市中与生活相关的，与人们的价值观、传统习俗、习惯、行为方面的变化相联系的生活模式和行为，它通常被看作城市化的后果之一。城市性是对生活在某个特定地方的社会与行为反映。城市性这种生活模式和行为的特征包括竞争、追求成就、专业化、肤浅、匿名、独立、易变的关系。

沃思认为，城市具有三种生态学上的特质，即人口众多、高密度、异质性。这三种特质不可避免地使城市形成不同于农村的生活方式，即城市性，并带来了许多社会问题，如社会解组、越轨行为和精神疾病。换言之，城市性或者城市生活方式是因变量，是以上三种特质的产物。

众多的人口必然会出现大量的潜在差别，特别是文化上的差异和职业上的专业化明显扩大，由于这些原因促进了“社会裂化”的过程，城市人通常是作为高度分化的角色相遇的，他们之间的接触多是肤浅的、短暂的、支离破碎的、非人格的，城市人是以次级关系而不是初级关系为特征，大量人口本身还必然造成分散与混乱。

人口密度高使人们易产生厌烦的心理，促使人们丧失了对他人“较有人情味的方面”的感受能力，变得麻木不仁甚至冷漠无情；高密度使得居民在身体方面接近，同时又扩大了彼此的社会距离，密度过高还会引起反社会行为的增加，因为越是拥挤的地方，越容易造成摩擦与冲突。

异质性的后果是容易带来人际冲突的增加，人与人之间猜疑多于信任，彼此不再是互助互赖，更多的是猜忌与利用，是金钱计算的关系。因此，在沃思看来，滕尼斯所讲的社区在城市中已不复存在，故称之为“社区失落”（community lost）。与沃思持相同观点的重要学者还包括罗伯特·尼斯贝特（Robert Nisbet）和 M. 斯滕（Maurice Stein），他们都认为，城市社区已经不能重现人们熟悉的传统村落的功能和人际关系。

沃思对自己的命题总结如下：

1. 人口规模命题

（1）人口越多，多样化和个体化增加的机会越多；

（2）竞争与社会控制的正式机制将会取代作为组织社会手段的初级亲缘关系；

（3）人口越多，社会角色的特化与功能分化越多；

（4）社会互动的匿名性与碎片化随着规模的增长而增加。

2. 密度命题

（1）过度的密度加剧了人口规模过大的后果；

（2）过度的密度促生了腻烦的态度，并增加了屏蔽过度刺激的需要；

（3）过度的密度产生了与陌生人紧密接触的较大容忍力，也产生了紧张；

（4）过度的密度增强竞争，强化了规模大的后果。

3. 异质性命题

（1）异质性越高，群体之间的容忍性越高；

（2）异质性使得民族和阶级的樊篱被打破；

（3）根据不同的交往圈，个人的角色和交往被分隔，公共生活中的匿名性与非人格化增长。

与沃思关于城市社区的描述相对立的是雷德菲尔德（Redfield）对农村社区的研究。后者是帕克的女婿，著名的人类学家，几乎与沃思发表文章同时，1941 年，在对尤卡坦半岛以及其他地区的研究中，雷德菲尔德就发现了那些小规模、孤立的村落中存在同质的、充满滕尼斯社区生活方式的社区。1946 年，他发表了《民俗社会》一文，描写了理想的社区类型的特质：小规模、孤立、无文字、同质性和强烈的群体团结意识。这种社区只存在程度很低或基本上是建立在性别基础上的劳动分工以及共享的生产手段；经济上自给自足；文化则是建立在宗教和亲属关系基础上的传统文化。

二、社区继存论

20 世纪五六十年代，美国社会学界有人开始对沃思的观点提出质疑，这方面的代表人物是奥斯卡·刘罗斯（Oscar Lewis）和赫伯特·甘斯（Herbert Gans）。

奥斯卡·刘易斯是与雷德菲尔德共同创建伊利诺伊大学人类学系的著名人类学家，1952 年，他发表《未崩溃的城市化》一文，指出墨西哥村民移居到墨西哥市后，生活方式并无显著的变化，人际关系也无解体的情况，社会合作与人情味仍然相当强大，城市的众多人口、高密度和异质性对这些村民的影响很小。后来，他进一步提出，许多居住于大城市的人，仍保留着自己小圈子内的活动，在这些圈子内，人与人之间仍保留着亲密与互助互信的关系；圈外的陌生人似乎与他们毫无关系，对他们的生活、行为方式和人际关系以及精神心理并无多少影响。如“小意大利”、唐人街、日本城、犹太人区等都是这方面的例子。

甘斯反对将生活方式与地域联系起来，认为生活方式不是物理空间决定的，而是由居民特性，即居民的社会阶层或者他们生命的不同阶段决定的。

1962 年，赫伯特·甘斯出版了后来成为城市社区研究名著的《城市村民》。在该书中，他描述了波士顿西区意大利移民的生活，指出当地人际关系和社区生活状态与刘易斯的观察十分相像。因此，他认为，沃思提出的城市生活方式并非起源于人口众多、高密度和异质性，而是起源于其他原因。于是，他进一步分析了居住于城市中不同人口的特质，1968 年，他又发表了《作为生活方式的城市性和郊区性》。在这篇文章中，他将城市划分为内城、外城与郊区，认为就生活方式而言，内城与外城和郊区不同，后两者表现出来的生活方式与沃斯的城市性很少相同。即使在内城，他也发现其存在五种不同的居民。

第一，“四海为家者”（cosmopolitan）。这些人主要包括知识分子、艺术家、作家、大学教授、律师、政治家等，他们选择能更好地满足其文化心理需要与物质生活的地方居住。

第二，“单身者或无子女家庭”（unmarried or childless）。这些人主要指大学毕业生和刚结婚未有子女者，他们通常选择靠近工作地点与娱乐场所的地方居住。

第三，“少数民族村民”（ethnic villagers）。主要指少数民族住宅区，如唐人街、犹太人区等，他们自成一小社会，初级群体关系紧密，社会生活丰富；但是与周围社区的人不大来往，并存有戒心。

第四，“受剥夺者”（deprived）。主要指醉汉、妓女、精神不正常者、家庭不健全者以及非白人少数民族中的一些人，他们居住在最差的房屋中。

第五，“被困或社会地位下降者”（trapped and downwardly）。主要指那些生活在日益恶化的环境中，但是无力搬走的人，如失业者、老人、城市贫民等。

在甘斯看来，第一、第二种人基本无经济问题但是有孤独、自私、自我中心主义的倾向。第三种人无孤独感和自我中心主义，居民整合度高，群体凝聚力强，保留着传统价值观和情感，但是易产生“种族冲突”。第四、第五种人，由于人际关系的不稳定性，在某一群体中角色的短暂性、无常性从而具有沃思描述的孤独失望、冷漠自私、疏离感严重的特征，常有反社会或反规范的行为。但是，甘斯认为此种现象并不是城市中的众多人口、高密度和异质性造成的，而是贫穷与受歧视的结果。

因此，根据甘斯的结论，所谓的城市性并非城市的生态环境造成的，而是人口构成这个主要原因导致的。无论是在城市中心还是城市郊区，不同人口组合而成的社区会出现不同的结果。由于他们侧重分析城市中居民人口的构成，故又被人们称为“人口组合学派”。

三、社区解放论

社区解放论是20世纪70年代由费舍尔（Claude Fischer）、韦尔曼（B. Wellman）和雷顿（B. Leighton）提出来的。1975年，费舍尔发表了《走向城市性的亚文化理论》一文，他认为，非生态学观点认为的生活方式与生态因素无关，而是与生命周期、阶层或者种族有关的观点存在缺陷。他提出，城市居民与非城市居民在行为和信仰方面确实存在差别。根据沃思的观点，人口众多必然产生社会的脱序、解组与心理上的孤独和疏离感，这些是城市社会问题产生的根源。费舍尔不同意这一观点，他认为任何人在社会上生活，都需要他人的帮助和关心，这种人际关系中的相互依赖性若得不到满足，就会产生个人心理上的孤独与疏离感。他还认为，城市人口众多与城市社会问题有关，但这并不是由于人口众多造成的过度神经刺激、高密度和高度异质化带来的。他再次引入人口规模和密度作为变量进行研究，但是得出了不同的结论。

他提出，城市中的社会问题是由于亚文化人口的存在而产生的。大城市人口众多，各种人一应俱全，不同类型的人在这里都可以找到足够数目的同伙，从而形成一个小圈子，费舍尔将能形成一个群体的必要的人口数叫作临界数（critical mass）。而在小地方，人口少，故无法凑够临界数来组成小群体。这也就是为什么同性恋者、酒鬼、艺术家以及其他反社会规范的人，在大城市多见而在小地方少有的主要原因。这些人满足人际关系中的相互信赖，纷纷向大城市集中。他们形成一个小群体后，经过长时间的互动，逐渐会产生一种相互了解并为大家接受的规范、价值观和生活方式，这些思维方式和行为方式的综合就是一种亚文化。这样就出现了两种并存的现象：群体内部的凝聚与整合和群体之间的摩擦与冲突。

他的研究结论可以概括为：

第一，一个地方越具有城市特征，亚文化类别就越多，即人口聚居易于产生亚文化。

第二，一个地方越具有城市特征，亚文化的强度就越大。

第三，一个地方越具有城市特征，非规范行为的发生率就越高。非规范行为“涵盖了从艺术创新到持异议的价值观的表达，再到严重的犯罪这一系列行为。所有这些行为都是偏离社会规范的”。

在1995年，费舍尔发表了《城市性的亚文化理论：一个20年后的评估》一文，重新概括了亚文化理论：

其一，人口规模大的地方比人口规模小的地方能够产生更多的亚文化。

其二，人口密度高的地方比人口密度低的地方，不仅能产生更多的亚文化，而且产生的亚文化更强烈。

其三，较大群体影响较小群体时，非规范行为减少，反之，非规范行为增加。

其四，城市化程度越高的社会，反传统行为的发生率越高。

后来，费舍尔还进一步指出，应当区分城市生活中居民的公开的人际关系和私人私下的人际关系。一般来讲，城市居民在公开的人际关系中常是戒心重重、冷漠、自私的；而在私人人际关系中则是热情、乐于助人、较多相互信任和充满人情味。

1977年，费舍尔出版了《社会网络与场所：城市环境中的社会关系》一书，在书中他阐述了社会网络在城市居民生活中的作用，指出居住在非邻近地域的居民通过特定关系（如共同兴趣或爱好、共同价值观等）组成一个群体，从而形成自己的社会网络。在费舍尔的影响下，韦尔曼和雷顿于1979年发表了《社会网络、邻里关系和社区》一文，总结了以往城市社会学家对社区研究的主要特点，指出直到20世纪70年代，社区生活和人际关系的研究一直局限在同一地域的邻里关系之间，邻里之间因物理或空间上的接近而形成的群体关系纽带成为社区讨论的唯一基础；这种研究视角将会导致社会学忽视人们其他重要的日常活动和社会交往领域，而社区的概念也会缠绕在对场所和居住的强调之中。因此他们问道：对于那些早出晚归的居民来讲，如果仅考虑邻里关系，我们会不会忽略掉这些人在居住区域之外的社会亲密关系？

韦尔曼和雷顿提出应打破对邻里关系的强调，重新思考社区的概念，他们主张社区居民应从地域和场所的局限中解放出来，接触和结交更广泛范围的朋友，建立超出邻里关系甚或根本与邻里关系无关的初级群体关系。这就是说"社区解放"，即从社区地域边界中解放出来。韦尔曼、雷顿与费舍尔都强调，个人可以自由地同时参加多种社会关系，一些人可能将自己的社会关系主要局限在邻里之间，但更多的人则应与居住地之外的各种关系保持社会交往。

为了描述和研究这种跨社区人际交往，费舍尔和韦尔曼、雷顿继承了社会人类学有关网络研究的理论，指出应用"社会网络"（social network）作为研究城市居民社会生活的分析工具。所谓社会网络，按照第一个界定这个概念的英国社会人类学家 J. A. 巴内思（J. A. Barnes）的看法，就是每一个人都生活在各种群体、组织、朋友和亲属关系中，在这种人际关系中，个人可被看成点，个人与个人的关系可用线来表示，这种点与线的结构和动态变化就是社会网络。

1965—1966 年，芝加哥大学教授劳曼（Lauman）对底特律进行了主体网的研究；1978—1979 年和 1982 年，费舍尔指导的在旧金山湾区和北加州一些社区进行的调查，都证明了城市社区中已存在不少这种人际交往，而且越是收入和教育水准高的居民，在交往地域上也越广泛，同时亲缘关系的成分也越少。他们都研究得出了以下一些新的结论，归纳起来主要有：

（1）人们与远亲、邻里和同一教堂的人交往少了。

（2）朋友之间的交往增加了，但是这种交往是有选择的，最主要的原则是一致性。

（3）交往的人不局限于一个地方，交往的地方性减少了，不过交往的大多还是住在较近距离范围的人。

（4）上述变化并不影响人们之间的亲密度，也不影响被调查者的幸福感。

（5）人际关系网的扩大使得人们的观念、态度有了开放性的转变，尤其是道德观念。

（6）由于住在一起和接触的人的语言、肤色、职业、宗教的不同，人们对不同人群更敏感，防范心理增加。

一般来讲，社会网络的分析性特征有两种：一种是结构性特征，另一种是互动性特征。结构性特征包括：规模或大小，指一个社会网络中人数的多少；密度，指网络里的成员在独立于主体的情况下相互接触的程度；同质性，指构成一社会网络的个人的社会背景是否相同；中心度，指网络成员相互接近的可能性。

互动性特征包括：多重性，指网络成员之间的关系是多元的还是单一的；互动的频率与持久性，即互动是否经常并能否长时间保持；关系的交易内容，即保持互动关系的主要是服务还是情感或者货物；交换物的指向性流动，指人际关系的双方在交易方面是否平等。

应当讲，费舍尔等人的理论观点更具时代性，同时，也符合滕尼斯最初对该概念的阐述。当初，滕尼斯研究社区时，指出社区包括三种类型，即血缘共同体如家庭、地缘共同体如邻里、精神共同体如宗教组织。根据这种划分和界定，精神共同体自然包括友谊、志同道合的信仰和共同爱好等。那些打破血缘关系和邻里关系的人际交往正是产生于这一基础，而现代通信技术特别是互联网的迅猛发展，极有力地推动了这种交往关系蓬勃展开，这就是当前不少人所津津乐道的"网络社区"。该现象已成为发达国家一些社会学家正在关注和研究的重要课题。

第四节　社会区域分析与社区发展的理论

一、社会区域分析和因素生态学

虽然社会区域分析和因素生态学仍然认为自己是属于生态学的研究，但是，一些学者如丹尼斯·波普林（D. Poplin）和威廉·施瓦布（W. Schwab）都质疑其归类。因为，社会区域分析更关注社区的自身特点，而不是这种生态对其成员的影响。这也是我们将其放在社区研究这一章的主要原因。

社会区域分析（social area analysis）是采用统计数据对社区或者自然区域进行分析的理论和方法，1940 年，美国统计局开始发布大多数城市的统计数据，其普查分区与自然区域基本吻合，但是在规模上要小得多，普查分区的平均人口为 4 000 人左右。这与美国城市邻里社区的平均规模差不多。由于这些数据的公布，社会学家希望利用这些数据对城市社区或者自然区域进行社会特征方面的研究分析。

1949 年，谢夫基（E. Shevky）和威廉斯（Marilyn Williams）首先提出了社会区域分析的理论和方法，他们认为，作为现代化产物的城市结构，其社会关系、功能分化和组织复杂性处于不断变迁中，这些变迁主要表现在三个过程上：（1）职业分工；（2）生活方式变化；（3）人口空间的再分布。据此可以建立一些指标或社会变迁的特征来反映这三个过程。

当时，他们首先对洛杉矶568个自然区域进行了分析和论述，使用的指标有三个，即社会等级（包括职业地位和教育程度）、家庭状况（包括生育率，指的是每千名15～44岁妇女中5岁以下孩子的数字；妇女在劳动力人口中的比例；每千个住宅单位中独家住宅的数量）、族群特性（如国外出生者、黑人和非白种人人口的比例）。后来，1955年，谢夫基和温德尔·贝尔（Wendell Bell）进一步完善了该理论和方法，将指标发展为社会—经济因素（教育程度、收入或者经济地位和就业情况）、家庭因素（年龄、婚姻状况和孩子的数量）和社会—族群因素（亦为城市性，包括种族特征、民族特征）三个基本变量，据此来将人口加以区别或分类。

社会区域分析方法使得社会学家可以比较不同城市中社区或者自然区域的异同，描述和勾画出城市中不同区域的空间特点和模式，并且可以从图形上发现和分析这些社区与区域的发展或者变迁的轨迹。

后来，贝尔、范·阿斯多尔（Van Arsdol）等人进一步发展出因素分析方法，即通过对一些关键变量或者因素的统计分析，获得与社会区域分析同样的结果。只不过这里的变量和因素比社会区域分析中使用的指标多。学者们通常使用五个因素来发现美国城市社区的生态结构，即社会经济地位、家庭状况、族性、居民的流动性、人口和功能的规模。

绝大多数研究表明，以上五个因素可以解释美国城市社区大部分的变化和不同，或者，换句话讲，如果人们希望了解一个城市社区、邻里为什么不同于另一个社区、邻里，那么，这五个因素是能够进行合理解释的首要的变量。不过，后来的社会学者更多的是对不同国家城市进行跨文化比较研究。

由于是将复杂的都市结构抽取出几个主要的因素或变量进行分析，所以，因素分析又被叫作"因素生态学"。在后来的研究中，受益于计算机技术的发展和应用，因素生态学受到研究者的欢迎，并且产生了新的发现：三个变量有时与三个城市生态模式相吻合：社会经济地位的差异倾向于扇形模式的分布，家庭类型的不同大致符合同心圆模式，种族和民族的不同则促进了城市不同聚落地点的形成。如果城市的结构和成长完全是由家庭类型决定，那么，那些家里孩子越少的家庭，其居住地点距离市中心越近，以方便工作和利用市中心的文化设施；如果经济地位是唯一的决定因素，那么，所有的阶级将会从市中心呈扇形模式向外移动。但是，在绝大多数城市都是这三个模式共同发挥作用，生成了复杂的城市土地利用模式。

后来，白瑞（Brian J. L. Berry）和芮斯（Philip H. Rees）对世界六个城市进行了研究；1971年，阿布-拉格哈德对开罗进行了研究，她发现开罗的居住区域与生活方式、社会经济地位、居住模式、教育程度以及信仰都有密切关系，决定其区域特性的最重要因素是经济因素，其次是家庭因素，然后是社会因素。

通过以上研究，这些学者认为全世界的城市社区或者区域都可以根据社会经济地位、家庭、宗教、族性进行分析，他们声称如果结合土地利用的三个模式，可以解释所有城市的社区和区域社会特性。

二、社区发展

（一）社区发展的起源

社区发展源于1947年美国印第安纳厄尔翰学院威廉·毕都（William Biddle）教授的“社区动力学”（community dynamics）项目。后来，该项目发展为在80多所大学和学院设置的“社区发展”的课程，它是一个包括社会学、心理学、社会工作、城市规划、家政学和农业经济学等跨学科的课程。后来，美国联邦政府在20世纪60年代开始了全国性的社区发展运动。1970年，美国专业性的社区发展学会成立，80年代时，该学会拥有会员上千人，分别受到大学、政府、企业和社区组织的聘用。

受美国社区发展研究和实践的影响，1951年，联合国经济和社会理事会通过决议，试图利用社区组织中的社区福利中心作为推动经济社会的基本途径，后以社区发展来取代。1952年联合国正式成立社区组织与发展小组，1954年改为联合国社会事务局社区发展组。从此，社区发展在全世界特别是发展中国家展开。

（二）社区发展的定义

对于社区发展的定义，存在着以下几种观点：有的学者认为，社区发展是一种工作方法，即为达到某种目标的手段；还有的学者认为，社区发展是一种社会运动，其目的是唤起居民的自觉与自助；再有，一些学者强调，社区发展是一种工作过程，即一种组织和教育的过程，其目的是促进社区的社会变迁。例如，米尼科利尔（Louis Miniclier）指出，“社区发展是一种社会行动的过程。在此过程中，社区中的人民首先要自己组织起来，找出他们共同的需要和问题，拟定他们的共同计划以迎合其需要和解决其问题，在实施此计划时，尽可能运用社区的资源。必要时，政府或社团进行协助。”①

① Louis Miniclier, Community Development Defined, *The Community Development Review of I.C.A.*, No. 3, Dec., 1956.

这个定义强调居民自己组织起来，参与行动；通过研究社区共同需要，协调社区各界力量，动员社区内外资源采取自助行动等步骤，实现解决社区共同问题，发展社区合作精神，提高社区居民的生活质量。这里最重要的是两个过程，即“组织的过程”和“教育的行动过程”，其中组织的过程为参与、研究、动员，教育的行动过程为自助、合作、自治；这些过程要通过各种行动计划如经济的、政治的、文化的、卫生的、娱乐的等实现；目的是引导社区社会变迁和经济成长。

（三）社区发展的目标和原则

社区发展的目标可以分为短期目标和长期目标。短期目标是：协助社区认识他们的共同需要；协助社区运用各种技术援助；协助社区动员他们的社区资源；协助社区改善他们的生活环境。长期目标是：经济发展、社会发展、政治发展、文化发展。

美国一些学者认为，社区发展既是经济发展，也是政治民主和政府权力下放与合法化，以及社会和社区状况不断完善的过程。在 1999 年出版的《城市问题与社区发展》这本书中，哈佛大学社会学教授桑普森（Sampson）等人提出了社区发展有五大目标：发展和增强社区的物质资本、人力资本、社会资本、财政资本和政治资本。

社区发展的原则包括基本原则和工作原则。联合国提出的基本原则包括如下内容[①]：

（1）社区各项活动必须符合社区的基本需要，并根据民众的愿望制定主要的工作方案。

（2）社区局部的改进虽然可以从各方面着手，但是全面的社区发展必须建立多目标的计划与各方面的联合行动。

（3）在推进社区发展的初期，改善居民的态度和物资建设同样重要。

（4）选拔、鼓励和训练地方领导人才是各项社区发展计划中的主要工作。

（5）社区发展应特别重视妇女和青年人的参与，以扩大参与基础而求得社区的长期发展。

（6）社区发展的目的是促进人民热心参与社区工作，从而改进地方行政职能。

（7）社区自助计划的有效开展有赖于政府积极、广泛的协助。

---

① 参见徐震：《社区与社区发展》，254～264 页，台北，正中书局，1984。

(8) 建立全国性的社区发展计划应当有完整的政策。

(9) 地方、全国、国际的非政府组织的资源在社区发展中应当充分利用。

(10) 地方的社会经济进步必须与全国性的发展计划互相结合。

工作原则方面，罗斯（Ross）提出了以下八条原则：

其一，从鼓励居民发掘社区问题入手。

其二，将不满情绪导入行动。

其三，工作方案的设计要符合社区多数人的利益。

其四，社区的组织须具有各方面的代表。

其五，工作推动应当把握社区中活动的各种机会。

其六，应当加强沟通制度。

其七，社区活动应当了解社区内各群体的背景。

其八，应当注重长期发展目标。

(四) 社区发展的推行方式

社区发展工作的具体推行方式可以概括为两种，即直接方式和间接方式。

1. 直接方式

(1) 主旨：强调有形的“物”的建设，如新的大楼、新的社区中心等。

(2) 做法：以命令行事，由上而下地推行，社区发展计划由委派的人员设计，由政府机构的领导核定。可能召开一些形式上的居民会议进行讨论。

直接方式的优点是：办事迅速，可收“有形”之效；不需要征求普通民众的意见，计划就可以实施。其缺点则是：此种推行方式全凭权力，工作计划未必适合社区的需要及符合居民的希望。因此，民众常不愿意参与行动，往往是政府费力不讨好。由于居民不认同这些计划是他们的，事事袖手旁观。上级人员走后，工作即停顿，无法保持成果。仅此一个缺点，就可将全部优点抵消干净。

2. 间接方式

(1) 主旨：着重“人”的发展，发展居民的能力、知识和合作精神，关注社区的凝聚力和自治，加强社区的横向结构建设。

(2) 做法：从根本做起，由下而上地启发。社区的需要和共同的问题通过居民共同讨论、共同思考的方式，运用自我教育、自我组织的过程，由工作人员协助确定。具体工作步骤是：第一步，先由工作人员与居民建立友好关系，取得信赖；第二步，工作人员与居民一起探求社区的问题和居民的意愿；第三步，确定迫切的问题，提出可行的计划；第四步，共同策划、共同行动，动员和利用内在资源，并寻找外来协助；第五步，政府协助其自助计划，予以资助。

间接方式的优点是：切合地方需要，可收“生根”之效。对居民而言，可以培养居民的责任感、归属感和公德心；对政府而言，是鼓励居民自助自发、互助合作的有效方法。从教育上说，是实际的、具体的社会教育；从经济上讲，是运用民力进行地方建设的不二法门。缺点是不易管理，需要地方真正热心公益事业的人士，又需要训练有素、认真工作的工作人员。此种全靠教育和组织的工作过程，对于政府来讲，既慢，又因其是无形建设而不易讨好和表现。从个人行政绩效的立场出发，此种做法不易被采纳。而且，民众选择的计划未必符合国家或地方政府的意图，政府常常不愿意资助。

徐震先生认为，直接的途径易于见功，而难于持久；间接的途径难于见功，而易于生根。

本章要点

社区的定义应当包括三个共同要素，即地域性、社会互动与共同的联系纽带；社区的类型可根据社区规模和居民认同的程度划分为四种；社区具有五大功能：生产—分配—消费功能、社会化功能、社会控制功能、社会参与功能和相互支持功能；社区可根据互动性、认同感和连接性三个维度进行比较，也可以根据功能的履行、服务机构与社区的地域吻合程度、认同感和联系程度这四个维度进行比较；社区邻里关系的研究包括三种理论：社区失落论、社区继存论和社区解放论。社区研究还包括社会区域分析、社区发展；社区发展的推行方式有直接方式和间接方式两种。

基本概念

社区　城市性　社区发展

复习思考题

1. 社区的主要属性是什么？
2. 社区的主要功能是什么？
3. 西方社会学家如何划分社区类型或规模？这种划分有何意义？
4. 社区比较研究有哪些维度？
5. 社区失落论、社区继存论的观点是什么？
6. 社区解放论关于亚文化和网络社区的观点是什么？
7. 社会区域分析的方法是什么？
8. 社区发展的定义和目标是什么？

9. 社区发展的推行方式包括哪两种方式，其具体内容是什么？

推荐阅读参考书目

徐震．社区与社区发展．台北：正中书局，1984

R. L. Warren. The Community in America. Rand McNally，1978

Louis Wirth. Urbanism as a Way of Life. *American Journal of Sociology*, Vol. 44，No. 1，1938

Herbert J. Gans. Urbanism and Suburbanism as Ways of Life：A Re－evaluation of Definitions. in：H. Gans. People & plans. Basic Books，1968

Claude Fischer. Toward a Subcultural Theory of Urbanism. *American Journal of Sociology*, Vol. 80，May，1975

B. Wellman，B. Leighton. Networks，Neighborhoods and Communities. *Urban Affairs*, 1979（14）

第六章

城市社区研究的最新理论进展

20世纪90年代以来，社区研究更新的理论、观点和方法开始出现。这就是社区主义和社会资本的理论。

第一节 社区主义

社区主义的英文为“communitarianism”，我国大陆学界译为“社群主义”，我国台湾地区译为“社区主义”①，由于大陆的社群主义多叙述的是哲学方面的理论，为有所区别，这里使用台湾学界的译法：社区主义。

自20世纪90年代以来，社区主义在美国以及其他一些西方发达国家形成一股越来越有影响的社会思潮，得到越来越多的有识之士的关注。在这一思潮的影响下，近年来，在西方发达国家出现了“社区运动”，提倡居民自发发起的互助友爱运动，提倡为“社区服务”，“使所有人感到社区的温暖”，运动提出的口号

① 如陈钦春：《社区主义在当代治理模式中的定位与展望》，载《中国行政评论》，2000年10卷1期；柯于璋：《社区主义治理模式之理论与实践——兼论台湾社区政策》，载《公共行政学报》，2005(16)，等等。

是“和睦的邻里关系对预防犯罪和互补余缺起着重要作用”、“友善的人际关系能促进街区的同舟共济”。

一、社区主义的历史

“社区主义”这个术语的提出最早可以追溯到1841年，一个叫古德温·邦比（Goodwyn Barmby）的人建立了名为“世界社区主义联盟”的组织，第一次使用了这个词。而在社会学领域，具有强烈社区主义色彩的古典社会学家是滕尼斯和涂尔干。前者在《社区与社会》中强调了社区对个人的重要意义，后者关注社会价值观的整合作用和个人与社会的关系。后来的英国社会学家麦基弗（Robert M. Maclver）在其1917年出版的《社区：社会学研究》中也强调指出，社区必须建立在成员的共同利益基础上，社区的主要特征是共同善和公共利益。

现代含有社区主义色彩的社会学家包括帕克、孔豪瑟（William Kornhauser）、罗伯特·尼斯贝特、菲利普·塞尔兹尼克（Philip Selznick）、罗伯特·贝拉（Robert Bellah）、丹尼尔·贝尔（Daniel Bell）和埃兹奥尼。他们撰写的著作形成了当代社区主义思潮的主要内容，1992年，塞尔兹尼克出版《道德共同体：社会理论与社区的许诺》一书，为社区主义思想奠定了坚实的知识基础，他将道德与社会理论综合为“社区主义者的自由主义”理论。根据他的观点，社区主义并不拒绝自由主义理念，它力图重建自由主义，减少过度个人主义和理性主义的危害，鼓励有责任心的道德。

丹尼尔·贝尔提出了三种社群类型：（1）地域性社群，即社区。（2）记忆性社群，其核心要素不是地域，而是共同的道德传统。如吉普赛人就是典型。（3）心理性社群，指的是由于参加共同的活动而形成共同的心理体验，并追求共同目标的群体。如那些志同道合的个人自愿组成的团体（政党、教会等）。

当代社区主义的领军人物是埃兹奥尼，他曾任卡特总统时期的白宫国内事务高级顾问，也担任过美国社会学学会主席。正是他在1990年发起了一场社区主义的社会运动，将社区主义从小规模的、几乎不大为人所知的学术领域思想，发展为有影响的、进入广大人民公共生活的社会思潮。他的重要著作有：《社区的精神》（1993）、《新黄金定律：民主社会中的社区与道德》（1996）、《下一步：通向好社会之路》（2001）等。

1990年，社区主义学术群体建立时，发表了《回应性社区主义宣言：权利与责任》一文，指出：“美国的男人、女人和儿童是许多许多社区的成员，如家庭，邻里，无数社会的、宗教的、种族的、工作场所和专业协会的社团，以及政治团体等。我们所有人都属于这些相互依赖和彼此重叠的社区，如果置身于这些社区之外，人类就不能长久存在，个人自由也不能长久维护。不论哪个社区，如果它的成员不关注、不将精力和资源奉献给共同的事业，它也不能长久存续。……社区的观点既承认个人的尊严，又承认人的存在的社会性。……社群的观点认为，社区和政治团体也同样具有义务，这包括对自己成员回应、促进社会和政治生活中参与和商讨的责任。”

以上是该宣言的序言，有50位学者和知名人士签字，这些人的共同信念是“必须以社区主义的观念来影响我们时代重大的道德、法律和社会问题”。因为，无节制的贪婪、无根的心态、自我为中心、脱离社区和社会资本下降让这些人忧心忡忡。

二、当代各种社区主义派别

社区主义各种派别差别极大，立场大相径庭，其区别主要在于它们对秩序与自由、社区与个人之间的观点。按照埃兹奥尼的分类，社区主义主要有三大派别。

（一）威权主义者的社区主义

该派别的人物和思想多出自亚洲特别是东亚，而且这些人多是政治家。他们主张维护社会秩序与和谐，而对个人权利和政治自由主义必须加以限制，他们中的一些人相信国家的强力统治，如李光耀和马哈蒂尔；另一些人则强调社会联系和道德文化对于维持社会秩序的重要性，如1990年以前的日本的相关学者。威权主义者的社区主义坚持社会秩序对于人民来讲是最重要的；而西方人称之为“自由”的那些东西基本上是社会、政治和道德上的无政府主义。他们坚信，对于迅速发展经济的目的来讲，抑制法律与政治上的个人权利是基本的国策。至于法律和政治权利，都是西方人的观念，是西方人用来评判其他拥有自己内在价值观的文化的东西。

（二）政治哲学家的社区主义

在美国，到20世纪80年代，社区主义的思想首先在政治哲学界开始出现，尤其与以下三位学者联系密切：泰勒（Charles Taylor）、桑德尔（Michael Sandel）和沃尔泽（Michael Walzer）。

他们基本上是沿袭着对从边沁（Jeremy Bentham）的自由主义或者功利主义到罗尔斯（John Rawls）的新自由主义的批判展开他们自己的思想观点的。

他们批评自由主义，认为它不能够认识到个人是被社会所限定的，没有认识到人的社会嵌入性，忽视人们对其所在社会的强烈依附性。崇尚个人主义的自私自利，而忽视大量的公共物品的存在。如同《社区主义对自由主义的挑战》(Paul 等编，1990）指出的，社区主义认为，政治社区是一个重要的价值观，这一点被自由主义理论所忽视，自由主义认为，政治社会是一个中立的规范框架，各种道德传统可以在其中并存。

虽然这三位学者被认为是社区主义的思想之父，但是，他们三人都没有使用社区主义这个术语，以免与威权主义的社区主义混淆在一起。不过，他们忽略了在他们之前的社会学家的著作，当然，也被绝大部分社会学家所忽略。

（三）社会学社区主义或回应性社区主义

到 20 世纪 90 年代，社区主义学派出现。他们亦称自己为社会学的社区主义或者新社区主义学派，以区别于历史和现实中其他的社区主义者。1990 年，社区主义者创建了新社区主义的理论平台。其中领衔的学者有威廉·A·盖尔斯敦（William A. Galston，政治学），玛丽·格林顿（Mary Glendon，法学），托马斯·斯帕来根爵士（Thomas Spragens Jr.，政治科学）和社会学家菲利普·塞尔兹尼克、罗伯特·贝拉和他的助手，以及为回应性（民主）社区主义奠定基础的埃米泰·埃兹奥尼。虽然该学派的成员有各个学科的学者，但是，主要的人物和领军人物都是社会学家。

社会学社区主义的文本主要包括罗伯特·贝拉与同事所著《心灵的习惯》(1985)、埃米泰·埃兹奥尼所著《社区的精神》(1993）和《新黄金定律：民主社会中的社区与道德》(1996)、丹尼尔·贝尔所著《社区主义者及其批评》(1993）以及菲利普·塞尔兹尼克所著《社区主义的说服力》(2002)。该学派的创始人是埃兹奥尼，该学派的杂志是《回应性社区主义》，这也是他们的活动平台，“权利与责任”是指引该学派的指导性原则。

埃米泰·埃兹奥尼所创立的回应性社区主义假设，社会存在多种相互之间不完全协调的需求，这种观点与建立在一个核心的原则比如自由或者自由主义之上的哲学形成对比。回应性社区主义假定，一个好社会（good society）建立在自由与社会秩序、特殊的（公共的）价值观、社会联系与全社会整体的价值观、社会联系之间的平衡基础之上。这个学派强调人们对其家庭、亲属、社区和社会负有的责任——这些责任高于和独立于所有个体享有的普遍权利（自由主义关注的焦点）。

社区主义者通过在自由和社会秩序之间精心构建的平衡来定义一个好社会的普遍性概念，与此同时，他们也指出特定的历史社会条件决定了一个特定时期特定的社会可能需要以不同的方式来达到同一种平衡。因此当代日本需要对个体权利更加宽容，而在美国社会则需要削弱过度膨胀的个人主义。

社区主义者给予社会制度以特殊的关注。他们认为以下一些制度形成了社会道德的内在结构：家庭、学校、社区和多个社区形成的联合体当中的社区。婴儿在家庭里出生，家庭的社会角色是灌输价值观和开始形成道德自我的第一场所；学校进一步发展道德自我，并且修补道德自我在家庭中遭遇的负面影响。

社区主义者强调，在良好的家庭和学校中成长起来的儿童也并不能被教化具备所有作为一个好的社区主义社会成员的条件。这一点正是一些认为一旦人们习得美德并养成习惯，就将由其内在的道德规范所引领的哲学家所忽略的。与此相对照，社区主义者假定除非对道德价值做出的承诺被持续地巩固和加强，否则承诺将趋于降低。社区的一个主要社会角色就是强化社区成员对于价值观的承诺，主要通过将社区发出“道德的声音”和来自他人的非正式的认可构造出一个非正式的承载感情的关系网络。

在此背景下，回应性社区主义者指出，如果社会存在社会网络紧密的社区，共享一套道德文化的社区以及社区成员愿意提高他们的道德的声音，那么，这种社会的社会秩序将主要依赖于道德承诺而非强制性的国家政权。换言之，道德的声音能够降低自由与社会秩序之间不可回避的紧张，并对二者都起到促进作用。

以相同的脉络来分析，社区主义者强调，虽然每个人言论自由的权利都应该受到尊重，但一些言论——从社区的观点看——在道德上非常失礼，儿童听到后会受到伤害。比如，讲话的（法律）权利并未提供语言表达憎恶（道德方面的）的权利。

虽然社会学家为改变社区主义思想做了大量的工作，但这种哲学思想的确使社会学不得不面对跨文化道德评价引出的问题所带来的挑战。社会学家倾向于在概念上对所有价值观平等相待；因此，社会学家在指称种族主义纳粹信仰和自由社会思想时使用同样“中立”的词汇——称两者为“价值观”。社区主义者则使用“美德”来指称一些占有较高道德地位的价值观，因为这些价值观与好社会相符合，而其他一些与好社会要求不相符合的价值观则被称作“异类”而非美德。

社区主义者延续同样的脉络，反对文化相对主义宣称的所有文化都基本上要求同种道德立场，都不回避忽略跨文化的道德评价。这样，他们将性奴隶和传统的固定刑法（比如砍断小偷的右手）视为对自由和个人权利的侵犯，认为遗弃儿童违反植根于社区共同体之中隐含的约定，忽视环境则被视作缺乏对社会秩序的承诺以及轻视社会责任的表现。

社区主义术语在20世纪90年代开始进入大众公共话语，尤其是那些涉及假设社会责任与个人权利相匹配的内容，但社区主义这个术语本身则不常被使用。在20世纪最后的十年里，有关社区主义思想的大众出版物增长了12倍，学术方面的出版物（著作、文章和博士论文）增长了8倍。而且，“社区运动”也在越来越多的发达国家出现。

三、社会学社区主义的主要理论观点

社会学社区主义的指导原则是权利与责任，也就是既不忽视个人的权利，也强调个人对社区和社会的责任。其核心是反对贪婪、自我为中心、脱离社区，呼吁重建社区集体主义精神、维护社区和社会的共同秩序，促进社会资本的发展。具体观点如下。

1. 建立一个好社会

这可以说是社区主义的社会建设的目标。他们主张，“好的社会”是建立在自由与社会秩序、个人权利与社会责任、特殊的（如种族、民族和社团或社区）的价值观与全社会整体的价值观之间的精心构建的平衡基础上的。换句话说，就是与通常的西方模式展现的不同，回应性社区主义的“好社会”是将亚洲的强调社会责任的价值观与西方人关心的政治自由和个人权利结合起来。

那么，什么是好社会呢，埃兹奥尼认为，可以用功利主义理论来解释，例如，通过观察可以发现，在成员相互信任程度更高的社会中，白领犯罪更少；再如，一个好社会可能会颂扬实质性的价值观，如环境保护，对弱势群体的慈善活动，有子女的婚姻而非单身，以及尊老爱幼。这些是具体的“好”标准，产生于经过各种社会机制筛选所得出的一种基本社会形态。

社区主义认为，好社会适用于所有社会，同时还强调，不同的社会由于不同的历史渊源，需要采取不同的发展方向和发展重点，以实现上面的平衡。因此，当代东亚需要的是对个人和社团的差异性表现出更多的容忍，而在美国，特别是20世纪80年代末，美国社会的极端个人主义需要减少。

发展并维持一个好社会确实需要触及那些被认为是私人的领域，好社会应当促进其成员对它的信任，不仅增强他们对政府的信任或者减少公众的负担，而且更应当培养他们对更美好的社会的信仰。但是，缩小私人领域的范围并不意味着所有的或者大部分的私人事务需要服从于社会监督与控制。因为，社区主义区别于极权主义、专制主义、神权政治以及社会保守主义者同胞的主要立场，即好社会虽然触及个人，但它寻求培养有限的几种核心美德而不是无限扩展或者全盘管制。好社会并不希望在许多次要事务上禁止道德多元化。例如，美国社会相对于无神论者更赞同笃信宗教，但在笃信何种宗教的问题上却保持“中立”。同样的，美国社会期望其成员忠于美国信条，但也非常包容他们珍视自身不同的种族传统，只要它们不与国家忠诚相冲突。与极权主义政权不同，美国社会并不推崇某一种音乐而限制其他音乐，也没有规定统一着装，规定定居地点等。

2. 个人权利和公共利益的平衡

有些人认为，社区主义在关注对社区、对更大个人责任的需要方面和在对权力导向社会的批判方面，类似于保守主义。事实上，社区主义真正寻求的是建立一个新的黄金法则，这一黄金法则的目的，是在仍然备受重视的个人需求和社会之间寻求平衡。如果我们生活在一个极权社会，这一黄金法则将指引我们作为持不同政见者，去挑战社区主义语言的滥用并坚持更大的个人自由。而在民主社会，那里的钟摆转向极端的个人自我放纵和社会责任的缺乏，社区主义往往采取的形式是对这种极端的批判。所以，社区主义所寻求的其实是一种新的平衡。

为了说明社区主义平衡个人权利与社会需要的途径，埃兹奥尼将隐私权作为新的黄金法则在公共政策中的应用的一个例子。

他论述道，乍看之下，似乎我们的社会已经经历了对个人隐私的逐步侵蚀：邻居在听您的手机；老板窃取雇员的电子邮件和医疗记录；记者在他家里的电脑上就可以获取您租用的影片的记录、您的信用卡购物记录以及关于您外出旅行时同伴的个人信息。难怪越来越多的美国人要求出台新的法律来保护自己免受数据侵犯。

但是，从社区主义的角度来看，放弃某种程度的隐私有益于公共利益。例如，长期保存被医院撤销职务的医生的信息，直到他为自己原先所犯的错误付出应有的代价，这是必须的。难道你宁愿返回到这样一个世界中吗——新泽西州的医生杀害了几名患者，却可以跨越国界线，并重复他的表现。

他接着指出，在儿童看护中心现在可以查出，将要被雇佣的员工是否曾经被判虐待儿童罪。虽然这看起来可能像一个民主自由派的梦魇，但是，你会愿意让你的孩子生活在一个像佛罗里达州的奥兰多一样的城市吗？在这里曾经发生过这样的事情，一名警卫对男孩进行了性侵犯，而他先前已因强奸一名 14 岁的男孩被定罪。

你是否更倾向于保护银行对大宗秘密资金流动的知情权，或者支持对监测仪器的研究以帮助有关当局遏止毒品交易？你是愿意因为服用某种过敏的抗生素而被推进医院的急诊室，还是愿意使自己的病史在计算机健康系统中容易获得，而保证自己获得正确的治疗？

社区主义者主张，我们应该以指纹辨认福利受助人。民主自由者抱怨，这种做法使穷人感到如同刑事罪犯的待遇。但是，难道你愿意让一小群反社会分子重复地享受合法的福利捐助，而使其他人被排除在这一系统之外？

民主自由者警告人们，这些新知识、新技术会形成一个警察国家。但是，在埃兹奥尼看来，通向暴政的最短途径是：如果我们不显著改善我们的能力，以减少暴力犯罪、性虐待和肝流行病，越来越多的美国人将会要求一个强硬的政府来重建法律和秩序。因此，应当允许网络新技术在自由的基础上，帮助重建社会秩序。

一旦人们接受隐私并不是一个绝对的价值，人们就必须寻求在公共利益的名义下，指导每个人做出权衡取舍的准则。具体措施包括以下内容：在隐私权方面，只有当有令人信服的需要（例如，为了减少传播传染性疾病）时才能容忍对隐私新的限制；尽量减少主动的侵扰；仔细检查有没有其他办法服务于同样的目的；把副作用降到最低（例如，坚信我们可以拒绝垃圾邮件）。

社区主义呼吁的最后一件事情是取消任何权利，更别说隐私了。世界上任何权利都不是绝对的，所有人都必须兼顾共同利益。

保守主义者已经呼吁，在高发区保证所有携带艾滋病病毒的患者每个人都被强制体检，而且剥夺同性恋活动的权利。一些自由论者声称反对任何必须体检性伴侣或者是对静脉注射的毒瘾者的艾滋病病毒体检活动，即使这样的体检将会阻止疾病传播。他们认为，揭发早期的和预期的艾滋病患者的事实将会使被体检的人们丧失信心，这种做法是不必要的。因为，不管怎样，每个人都应该关心自己的性安全，体检是没有用的，因为那个时候结果是既定的：人们已经得了这种病。

新的黄金法则认为，无论如何，由于其他的原因而检测血液的人都应该同意去检测是否有艾滋病病毒。这是对他人和社会所履行的一种道德责任的行为，也可以用来告知早期的和预期的艾滋病病毒携带者。这个信息将会刺激人们比做其他的事更加谨慎。而且，在检测结果出来前，能够使人们免于接触新的携带者。最重要的是，尽己所能阻挡这种可怕的疾病传播是每个人应有的公共责任。但是，对那些在住房、工作或其他方面歧视艾滋病患者的人的惩罚应该加强。

所有的群体，包括女权主义者、工农联盟和少数民族，应该继续为了他们自己的兴趣和观点而奋斗，但是这些群体应建立伙伴关系。每个群体寻求他们自己应得的那份利益，但是要保持伙伴关系的顺利进行，每个群体还应该注意他们在更大的群体中的地位，而不仅仅是自身的利益。

至于自由与秩序之间的关系，社区主义强调自由与社会秩序之间的关系并不是零和关系，而是一种相互支持和补充的关系，其中的任何一个过多或者过少都不利于社会的发展和人民的幸福。也就是说，如果社会秩序过分地发展，就必然会损害人民的个人自由；如果个人自由过分地膨胀，就会破坏社会秩序。

3. 培养好社会的手段与基础

埃兹奥尼认为，要使社会成为“好社会”，很多的社会管理必须通过依赖道德的声音而非法律来加以规范，法律自身的作用范围也必须受限于道德的声音所支持的范围。出现这种情况的原因在于道德的声音可以与高度的自我认知、自治契合，进而与一个好社会相适应。在这里要再次提到，一个好社会被界定为社会秩序与个人自治两者价值观的平衡，而不是将其中一个无限地强调。

好社会所倚赖的培育美德的手段往往可以归入“文化”范畴。具体而言，这些手段包括：

（1）社会团体机构（家庭、学校、一些同龄团体、宗教场所和一些志愿协会）对于社会新成员的价值观灌输，最终形成一种引导人们向善的内在道德呼声（良心）。

（2）在社会心理学的层面上，社会强化机构支持社会成员已获得的价值观（特别是人际关系、同辈关系、公众透明度和领导力）。这些提供了一种外在的道德呼声。

（3）价值观被不断加强，因为它们形成了社会习俗（如婚姻）。

建设好社会的一个主要途径是“文化”支柱，也即道德的呼声。它鼓励人们进行亲社会的行为。社会存在着强调良好的教养、道德和性格教育的重要性的倾向。社区主义者承认这一基本事实，认为没有持续的外部强化，良心往往会恶化。

建设好社会的另一个主要工具是社会风俗。由于法律中并没有对道德进行约束，并且道德融入人的性格和与他人的交往中，因此，相对于道德常常被认为是非正式的，社会风俗更为正式和系统。社会风俗是一种体现某一群体或团体价值观的社会形式，人与人之间大量的交往与接触都由于这些行为人所依据的社会形式而变得简单和易于执行。合同就是一个例子。合同的执行者不仅全部或部分地执行由他人准备的合同，他们还会发现合同背后所包括的深层含义，这层含义是就相互责任以及根植于他们文化中的“应当遵守合同”的道德观念而言的。尽管社会风俗随着时间而改变，但它们仍时时刻刻准备着引领社会生活。这在一个运行良好的社会中尤为突出。

社会风俗在体现好社会与其他类型社会间的差异方面尤其重要，这是因为大部分社会风俗既不是程序化的，也不是道德中立的。事实上，大部分社会风俗都体现了某种价值观。例如，家庭，这一主要的社会风俗从来不是道德中立的，相反，它总是反映某一组价值观。天主教教堂对于离异者婚姻的不接纳，几个组织有序的宗教组织所进行的努力尝试——鼓励人们更好地准备婚姻（如婚前咨询），以及鼓励人们巩固他们的婚姻（如咨询、对誓言的延续），都反映了这一点。所有这些风俗化的努力都反映了对婚姻的价值观，更准确地说是社会想要维系的某一种婚姻的价值观。

相似地，社会不仅把公立学校作为传授知识与技能的中立性机构，还特别强化一系列价值观，包括对穷人的同情，种族间、民族间以及其他形式的群体间的相互尊重（不仅仅是宽容），对于科学、爱国主义的尊重，以及对于环境的责任。

培养好社会的根本基础就是道德基础设施建设，家庭、学校、社区和多个社区形成的联合体是道德基础设施建设的四个核心要素。家庭是灌输价值观和开始形成道德自我的第一场所；学校进一步发展道德自我，并且修补个人在家庭中遭遇的负面影响，同时还传授知识和技能。但是，社区主义认为，经过这两个阶段的年轻人还不具备成为好社会一员的充分条件。而一些社会哲学家认为一旦人们有了道德并且养成了一定的习惯，他们就会被他们的内在道德罗盘所指引。社区主义认为，那些已经获得良好道德的人会退步，会逐渐丧失自己对其价值观的承诺，除非他们不断地强化自己的价值观。而社区和社区联合体的主要功能就是强化其成员的这些属性。

根据社会学的一致而非冲突的模式，如果家庭和学校能够具有强大的功能、社会有充分发育的社区、社会网络发达、道德的声音清楚有力，那么，社会就有可能将社会秩序主要建立在道德担当而不是国家的强力基础上，从而降低国家的干预和减少自由与社会秩序之间的紧张。

4. 社区的意义

埃兹奥尼认为，社区存在着道德的声音、非正式的约束机制和具有情感性质的社会关系。一般来讲，社区越弱，共享的核心价值观越少、异质性越高、社会联系越少、道德的声音越小。道德的声音和价值观的强弱可以用一些问题的答案来检验，比如：“如果一个小孩受到虐待，或者小孩正在画纳粹党徽，目击者是否应当告发?”“你是否会坚持让朋友系安全带，或者是否会劝阻那些将车停在残疾人车位的非残疾人车主?”等。

当其他社会科学和社会哲学的分支最近才开始意识到社区概念的重要性，并且思考怎样定义“真正的社区”之时，社区的概念作为社会学思考的基础已经近两个世纪了，比如涂尔干、滕尼斯以及马克思的著作。社会学家将“真正的社区”的建立看成解决疏远和暴政的最好的方法，是一个好社会的关键要素。新古典主义经济学家、理性主义政治学家、法学—经济学学者、各种各样的放任主义保守派和自由主义者都不断提出一个个社会模式，这些模式都忽视了社区或完全意义上的社会的概念，比如边沁、撒切尔等人断言社区这个概念是虚构的，或者认为社区只是一个故意命名的并由个体理性建造的社会合同。

社区主义从两个特征来对社区进行定义：(1) 社区包含在一群个体之间形成的有浓厚感情基础的关系网络中，这种关系是相互交叉、相互加强的（不只是一对一的联系或者个人的网络关系链）；(2) 社区要求对一套共享的价值观、规范和意义具有忠诚感，有共同的历史和身份认同，简单地说，就是有一套共享的文化。这个定义指出社区具有集体性的、历史性的因素，而不仅仅是一群人的集合体。社区不仅包括作为个体的人，也包括以各自的身份和目的而形成的团体。事实上，真正的社区经常推动历史，为社会中的个人行动创造条件。塞尔兹尼克认为，社区最为重要的是“共享的历史”或共同的“记忆”，它是“共享的信念、思想方法和正当的行为规则的源泉”。他还指出，社区不仅仅靠共同的意识，也靠日常生活的现实来维持，这包括“相互依赖、互惠和私利”①。

社区主义认为，在现代社会，社区仍然大量地存在于小城镇、郊区、学区和大城市中的邻里中，族群社区更是随处可见；而且，社区还存在于非地域社区中。

埃兹奥尼主张，社区的定义还应该包括第三个特征：社区应该具有高水平的回应能力。这一特征排除了压迫社区成员的社会实体，若社区只对部分成员或者一些小团体是回应的，那么，这个社区是一个不健全的社区；若社区对社区成员的假的需求而不是真的需求是回应的，那么，这个社区就不是一个真正的社区。

社区共享文化的观点受到了一些人的质疑，他们反对将在社会生活和历史中起作用的公共物品和共享价值观作为社区定义的基础。自由主义者的预言是正确的，他们认为若一个社区不断强调规范（如社区成员必须每周日去教堂参加礼拜），那么那些违规的人们（不同于因正当理由而违规的人）必将受到遭受社区共同责难的考验。然而，当自由主义者对此结果迷惑不解时，社会学家意识到社区共同的责难正好可以作为一种有效途径来支持社区成员对共享价值观的忠诚，以及为公共物品，即社区秩序服务的忠诚。社区责难的确减少了对秩序的来源——国家的依赖。

社区向心力和离心力与社区秩序和自主之间的联系是怎样的？社区秩序和自主是社区的需求，而社区向心力和离心力或者推进这些需求的实现，或者减缓它

① [美] 菲利普·塞尔兹尼克：《社群主义的说服力》，19页，上海，上海世纪出版集团，2009。

们的实现。这两种力与需求之间的关系就像是新型犯罪趋势与确保公众安全所采用的手段之间的关系。它们相互影响，但并不一样。

在此，必须重申一下指导社会理论的关键现象：第一，所有社会实体都受制于向心力和离心力。社区通过这些力量的相互制衡来使社区保持平衡状态。比如服兵役，在某种程度上，它培养了社会纽带和共享的规范性观念，是对过度个人主义的有效治疗方法；权利和自由法案则是对过度集体主义的有效治疗方法。

第二，基本的向心力和离心力两者经常不断地相互制衡，向不同的方向推进社区。向心力将社区服务、规则以及动员能力推向更高的水平，而离心力则将差异、个体主义、自我表达以及亚群体的自由推向更高的水平。在特定社会或历史条件下，这两种相对力量的斗争并不是偶然性的，而是对所有的社区都有影响。

第三，也是最重要的，真正的社区要求向心力和离心力这两种基本力量应该保持平衡，阻止某一种力量处于绝对优势的地位。

5. 颠倒的共生关系

埃兹奥尼将社区主义主张建立的权利与责任、自由与秩序的新型关系称为颠倒的共生关系。因此，他特别对这种关系进行了详尽的解释。指出，向心力和离心力之间的关系，不同于我们已经比较熟悉的关系，即一种力量去抵消另一种。比如，碱可以中和酸。某些力量互相支持、紧密相联，比如，从世界银行的贷款与第一世界国家贸易壁垒的降低紧密相关。当两种力量不仅合作共同成长，而且彼此相互促进时，则是一种共生关系，比如一种珩科鸟在鳄鱼的嘴巴里觅食，吃一些虫子和水蛭，其结果是鳄鱼正好可以清洁牙齿，该鸟也获得了充分的食物供给。埃兹奥尼将这种不寻常的关系称为颠倒的共生关系（inverting symbiosis），即两种力量相互抗衡已经达成一种平衡的共生关系。虽然，世界上更多的是一种力量已经获得太大的强度使彼此处于敌对状态。

向心力和离心力之间的关系是颠倒的共生关系之一。这两种力量相互增强到一定水平之后，两者开始转向敌对状态。为了检验这个假设，让我们参与一个实验：开始时，社区处于低水平，居民住在刚刚建成的高楼里，假定一些社会代理人（或许是某些社区组织者）在新来的社区居民中开始建设社会纽带和培育社区文化，公共物品和个体成员的自主依靠这些力量不断增强，一直达到一定程度。公共物品将逐渐丰富，比如把公共花园的管理作为一个群体与住房服务提供商的各种交易。高楼里的居民彼此互相了解之后，将感觉疏离感降低，自我意识不断增强，对自治也感到更加安全。

然而，若新建的社区对它的成员要求过度，到最后，不仅是社区秩序，个体自主也将受到威胁。因而，若向心力太大，不仅成员的自主受到冲击，而且社区纽带会被破坏——社会责任就变成一种强行的义务，居民对社区的敌对情绪将进一步增强。这就是集权主义政体下发生的情况：当对新型社会责任最初的需求得到过度满足之时，随着政体不断提高需求，疏离感会逐渐增强。

若离心力太强，不仅社区的服务跟不上（如居民还得自己负责垃圾回收），而且依赖社区满足基本需求的高楼居民的自主性也将不同程度地有所下降。在社区中，两种力量就从相互增强的关系变成敌对的关系。

一旦人们意识到向心力和离心力与社区不同体制之间的关系，这个领域的许多争论通过颠倒的共生关系的概念将得以化解，比如存在一个这样的争论，个人主义是美国社会的基本特征，结果，对个人主义的批评就构成了对美国社会核心价值观的攻击，但是，个人主义仅仅是导致社会矛盾的一个因素而已。若有人认为这样的争论需要一分为二地看待，并且应用了颠倒的共生关系的概念，那么，两个宣称就都不成立。美国的传统是两种机制的混合体，是当一种机制过强而寻求纠正的混合体。个人主义和共同纽带作为美国经历的一部分，很好地反映在我们的发现中。《独立宣言》和美国的宪法中都包括了这样的论述："我们誓将我们的生命、财富和至诚的信任都相互交给彼此"；"我们美国的人民，为了形成一个更加完美的国度，……请提高社会福利"。

在早期殖民时期或早期国家时期，当共同纽带非常强大甚至是处于压倒性地位的时候，对个人自主更多的要求，事实上是要求从相互敌对的关系回到增强的颠倒的共生关系中，而不是向基于个人主义的体系转变（或者是追求更高的离心力和更低的向心力的体制）。然而，当"要求更多的个人主义"这一方法应用到高度个人主义的当代西方社会，尤其是美国社会的时候，将得到相反的效果：让社会趋向更加敌对的境地。

同样的情况是，最近，社区主义者指出在美国需要更加强调社区，这一言论被曲解成是与个人主义相对的。在这种情况下，社区主义者提出了相互增强的要求，即秩序和自主共同维系，它们都很好地同时推进。

类似的困惑还突出表现在关于个人权利（离心力的合法表达）和呼吁个人责任与社会责任的争论中（对更大的向心力的追求）。同样，当使用"颠倒共生"概念的时候，这一困惑也能够得以化解。自由主义者曲解了社区主义者的一些观点，后者认为个人权利被过度强调，自由主义者则把这些观点解释为似乎是若不停止对个人权利的追求就是剥夺其个人权利。

颠倒的共生关系使我们认识到权利和责任在一定程度上是相互增强的，这里可以指具体的权利，也可以指一般意义上的权利，比如言论自由的权利。如果从社会学意义上来看，听从它的人（区别于应用它的人）必须忍受他们认为的更多具有攻击性的言论。如果个人是不宽容的，言论自由的权利顶多是一场辩论，而不能最终延续下来。

同样，几十年来，大多数美国人一直相信他们有享受大量政府服务的权利，但一直拒绝承认有为这些服务付出代价的责任。社区主义的论点是我们处于一个相互增强的环境中，政府对个人更多的服务是建立在个人履行纳税义务更大自愿性的基础上的。

6. 回应性社区主义

真正的社区对所有社区成员的真的需求都做出回应，反映了秩序和自主之间恰当的平衡。考虑到社区的历史位置，秩序和自主之间传统的冲突可以通过回应来弱化。当向心力过多地指向秩序时，那就必须强调自主的重要性；当离心力过多地指向自主时，就必须强调秩序的重要性。这两种力量之间的关系是奇特的，像共生关系，两者同生同长。然而，若站在一种力量凌驾于另一种力量之上的角度看，它们之间的关系又变成了敌对关系。它们之间的关系被称为颠倒的共生关系，因此，社区主义者的分析需要注意当前的社会环境，要具体问题具体分析。若社区发展独特性时，成员和非成员之间的界限就产生了。为了减少发生冲突的潜在可能性，应该培养分层次的忠诚感，即对多元化社区的忠诚。最终就形成了一个个“大社区中的小社区”，它们必须回应有选举资格的社区的需求，正如这类社区需要回应社区选民一样。

回应是真正的社区的最重要的特征。如果社区形成的价值观，以及结构形式（资产的分配、权力的应用、制度形式以及社会化的机制）没有反映社区成员的需求，或者只是反映了一部分社区成员的需求，社区的秩序将因此被强迫形成，而并非真正支持。从长远来看，强加的秩序是不稳定的（到最后确实会混乱不堪），并且威胁着个体成员以及亚群体的自主性。

为此，埃兹奥尼提出了三个假设：（1）在公共物品和社区成员的需求之间存在某种固有的冲突。（2）随着社区的回应能力逐渐提高，基本矛盾的范围会显著缩小（但并不能彻底消除）。（3）每一个社区形成较高回应能力的方式都是独特的。

他建议社会可以更加具有回应能力，并不是完全地回应，因为事实很好地证明了固有的矛盾只能被明显地减少，却不能完全消除。即使在以色列的集体农场、公共的聚居地，在他们的喜庆节日之时是高度回应的，也不能使他们的社会结构和成员的需求达到完全和谐的境地。再者，行动也提供了证据：对居住在集体农场的人来说，有些人离开了，并且经常存在内在的压力迫使农场的制度解体。

结论是：建立在人类环境基础上的秩序和自主的矛盾只能通过提高回应能力来得以化解（而不能仅仅通过更多的社会化机制和社会控制），但并不能被彻底消除。

7. 志愿者组织与公民社会

社区主义认为，志愿者组织特别重要，因为它保护个人免受国家的欺凌，特别是在孤立的或“原子化”的个人面对国家的情况下；它还是集合个人力量、传送个人信息给国家、为个人提供保障的中介机构。志愿者组织是社区成员加强社会联系和发出社区道德声音的社会空间，它构成了社团和社区关系的基础。

社区主义超越19世纪中叶以来的自由市场与国家干预的争论，关注社会生活中的第三部门，即公民社会；考察人们对志愿者组织的参与、投票选举和人们之间的信任。较之对弱势群体、对慈善的捐助，社区主义更关心相互支持和帮助。

虽然并不存在一个简单一致的公民社会的定义，但是，社区主义认为，此术语的多数用法反映出其包括两条由来已久的特性和它们体现的价值观。一是存在各种各样的志愿协会来帮助国家并为公民提供民主政府所需的技能和实践；二是节制冲动，通过维持话语礼仪文明来加强审议和理性民主。

在有关论及公民社会的刊物上，一些学者描述公民社会是：（1）一个人们相互友好、彼此尊重的社会。（2）有一系列的志愿协会，包括男女童子军、棒球俱乐部、退伍军人组织、书友会、狮子会、麋鹿社、教会和邻里犯罪监控组织等。但是，大多数的讨论强调的是第二个特征。《独自打保龄：美国社区的瓦解与复兴》这本书在某种程度上就体现了这类思想，罗伯特·普特南（Robert Putnam）认为仅和朋友们打保龄（他称为独自）与作为一个保龄球俱乐部的成员相比，不足以维持公民社会的正常运行和发展，因为，这些俱乐部是公民社会所要求的志愿协会的重要组成部分。

因此，从大多数观点来看，公民社会最重要的特征是在保龄球俱乐部、书友会、棒球俱乐部和其他志愿协会之中，人们没有以所宣扬的价值观来区别各类志愿协会，尽管这些协会是存在具体标准的。例如棒球俱乐部，可能重视健康的体魄以及体育精神（或者不惜一切代价取得胜利）；书友会鼓励尊重学习和文化，等等。但从他们贡献给公民社会的观点来看，公民社会的捍卫者对他们一视同仁。

当然，公民社会的捍卫者确实承认志愿协会之间的一些区别，但这些区别仅限于他们作为公民社会的一员所起的作用而非他们的规范内容。公民社会（以及构成其脊柱的那些协会）珍视理性的（而非具有价值的）论断、相互之间的宽容、特殊技能、志愿精神。然而这些价值观经过仔细检查都不具备任何特别的对“好”的社会性的表达。它们并不建议人们最好参与什么，应当志愿支持什么，从应当推广的公众演说中得出什么正确的结论，或者找出谬误。

埃兹奥尼认为，对于公民社会来说，方便人们玩桥牌的协会和全国堕胎权利行动联盟或者运作救援会有着同样的基本立场，麋鹿社的成员与饲养承诺会的成员享有同样的地位，保龄球俱乐部与北美男子同性恋协会毫无区别，后者的成员就如何诱奸八岁以下的男孩问题聚会并交流意见。事实上，在保龄球俱乐部（以及桥牌俱乐部）以外，普特南在意大利发现的那些相当文明和民主的“社会资本”的支柱，是观鸟团体和合唱团。观鸟团体可能会提高对大自然的尊重，合唱团可能会爱护文化（或者众多文化中的某一种），但这并非普特南赞扬它们的原因。据普特南认为，他赞扬它们是因为“参与合唱团或者观鸟团体能培养自我约束的能力，并体验团队成功合作的喜悦”。即使不是全部，大多数的志愿社团也都是如此。

根据以上的分析和讨论，社区主义认为，公民社会并非好社会本身，甚至与好社会有一定的距离。

简言之，从公民社会的基本立场来看，一个志愿协会在本质上与另一个志愿协会相同。然而，从好社会的观点来看，它们因代表了不同的价值观而差别巨大。于是，在美国社会重视人种融合的态度上，相对于伊斯兰民族，它更看重与其价值观接近的城市联盟和全美有色人种协会；相对于雅利安群体，更重视“瑞盆社会”（Ripon Society）——他们都是志愿协会。

好社会的概念和公民社会的区别在于前者强烈主张志愿者团体——一种富裕强大社会的结构和话语的文明，它形成了用于支撑一些特定的关于“好”的概念。即好社会在于以实体的价值体系为内核。具体来说，不同社会孕育了不同的价值观，或至少相比于其他社会给了某些价值观更大的权重。比如，奥地利、荷兰和瑞士特别重视社会和谐，只有在所有人达成普遍的共识之后才开展行动。相比于英美社会，许多欧洲大陆社会更重视福利国家、较少的不平等和社会舒适度，较少强调经济成就。

同样地，是否解散宗教远非程序上的问题。相比于美国社会，许多建立国教的民主国家（如英国之圣公会，斯堪的纳维亚之路德宗）更开放地兼容了某一特定宗教进入其制度化的生活。巴伐利亚公立学校十字架的存在、英国学校中基督徒的日常祈祷也都说明了这一点。对这些宗教价值观的宣扬被认为是一个不可或缺的一部分。

从如何看待志愿者社团的核心组成的角度来总结一下公民社会与好社会的区

别，会发现尽管两种社会都依赖这些社团，但是，在两种社会中社团扮演着不同的角色。在公民社会中，志愿者社团是公民和国家之间的协调机制，帮助培养公民技能，比如获得关于公共事务的知识、成立社团以及获得政治声音等，社团发展并锻炼民主的机制，从而发出声音。在好社会中，志愿者社团培养其成员的实体性美德，从而强化个体的规范性义务。

但是，一个公民社会并不一定是一个好社会。因为，它并没有普及一种“全面的信条”，而仅仅是提出了一个可以供这些信条在数量众多的社团内部没完没了辩论的平台。公民社会之所以吸引人，在于它经受得住没完没了的辩论，从而避免了形成关于美好的共识，整个社会也无从赞同并以此培养其成员。

大多数非社区主义者都没有看到对组成公民社会的各种志愿者社团进行道德区分的必要性，在他们有关这些社团理应在其成员中普及的美德的描述中，特别提到的是“公众参与、互惠、互信，为某些目的达成共识内的宽容”。尽管这些价值观很重要，它们主要服务于好公民的维持和公民社会的良好运作，而不是要普及某一特定的道德观，但这是一个好社会汲汲追求的。

8. 社区主义对一些社会问题的立场

第一，对于家庭的立场。

社区主义运动宣扬新型家庭主义：认识到无须回归到传统家庭模式的重要性。女性和男性都拥有选择在家庭之外工作的自由，父母双方必须实践对孩子的责任，包括不断增长的各种事情。平均来说，双亲家庭是比单亲家庭更有效的教育者；父母被认为是比一般儿童保育机构更有效的教育者，尤其是对那些年龄很小的孩子来说；婚姻比离婚更可取，因为家庭是所有具有养育功能的社会团体中最基本的“基础”。

塞尔兹尼克还强调，社区最主要的美德是“无限义务”，如婚姻关系是无限义务，父母与子女的关系也是无限义务。父母必须照顾所生的子女，而当父母年迈时，子女具有同样的照顾义务。这些义务也应当扩大到社区所有成员的关系中。[①]

第二，对社会福利的立场。

要求福利接受者即使他们找不到工作也要承认他们自己的某种责任，并且为社区作出贡献。在学校学习、参加训练以及避免怀孕都是他们作贡献的方式，尽管全职雇用仍然是最好的解决办法。

---

① 参见［美］菲利普·塞尔兹尼克：《社群主义的说服力》，24页，上海，上海世纪出版集团，2009。

新的刺激性因素应该较少依赖惩罚，而应更多依赖一些激励性措施（如提供奖金）。比如，不要因为福利母亲的孩子辍学而给予罚款，而是如果她能使自己的孩子继续在学校中接受教育，就应该给予其额外的奖励。

社区应该照顾好自己的成员，移民社区以前是这样做的，并且仍然要继续这样做。当社区存在一些无法控制的问题（如自然灾害、移民潮、其他某种因素）或者一些历史遗留问题的时候，得到其他社区的帮助和政府机构的参与协调是非常合适的一种做法。

回应性社区主义自创立以来，对欧美国家的一些左翼政党产生了影响，如英国前首相布莱尔曾经宣称采用社区主义作为其施政平台，德国社会民主党人沙尔平也建议他所在的党应当采纳社区主义的理论，美国前总统克林顿曾经主张将社区主义和福利自由主义相结合，时任副总统的戈尔也称社区主义运动对他很有启发。

第二节　以社会为中心的社会资本理论

近十余年来，有关以社会为中心的社会资本在美国社会和学术界都成为被关注的一大热点，这方面的研究和讨论都与社区有着极为密切的联系。绝大多数学者都同意，社会资本的研究包括两个虽有联系但是又大不相同的视角，一个是以个人为中心的社会资本，另一个是以社会为中心的社会资本。前者与社会学家博特（Ronald Burt）、林南和波茨（Alejandro Portes）等人的研究联系在一起，他们主要关注的是个人通过与他人的关系而能够获得的诸如信息、观念和支持等资源，这些资源或资本之所以是“社会”的，是因为它们只有通过社会的交往关系才有可能得到，这些资本基本上是个人的财产。后者则更多地与科尔曼（James S. Coleman）、普特南、福山（Francis Fukuyama）等人的研究相联系，成为当代学术圈内外更普遍也更引人注目的潮流，其关注的是各种非正式的社会网络和正式的公民社团中民众参与的性质和程度。从与邻里交往或参加文体娱乐性活动，到参与保护环境运动或政治活动，社会资本被用来刻画社团成员进行互动的多种方式的特点和意义，这种相互联系如何促进了信任、规范的发展，从而又使得这类公共物品如何增进了团体成员的福祉。

一、社会资本理论产生之前的有关研究

严格地讲，在 1985 年或 1988 年之前，即社会资本的系统理论产生之前，学术界主要研究的是社会网络。

社会网络分析源于英国社会人类学，20世纪30年代，学者们试图用社会生活的“网”或“编织结构”来作为理解社会结构的工具，认为社会行动是通过相互交织和相互影响的关系被组织起来的。最早的是拉德克利夫-布朗（Alfred Radcliffe-Brown）的结构功能主义观点，这影响了沃纳在芝加哥霍桑电器工厂的实验研究，研究中，工作群体的非正式社会关系得到关注。

社会网络的研究方面，被视为有重要贡献的论著有三部。

1957年，英国学者波特（Elizabeth Bott）出版的《家庭与社会网络》，被视为社会网络分析的第一本著作。

1973年，格兰诺维特（Mark Granovetter）发表的《弱关系的力量》被视为社会网络分析的第二部经典。格兰诺维特根据四个维度确定关系的强弱：互动的频率、感情强度、亲密程度和互惠交换。但是，在论文中他将朋友看作强关系，相识看作弱关系。弱关系可以承担不同群体之间的“信息桥”。1985年，他发表了《经济行动与社会结构：嵌入性问题》，指出经济行为是嵌入社会结构的，而核心的社会结构就是人们生活中的社会网络，嵌入的网络机制是信任。

1982年，马斯登（Peter V. Marsden）与林南编的《社会结构与网络分析》研究了社会网络中传播的形成和形式等，包括发明、谣言以及流行病的传播。在该书中，林南撰写了“社会资源与工具性行动”部分，提出了“社会资源”的理论。

林南认为社会资源不但可以个人占有，而且是嵌入在社会网络中的，可以通过关系网络获取，弱关系是获取社会资源的有效通道。他将社会行动分为工具性行动和情感性行动，工具性行动被理解为获得不为行动者拥有的资源，而情感性行动被理解为维持已为行动者拥有的资源。

林南提出了社会资源的三个假设：社会职位越高则获取社会资源的机会越多（职位强度假设）；通过弱关系获取社会资源的几率更大（弱关系强度假设）；社会资源越多则工具性行动的成功率越高（社会资源效应假设）。

在他看来，所谓社会资本，就是镶嵌在社会结构中可以被人们取得、拥有并调用为特定行动服务的社会关系资源。他认为，这里包含三方面的内容：一是社会关系资源有多少之分；二是这些关系资源被人们所取得和拥有；三是人们可以把取得和拥有的这些资源调动起来，为自己的福利和行动服务。这三个方面分别涉及宏观结构层面、中观网络层面和微观行动层面，也就是说，第一个方面的意思是社会关系资源在社会中的分布镶嵌在结构之中，表现出结构特性；第二个方面的意思是人们与这些资源的关系，不同的人有不同的关系资源，但并不等于人们把它们调用起来，而只有第三个方面才谈及行动，即微观行动层面。

二、社会资本概念的提出和基本观点

根据普特南的研究，以社会为中心的社会资本的概念最早可追溯到汉尼范（Lyda J. Hanifan）于1916年在《乡村学校社区中心》这篇文章中，阐述社区参与和社会纽带的重要性时，第一次提出的“社会资本”这个概念，他的原话是这样讲的：“在使用社会资本这个术语时，除了比喻的含义外，我不指资本的通常被接受的意义。我不是意指房地产、个人财产或者现金，而是指生活中，与这些有形物质价值相等的人们日常生活中最重要的东西，即组成社会单元的群体和家庭中的善意、伙伴关系、相互同情和社会交往……如果个人与其邻居相互接触，他们与其他邻居们相互交往，就会产生社会资本的积累，这些社会资本可以直接满足他个人的需要，并且可以具有社会潜力，足以使整个社区的生活状况得到实质性提高。社区作为一个整体，将受益于其所有成员的合作，个人在其社团中将会发现互助、同情和与邻居友谊中的益处。”①

不过此后该概念消失，直到20世纪50年代才再次复兴，先后被加拿大城市社会学家小组、社会学学者霍曼斯（George Homans）、城市学学者雅格布斯（Jane Jacobs）和经济学家洛瑞（G. Loury）等人使用。虽然，他们都未提及前人的研究，而是独立地提出的，但他们的社会资本概念的内涵都是强调社区纽带的生命力和重要意义。②

在当代社会资本研究意义上，第一个定义此概念的是法国社会学家布丢（Pierre Bourdieu），1979年，在《区隔：品味判断的社会批判》这本书中，布丢提出了社会资本的思想，指出，它就是“社会联系、社会荣誉和社会尊敬的资本”③。1980年，在《社会科学研究》杂志上，布丢发表了题为《社会资本随笔》的短文，正式提出“社会资本”这个概念。他将其定义为：“实际或潜在资源的集合，这些资源与拥有相互默认和承认的、或多或少制度化的关系的持久网络相联系——或者换句话说，与群体的成员身份相联系——该群体为其成员提供该集

① Hanifan, The Rural School Community Center, *Annuals of the American Academy of Political and Social Science* , 1916, Vol. 1, p. 67.

② See Robert D. Putnam, *Bowling Alone: the Collapse and Revival of American Community*, Simon & Schuster , 2000, p. 19.

③ P. Bourdieu, *Distinction: A Social Critique of the Judgment of Taste*, Harvard University Press, 1984.

体拥有的资本后援，如‘证书’，可以授权成员们凭此获得信用或信任。”①

布丢是在更广泛的象征资本和对社会阶层批判理论的框架下思考社会资本的，他关注的是个人通过参与团体活动不断增加的收益，以及为了创造这种资源而对社会能力的精心构建。1985 年，他的《社会资本的形式》以英文发表，开始为英语世界的同行所知晓。

1988 年，科尔曼在《美国社会学杂志》上发表了《人力资本创造中的社会资本》，指出社会资本“根据其功能定义，它不是一个单个的实体，而是具有各种形式的不同实体，其共同特征有两个：它们由构成社会结构的各个要素所组成；它们为结构内部的个人行动提供便利，不管其是个人还是集体行动者”②。

1990 年，在《社会理论的基础》一书中，科尔曼进一步指出，“如同其他形式的资本一样，社会资本是生产性的，它使得某些目标的取得成为可能，而这些目标在缺少社会资本的条件下，是不可能实现的”③。在该书中，他还指出，社会资本具有两种性质：

第一，社会资本具有不可转让性，因为它是一种社会关系。与社会结构的特征一样，社会资本对其受益者而言，不是一种私有财产。

第二，社会资本具有公共物品性质，如信任、规范、信息网络等。社会资本的表现形式包括信任、规范、信息网络、自愿基础上建立的组织等。

科尔曼的定义非常重要，他将社会资本从自我为中心（egocentric）的分析概念转向了社会为中心（sociocentric）的分析概念。从而为后来普特南的社会资本研究奠定了权威性基础。

不过，根据科尔曼的论述，似乎可以得出如下结论：

其一，社会资本在于使用，而不能交换。

其二，那些投资于必要的社会结构（如规范、互惠义务等）的人不一定是该结构产生的社会资本的最初受益者。

其三，如果存在其他不需要履行互惠义务的帮助，如政府的救助项目；或者个人能够自力更生满足自己的需要，那么，他们可能不会选择那些可能需要互惠义务的社会资本。

真正使社会资本概念引起广泛关注的是普特南。1993 年，普特南在《使民

---

① P. Bourdieu, The Forms of Capital, in: J. G. Richardson, ed., *Handbook of Theory and Research for the Sociology of Education*, Greenwood Press, 1986.

② J. Coleman, Social Capital in the Creation of Human Capital, *American Journal of Sociology*, 94, Supplement, 1988.

③ J. Coleman, *Foundations of Social Theory*, Harvard University Press, 1990.

主运转起来》中指出，“这里的社会资本指的是社会组织的特性，如信任、规范和网络，这些特性通过促进合作行为能够提高社会的效率”①。

普特南的关注点是在民主社会和经济发展中公民社会传统和公民活动的作用。在他看来，社会资本产生于志愿性社团内部个体的互动，这种社团被认为是推动公民之间合作的关键机制，并且提供了培养信任的框架。这就是他在分析意大利地区的社会资本时讨论的各种各样的水平型公民社团。

2000年，普特南出版了《独自打保龄：美国社区的瓦解与复兴》，被人誉为美国当代社区研究中“具有堂皇成就而鹤立鸡群”的著作，是“新社区研究”②。

自普特南开始，社会资本逐渐超出了社会学学科的范围，进入到政治学、经济学、人类学等学科以及当代社会思潮中。也因此，目前绝大多数学者认为，社会资本的三位大师是：布丢、科尔曼和普特南。

三、社会资本的分类与来源

按照普特南的看法，社会资本包括三个要素，即信任、规范和网络；有些学者如福山，将社会资本定义为“群体的规范和价值观”或者“信任”。这样，强调社区和社会的集体社会资本就与关注于个体关系网络营建、发展和维持的，以个人为中心的社会资本区别开来。

在《社会理论的基础》中，科尔曼区别了社会资本的四种具体形式，即互惠义务与期望、建立在信任基础上的信息渠道、社会规范和组织成员关系。

后来的学者对以社会为中心的社会资本进行了更进一步也更合理的分类，目前主要有三种分类方式。

第一种是克瑞施纳（A. Krishna）和阿普霍夫（Uphoff）称之为“结构性社会资本”和“认知性社会资本”的分类。前一种社会资本指的是相对客观和外部可观察到的社会资本，包括网络、社团、机构和它们所具体体现的规则和程序；体育和文艺俱乐部、水资源使用者委员会、邻里委员会是这方面的典型例子。后一种社会资本指的是比较主观和抽象的东西，包括普遍接受的行为规范、共享的价值观、互惠和信任。③

---

① R. Putnam, R. Leonardi & R. Naetti, *Making Democracy Work: Civic Traditions in Modern Italy*, Princeton University Press, 1993, p. 167.

② ［英］西蒙·帕克：《遇见都市：理论与经验》，121页，台北，群学出版有限公司，2007。

③ 参见［美］格鲁特尔特、范·贝斯特纳尔编：《社会资本在发展中的作用》，122页，成都，西南财经大学出版社，2004。

第二种是格鲁特尔特（Christiaan Grootaert）、范·贝斯特莱尔（Thierry Van Bastelaer）的微观、中观和宏观社会资本的分类。微观社会资本研究的是个人、家庭之间的横向网络以及构成这些网络基础的共享价值观与规范。普特南研究的意大利北部的合唱队属于这方面的典型例子。① 中观社会资本研究的是群体、社团或组织之间横向和纵向的联系。宏观社会资本关注的是作为所有社会、经济活动背景的政治和制度性环境以及政府治理机制的质量。奥尔森（Mancur Olson）和诺思（Douglass North）的研究属于这方面的典型例子。②

第三种是吉泰尔（Gittell）、瓦戴尔（Vidal）、纳拉晏（Narayan）和普特南等人将社会资本分为纽带式社会资本（bonding social capital）和桥梁式社会资本（bridging social capital），前者指的是具有相同人口统计学特征的人之间的联系，如家庭成员、邻里、亲密朋友、同事等；后者指的是不具有以上特征的人之间的联系。此外，武考克（Michael Woolcock）还提出了第三种社会资本，即联结式社会资本（linking social capital），指的是与有权人如国家机构和私人组织老板等的联系。但是，这种资本可以归到桥梁式社会资本的范畴内，只不过原来的桥梁式社会资本主要指的是地位大致平等的人们之间的水平联系，而联结式社会资本则是不同地位的人之间的纵向联系。③

社会资本是存在于网络关系中，还是通过网络关系获得社会资本？

与持个人为中心的社会资本的研究者的观点不同，在科尔曼看来，网络关系本身就是社会资本。他认为，影响社会资本形成、保持和消亡的主要因素有四种。

第一，社会关系网络的封闭性。它保持了相互信任的维持。

第二，社会结构的稳定。除了以职位为基础的正规社会组织，社会组织和社会关系的瓦解会使社会资本消亡，人员的流动亦会使社会资本赖以存在的相应结构完全消失。也就是说，那些依赖于特定个人的组织和社会关系要比依赖于职位的组织和社会关系更缺少稳定性，因此，在对其成员提供社会资本方面更加易变。

第三，意识形态。集体主义的意识形态有利于社会资本的形成，如一些宗教；而个人主义的意识形态则对社会资本的形成有消极作用。

第四，其他因素。如富裕和政府资助使人们相互需要的程度降低，创造的社

---

① 还有一些学者的分类不同，如布朗、阿德勒等人的分类，在他们的微观、中观和宏观分类中，普特南的研究被归到宏观社会资本中，因为他研究的不是个人，而是群体、组织和社会。但是，他们是对所有社会资本（包括以个人为中心和以社会为中心两种社会资本）的分类，这里仅仅是对以社会为中心的社会资本的分类。

②③ See Christiaan Grootaert & Thierry Van Bastelaer, *Understanding and Measuring Social Capital: A Multidisciplinary Tool for Practitioners*, The World Bank, 2002.

会资本减少，没有创造公共物品的积极性。

普特南也同意网络关系既是来源也是社会资本的形式。在《让民主运转起来》中，他解释为什么意大利北部地区比南部地区经济发展更为顺利时，指出北部地区比南部地区有更多的社会资本。而之所以北部地区的社会资本多，是因为在历史上存在着长期的自治传统，这种传统导致产生了大量的自治组织，如邻里协会、合唱队、合作社、体育俱乐部和以大众为基础的各种集会或聚会等。这些自治组织通过建立被广大参与者接受的行为准则，培养和确立了人们之间信任的规范。同时，这些自治组织还有助于传播哪些人遵守这些准则和规范，哪些人违反它们的信息；进一步，可以帮助对遵守者进行奖励和对违犯者进行惩罚。

四、社会资本的用处或者功能

以社会为中心的社会资本是如何使其拥有者和使用者受益的？格鲁特尔特、范·贝斯特莱尔认为，社会资本主要是通过促进个人、家庭和群体之间的交易而促进经济发展的。

这种影响有三种形式。第一，由于相互之间的信任，成员可以获得有用的信息、减少借贷方面的风险，因此，如信用合作社、商业信用组织等社会安排会有利于社会资本的增长。第二，相互信任的网络和组织的参与者，可以更易于达成集体的决策和进行集体行动。否则，在相互缺乏信任的情况下，人们常常会采取“搭便车”的行为，希望其他人采取行动，而自己不承担风险且坐享其成。第三，网络和群体价值观可以阻止某些人的机会主义行为，因为社会压力和怕被群体排除在外，一些人的损人利己和损害群体利益的行为会受到遏制。

在《独自打保龄：美国社区的瓦解与复兴》中，普特南指出：

第一，社会资本使得人们可以更容易地解决集体行动的难题。因为社会信任与网络关系可以提供一种机制，促使集体需要的行动的产生。

第二，社会资本能够润滑社区发展的车轮，使其顺利地前进。当人们之间相互信任，他们就会趋于重复与他人的接触和联系，从而构成以后合作的文化模板。日常生活中的商业和社会交易的成本都会降低，因为，人们没有必要花时间和费用去确认他人是否会履行承诺，或者考虑当对方违约时如何惩罚对方。

第三，信任和网络构成的社会资本扩展了“我们”的意识，在这一网络中，我们的命运是联系在一起的，这样，社会资本型塑了一种将“我”变成“我们”的集体认同。

第四，那些信任他人的人会保持和发展这种对社会有益处的品质特性，他们会更宽容、更少愤世嫉俗、对不幸的他人会更易于产生同情心。而那些孤独的人没有以上的机会和经历，更易于受到不好的因素的影响。如果缺少社会资本，即使我们有丰富的人力资本，经济也会严重衰退，社区也会出现许多社会问题，难以应付面临的困难。[①]

与普特南的观点大致相同，福山认为，“社会资本对于一个国家的繁荣和竞争力具有举足轻重的影响力，但是，它最重要的影响力不在经济层面上，而是在人们的社会生活和政治生活中”[②]。

亚当（Frane Adam）和朗塞维克（Borut Roncevic）进一步指出，在社会发展方面社会资本具有四种作用：

其一，社会资本是人力或智力资本传播、流通的催化剂。在广泛的互惠、信任与合作的便利性基础上建立的各种各样的社会网络，是传播和扩散知识和革新的前提条件，而如果缺少这一条件，人力资本可能只是“死资本”。

其二，社会资本是更高和更广泛层次上协同与配合的基础。这就是那种桥梁式社会资本的功能，即联系社会上不同的组织和群体，如国家与公民社会、公共利益与私人利益的合作伙伴关系等。如果缺少这类社会资本，合作就会出现障碍，制度的效能也会出现问题。

其三，社会资本是网络组织的润滑剂。如果缺少福山所讲的“自发性社会交往特性”（spontaneous sociability）这种社会资本，无论是建立以任务为基础的项目组织还是自愿社团基础上的NGO，都会很困难，即使建立起来，其运转也会面临困难。

其四，社会资本是中介性组织的推动者。这类中介性组织主要指的是在个人或家庭与国家或巨型企业之间的公民组织，所以，这类社会资本是在公民社会内发挥作用，具有透明、民主的特征。[③]

2004年，普特南在其著作《在一起会更好：重建美国的社区》[④] 中，仿照《使民主运转起来》的形式，撰写了“使社会资本运转起来”这一章。在该章中，

---

① See Robert D. Putnam, *Bowling Alone: the Collapse and Revival of American Community*, Simon & Schuster, 2000, pp. 288-289.

② ［美］弗兰西斯·福山：《信任：社会道德与繁荣的创造》，368页，呼和浩特，远方出版社，1998。

③ See Frane Adam & Borut Roncevic, Social Capital: Recent Debates and Research Trends, *Social Science Information*, Vol. 42, No. 2, 2003.

④ 普特南这部著作的英文名是“Better Together: Restoring the American Community”，“better together”很难翻译成中文，这里，笔者姑且试译为“在一起会更好”，但是仍然感到很难传神。

他指出了社会资本建立的途径。

他认为，社会资本的建立取决于参与者的行动和关键性的结构要素，前者毋庸赘述，后者包括：政府的公共政策、第三部门或者非营利组织、教育因素（教育程度越高的人和社区具有更多的技能和资源，更容易组织和开发社会网络）等，多数都涉及政府对公共物品的投入。他号召多培养“社会资本家”[①]。

社会资本在规模小的地方或者单位（小的学校、小的社区、小镇）更容易形成，原因是有更多的面对面的交往、更容易建立有效的人际关系、相互了解和熟知、更具同质性，这些远远胜过那些遥远的、非人格化的沟通。社区和社会资本的建立应当从人们关心的地方开始。还应当多创建公共空间，提供给人们更多接触的场所和机会，以便人们相识、熟悉和交往，从而形成网络关系。

毋庸置疑，以社会为中心的社会资本与以个人为中心的社会资本在研究关注点和社会实践方面有着极大的区别，其服务的对象和影响的后果也有根本的区别。正如林南指出的，以社会为中心的社会资本关心的是一个社会、社区或者群体中集体的社会资本，主要包括：(1）特定的群体如何发展或维系一定存量的社会资本作为公共或集体物品；(2）这一公共（集体）物品如何改善群体成员的生活品质。而以个人为中心的社会资本关心的是：(1）个人如何对社会关系进行投资；(2）个人如何动员嵌入在社会关系中的资源，以实现特定的目标。[②] 前者是规范性的路径，后者是实用主义的路径。

相比以个人为中心的社会资本，以社会为中心的社会资本对社会进步有着更重要的影响和意义。因为，相对于前者归属于个人而为个人利益服务，后者是群体、社区或者社会每一个成员所共同拥有的，是为所有成员的公共利益服务的。所以，如果一个社会的社会资本高，可以增加全社会每一个成员的福祉，如意大利的北部；而一个社会中某个人或某些人的社会资本高，并不一定给全社会每一个成员增加福祉。

福山在《信任：社会道德与繁荣的创造》一书中分析了信任程度不同的几个国家，指出以信任为基础的社会资本主要来源于两种组织：家庭和社团。前者建立在亲缘基础上，后者建立在“自愿性联属”，或者用普特南的话来讲，叫公民社区（civic community）意识的基础上。前者注重家庭或家族的团结，但是排斥

① Robert Putnan, *Better Together: Restoring the American Community*, Simon & Schuster, 2004, p. 269.

② 参见［美］林南：《社会资本：关于社会结构与行动的理论》，20～21页，上海，上海人民出版社，2001。

非亲族成员，在自愿性联属方面很淡薄，在家庭与国家之间通常缺少中间层，整个社会的信任度不高。后者关注社会所有成员的互助合作，热衷于各种社团、社群和社区的活动，注重公民社区意识的提高，有助于促进更广泛的社会信任，提高社会的整合力。因此，福山在书中反复强调一个观点，即仅仅局限于家庭和亲朋之间的信任未必会给整个社会带来益处，而只有在广义信任的基础上建立的社会资本才能造就高信任度的社会。

五、社会资本的操作化与测量

较长时间以来，以社会为中心的社会资本的概念由于比较抽象，不易操作，因此在经验性研究中受到不少学者的批评。特别是相对于研究和测量方法已经基本上成熟和规范的以个人为中心的社会资本研究，这一视角的社会资本研究更显得松散和不大规范。不过，近几年来，不少学者在这方面进行了很有意义的探索。

最早从事社会资本研究的科尔曼，他测量的是两方面的社会资本，家庭中的社会资本，是根据成年人经常在家和成年人对孩子的关注程度，他比较了单亲家庭和双亲家庭；对家庭之外的社区社会资本的测量，是根据因搬家孩子转学的次数。

其后，著名的也是被广泛应用的“普特南工具”（Putnam instrument）被发展出来，这指的是普特南关于“公民性”（civicness）指标的版本。根据该版本，志愿者组织的成员仅仅是四个指标之一（活跃的社团生活、读报率、全民公决投票率、特别支持投票率）。按照他的定义，该指标测量的是社会资本的第三个要素（网络关系），而第一个要素“信任”，通常是通过人们之间或有时是机构之间泛泛的信任展现来测量的；而各种各样的“政治文化”变量则被用来测量第二个要素：规范与互惠。普特南对社会资本的测量侧重于社会资本对群体生活品质的改善。

借鉴普特南侧重于行为变量和态度的测量，主要是信任、规范和价值观，福山在《信任：社会道德与繁荣的创造》一书中，将信任等同于社会资本：“所谓社会资本，则是在社会或其下特定的群体之中，成员之间的信任普及程度”①。在比较了经济组织和产业结构发展的案例研究后，他根据这个唯一的指标区别了高信任社会（德国、日本和美国）与低信任社会（中国台湾、中国香港地区、意

① ［美］弗兰西斯·福山：《信任：社会道德与繁荣的创造》，35页，呼和浩特，远方出版社，1998。

大利和法国)。

福山的研究被批评为过分简单化,一些学者力图补充某些变量。1997 年,奈克(Knack)和基弗(Keefer)在研究社会资本对经济发展和投资的影响时,使用了两个指标:信任和规范。1999 年,帕克斯顿(Paxton)在其评论普特南观点的文章《美国的社会资本下降了吗?》中提出了更多的指标。

帕克斯顿认为,社会资本包括两个可以测量的要素:一个是个人之间的客观性活动群体,另一个是相互关系的主观性类型,而这些关系必须是互惠的、信任的和具积极性情感的。她使用了一系列指标来测量这两个要素,首先,她使用三个指标(与邻里共度傍晚、与朋友共度傍晚、志愿者组织成员的数量)来测量第一个要素。接着,她用个人之间的信任和组织之间的信任来测量第二个要素,前者包括人们之间的帮助、可信任性和公平性三个指标;后者包括对有组织的宗教、教育体系、政府的行政和执法机构三种组织的信任。

由于社会资本理论的深入研究和广泛影响,世界银行、经济合作与发展组织(OECD)等国际组织成为推动社会资本研究的重要力量。这些有影响力的国际组织试图研究社会资本与经济发展、消除贫困等之间的关系。世界银行甚至专门成立了研究社会资本的机构,自 1996 年以来在世界各地特别是在第三世界国家开展了一系列旨在研究经济发展过程中社会资本作用的研究计划,试图深入考察发展效能与社会资本之间的关系。通过这些研究,人们逐步认识到,社会资本不仅促进了经济的发展,还是维系社会的纽带,对于整个社会的持续发展具有相当重要的影响。

在世界银行的一个项目中,2001 年,学者纳拉晏和卡希迪(Michael Cassidy)在一篇文章中总结了以往的社会资本的调查,指出大多数调查都包括以下这些指标:信任、社团成员身份或者对地方社区的参与、犯罪与安全、邻里关系、家庭和朋友关系、互惠、政治参与等。在前人研究的基础上,他们设计了 7 个一级指标、27 个二级指标,它们分别是:

第一,群体特性:包括成员数量、成员在金钱上对群体的贡献、成员参与的频率、成员参与决策的情况、成员的异质性、群体的经济来源。

第二,普遍规范:包括相互帮助、相互信任、公平。

第三,团结:包括成员相处得如何、团结状况。

第四,日常生活中社交性:包括日常生活中人们的交往、是否乐于社交。

第五,邻里关系:包括请邻居看护自己患病的孩子、请邻居帮忙照顾患病的本人。

第六,志愿主义精神:包括询问是否做过志愿者、是否期待做志愿者、对未做过志愿者是否持批评态度、对邻里是否能有公平的贡献、是否帮助过他人。

第七，信任：包括对家庭成员的信任，对邻里的信任，对其他社区成员的信任，对政府官员的信任，对工商业主的信任，对法官、法院、警察的信任，对政府公共服务提供者的信任，对地方政府的信任。

除了为社会资本本身设计了测量指标，他们还设计了影响社会资本的指标和社会资本产生的社会后果指标。前者包括社区团结、赋能和归属感这些指标，归属感主要指的是认同感、对群体的荣誉感等。后者包括政治参与、犯罪与社会治安、政府的质量、政府的诚信和腐败情况、政府官员的能力这些指标。①

后来，格鲁特尔特、范·贝斯特莱尔研究设计的“社会资本评估工具”（the social capital assessment tool，SOCAT）提出，对社会资本的测量必须遵守一些标准，比如一定要将定量分析和定性分析相结合，必须考虑结构性社会资本和认知性社会资本两个方面等。他们提出的结构性社会资本指标包括组织密度和特点、有关网络和相互支持的期望、排斥、集体行动；而认知性社会资本指标包括互助与团结、信任与合作、冲突与冲突的解决。

2004年，格鲁特尔特、纳拉晏、琼斯（Veronica Nyhan Jones）和武考克四位学者介绍的“社会资本测量整体问卷”（the integrated questionnaire for the measurement of social capital，SC-IQ）提出了六大指标：

其一，群体与网络：测量的主要内容包括参与社会组织和非正式网络的性质和程度、对群体的贡献、群体成员的多样性、成员的参与情况、群体领袖的产生情况等。

其二，信任和团结：考察对邻里、陌生人、政府各部门的信任情况。

其三，集体行动与合作：测量在社区中如何与他人合作、如何共同完成一些事业、如何共同面对社区的危机、考察参与程度对社区的影响。

其四，信息与交流：考察在大众媒体、信息、通信工具以及公共服务方面的获得情况。

其五，社会凝聚与整合：考察社区内各种差异的性质和程度、控制或者管理这些差异的机制、哪些群体被包容或者排斥在公共服务之外等。

其六，赋权和政治行动：考察人们对那些直接影响其福祉的制度和程序有无

---

① See Deepa Narayan & Michael Cassidy，A Dimensional Approach to Measuring Social Capital：Development and Validation of a Social Capital Inventory，*Current Sociology*，Vol. 49，No. 2，March 2001。

控制的措施等。[1]

武考克和纳拉晏曾经指出，社区是分析的首要单位，而个人和家庭只有作为社区的成员才具有这方面的社会资本。以上的调查也基本上针对社区大小的单位。

从以上的指标设计中，我们可以看到，以社会为中心的社会资本的测量虽然还有进一步改进的余地，但是，比起科尔曼、普特南和福山的测量，确实已经取得了很大的发展。笔者相信，随着社会资本研究的不断深入，该理论和测量方法都会得到更进一步的完善和规范化。

以上叙述了社会资本的诸多方面，主要都是积极的作用。但是，一些学者也指出，社会资本在给个人和群体带来收益的同时，也存在消极的作用。如波茨指出，其消极作用有以下四点：

第一，一个群体中，成员借以获益的强社会纽带会阻止该群体之外的人获得该群体所控制的特定资源。

第二，在某些情况下，强社会纽带的封闭性将会阻止群体内成员的进一步发展。

第三，群体内社会纽带的强化往往以牺牲个体的自由为代价，导致个体从属于群体或者消失在群体之中。

第四，一个规模较小的群体或者社区内部的强社会纽带会导致其成员对主流社会的相对敌视态度。

可以说，社会资本消极后果产生的根本原因是群体结构的封闭性。

本章要点

20 世纪 90 年代以后，社区研究产生了新的理论；社区主义主张限制以自我为中心的个人主义，大力促进社区和社会的集体主义精神，强调自由与秩序、权利与责任的平衡，促进社会资本的发展；社会资本可以分为以个人为中心的社会资本和以社会为中心的社会资本，社区研究主要关心后者，即科尔曼、普特南提出的社会资本，其要素包括信任、规范和社会交往关系。

基本概念

社区主义　社会资本　自愿性联属

---

① See Christiaan Grootaert, Deepa Narayan, Veronica Nyhan Jones, Michael Woolcock, *Measuring Social Capital: An Integrated Questionnaire*, The World Bank, 2004.

复习思考题

1. 社区主义的核心主张是什么？
2. 什么是社区主义所说的好社会？
3. 你对社区主义关于个人权利与公共利益之间关系的观点有何看法？
4. 社区主义者是怎样设计培养好社会的手段的？你对此有何看法？
5. 你是如何看待社区的意义的？
6. 你是如何看待好社会与公民社会之间的关系的？
7. 社会资本存在哪两种视角，其区别是什么？
8. 以社会为中心的社会资本的发展与主要观点是什么？
9. 社会资本的主要功能是什么？
10. 你如何看待福山对作为社会资本来源的家庭和社团的分析？
11. 社会资本如何进行测量？
12. 建立社会资本的途径有哪些？

推荐阅读参考书目

[美] 菲利普·塞尔兹尼克．社群主义的说服力．上海：上海世纪出版集团，2009

俞可平．社群主义．北京：中国社会科学出版社，2005

Amitai Etzioni. *The Spirit of Community*: *Rights*, *Responsibilities and the Communitarian* Agenda. Crown Publishers, Inc. 1993

Amitai Etzioni. *The New Golden Rule*: *Community and Morality in a Democratic Society*. Basic Books, 1997

Amitai Etzioni. *Next*: *The Road to the Good Society*. Basic Books, 2001

Robert D. Putnam. *Bowling Alone*: *the Collapse and Revival of American Community*. Simon & Schuster, 2000

J. Coleman. Social Capital in the Creation of Human Capital. *American Journal of Sociology*, 94, Supplement, 1988

[美] 罗伯特·普特南．使民主运转起来．南昌：江西人民出版社，2001

[美] 詹姆斯·S·科尔曼．社会理论的基础．北京：社会科学文献出版社，1999

[美] 帕萨·达斯古斯特等编．社会资本：一个多视角的观点．北京：中国人民大学出版社，2005

［美］格鲁特尔特，范·贝斯特纳尔编．社会资本在发展中的作用．成都：西南财经大学出版社，2004

［美］弗兰西斯·福山．信任：社会道德与繁荣的创造．呼和浩特：远方出版社，1998

李惠斌，杨雪冬．社会资本与社会发展．北京：社会科学文献出版社，2000

第七章

城市政治

第一节 社区权力研究

社区权力的研究开始于林德夫妇（Robert Lynd & Helen Lynd）的《中镇研究》，其研究的是美国印第安纳州的孟西（Muncie）镇，一个只有3.5万人的小镇。该著作出版于1929年，是社区研究的经典著作，林德夫妇一开始计划研究宗教，后来发现要了解社区的宗教，必须研究更多的社会现象。研究方法是定性的人类学方法。后来，他们又再访孟西市，于1937年出版《变迁中的中镇》，描述了X家族对该社区的统治。后来，沃纳在“扬基城”系列研究中，也对上层社会控制社区有所论述。

不过，真正以社区权力结构为研究中心却是从1953年开始的，这种研究力图了解和描述社会中政治权力的分布和运用。社区权力的研究者们都认为，从事研究的社会实验室，首先应是地方一级的政府单元即社区。研究的直接目的是真正经验性地描述并且规范性地了解、评价该社区中的政治生活质量。这方面的研究主要有F. 亨特（Floyd Hunter）的“声望”分析，米尔斯（W. Mills）的“职位”分析和达尔（Robert A. Dahl）的“决策”分析。这三种理论又可进一步分为两大主要阵营：精英论与多元论。

一、精英论的理论与方法

精英论理论认为社区政治权力掌握在少数社会名流手中，地方重大的政治方案通常是由这些精英起决定作用，而地方各级官员予以配合来实现少数人的意志。具体讲，精英论的观点包括：（1）上层少数人构成单一的“权力精英”；（2）该“权力精英”阶层统治地方社区的生活；（3）政治与民间领导人物是该阶层的执行者；（4）该阶层与下层人民存在社会冲突；（5）地方精英与国家精英存在千丝万缕的联系。

F. 亨特是精英论的代表，1941 年毕业于芝加哥大学，获社会工作硕士学位，后曾做过亚特兰大社区理事会负责人。他以亚特兰大市作为研究对象，分析其决策层的层级和权力运用的过程，并于 1953 年出版了《社区权力结构：决策者研究》一书。亨特认为，有权力者最喜欢结交工商业者、政府官员、市民组织等。

亨特设计了“声望”法来识别这些社区领袖。

首先将权力持有者划分为四个领域：公民领袖、政府领袖、商界领袖和社会领袖；然后根据以下的办法拟出四个领域中身居要职或有重要影响的人的名单：社区委员会提供公民领袖的名单，商会提供商界领袖的名单，报纸编辑提供社会领袖的名单等。亚特兰大案例中开列了一个 175 人的名单。

接下来询问社区中了解该社区的人们或对地方政治熟悉的专家的代表性看法，由 14 名专家组成一个专家小组，他们把四个领域按顺序排列，各选出前 10 名最有影响的人物。这样，得到一份 40 人的名单。

然后对这 40 人进行访谈，请他们指出其中被认为是此区中最有领袖地位的人；之后，又从中得到了一个中选率最高的 12 人名单，发现这 12 人是 40 人权力精英的核心。所以，声望法的核心就是“列出有声望的人，然后访谈并证实这一列表”。

在这份 40 人名单中，有 5 个工业领袖、11 个大工商企业主、7 个金融界人士、5 个律师、1 个医生、2 个工会领袖、5 个社会领导人或市民领袖、4 个政府官员；而在 12 人名单中，一个政府官员也没有。

通过研究，亨特发现：

第一，亚特兰大市的权力结构由两部分构成：政策决定者和政策执行者。前者代表有影响人物的最高级，并且来自各个重要系统的权力顶层。他们不是通过正式的组织纽带联结在一起的，而是在非正式的基础上聚集到一起的。他们的下面是执行政策的人，并且是公众容易看到的人。

第二，牢固的社会纽带和对于影响的共同理解使这些最有权力的人联合起来。他们互相评选对方是最有影响的人，而不评选那些低一级的执行者。

第三，商业领袖发挥主要的影响，他们都是政策制定者，而不是执行者。当然也有来自社区的公民领袖和政府的领袖（市长）。但是，财富和商界领袖是权力的主要来源。

第四，有关社区重大问题的政策制定过程很少向公众公开。政策制定者通常以非正式的形式聚会，讨论他们认为的社区重大问题。寻求并且尽量达到一致后再公布。

米尔斯在其具有巨大影响的著作《权力精英》中，第一次提出了包括主要经济、社会、军事群体领袖的统治阶级，控制着对于他们作为一个阶级来讲所有重要事务的国家决策过程。但是，与亨特那种在菜单式的候选人中寻找领袖的方法不同，米尔斯采用的是“职位法”。职位分析方法主要是将组织中占据重要职位的人物找出来，一般来讲，占据重要职位的重要人物，往往可能被分配到较大的权力。为了准确起见，还有学者利用指数计算，将不同的职位对应不同的分值，每个领导人担任几项不同的职位相加得出一个总分，得分最高的人就是最高的领导人。对于职位研究法的批评观点主要是认为，不能简单地认定在政治、经济和社会领域职位最高的人就是在决策过程中真正发挥和使用权力的人；有些具有同样职位的人物，不一定具有相同的实权和影响力。

不过，总的来讲，亨特与米尔斯都认为，权力首先且主要是根植于正式组织中，而不是个人、志愿者团体和兴趣群体中，虽然不排除这些个人和团体有时具有影响力。

二、多元政治论的理论与方法

多元政治论者认为，社区政治权力分散在多个团体或个人的集合体中，各个群体都有自己的权力中心，地方官员也有自己的独立地位；官员要向选民负责，所以选民也有权力，他们以投票来控制政治家。具体来说：(1) 权力本身一定要与权力资源分开；(2) 社会冲突建筑在有组织的社会团体上而不是社会阶层上；(3) 权力资源不平等地分布于各团体中，故有些团体拥有的权力资源比其他团体多；(4) 尽管各团体权力资源不同，但是每个团体都可设法争取某些权力资源；(5) 选举出来的官员在政治上有其独立性；(6) 选民通过投票来间接影响地方政策，从政者不得不尊重选民的意志。

多元政治论的代表人物是达尔，他是耶鲁大学政治学教授，也是多元主义民主理论的首倡者。20 世纪 50 年代，他针对米尔斯的《权力精英》一书中的观点与后者展开了一场大论争，论争的主题是美国政治的性质。20 世纪 60 年代初，针对亨特和米尔斯的精英论观点，他出版了《谁统治：美国城市中的民主和权力》。之后，他出版过多部有关多元主义民主的著作，不过，在 2001 年出版的《民主政治是如何成为美国宪法的?》中，他的观点变得比以前悲观了，认为美国的政治制度所实现的民主要比宪法规定所应该实行的少。

1961 年，达尔出版了《谁统治：美国城市中的民主和权力》，他不同意用声望法来进行权力研究，他批评道：任何人拥有权力资源而不去使用的话，不能算是权力；权力不仅仅是声望，还要有行动的实权。因此他提出，应当用决策法来考察谁在重大的城市政策上参与实际决策。

他的研究以纽黑文市为研究对象，选择了地方政府三个最主要领域的决策——城建政策、政治任命和政党对候选人的决定、公共教育政策进行分析；他认为，这三个问题与社区整体有关，在这些领域中行使决策权的人，就是真正行使社区权力的人。他利用开会记录、报纸报道、个人访谈等手段，找出当时谁参与了这三个领域的实际决策过程。

达尔认为，他得到的大多数结论与亨特的观点冲突。

第一，只有一小部分人对制定主要政策具有直接影响，有些人有间接影响，但是，大多数人不具有影响。

第二，不同领域的决策吸收不同的人参与，在一个领域（如教育）影响公共政策的领袖联盟并不与其他领域（如城市更新）相重叠。他指出，在政策精英或政策影响力与社会精英——社会和经济的“贵族”之间基本没有重合。他发现，当时有各种团体、个人参与了这三个方面的决策，除了市长外，没有其他的任何个人或团体足以垄断这三个领域的决策过程。也就是说，政治权力很分散，每个团体都有一定的权力，有其在特定专属领域里的发言权。如参加城市重建政策制定的有 435 人，参加确定任命候选人的有 497 人，但是只有 15 人重合。

第三，社区的社会和经济名流很少在决策中起作用，有时一个富人也参加政治或者政党决策，但是是因为其民主党的身份。

第四，如果要选出对三个领域都有影响的一批人，那么，市长及其一两个同事就是最接近的人选。据此他指出，纽黑文市的政治是以市长为轴心的多元性政治。

达尔的《谁统治：美国城市中的民主和权力》（1961）以及他的研究助手波尔斯比（N. Polsby）的《社区权力和政治理论》（1963）、沃芬格（R. Wolfinger）的《声望与社区权力研究中的现实》构成了多元论理论和方法的核心。

在其后来的著作中，达尔发展了他对权力概念的理解，认为权力主要包括四个指标：（1）权力强度。一个行动者所拥有的权力量。（2）权力分布。权力分散或集中所涵盖的行动者数量。（3）权力领域。权力被限定于专门化活动的程度。（4）权力范围。权力被限定于某些服从群体的程度。达尔主要关心权力的分布。按照他的观点，美国城市社区的权力是多元分布的。这样，个人之间权力强度差异趋于减小，权力领域也在收缩，而权力范围则会扩展。

三、社区权力结构研究的理论发展

20 世纪 60 年代中期，邦金（C. Bonjean）和奥尔森（D. Olsen）将社区权力结构的研究概括为两种模式（见表 7—1）。

表 7—1　社区权力结构的两种模式

权力类型及其领导特质／权力项目	精英论模式	多元论模式
合法性	不任公职、不属于任何协会	有公职或属于某一协会
可见性	不为公众所熟识	多为社区居民所熟识
决策范围	广泛参与决策事宜	仅参加社区公共决策
团体关系	形成一个团体而非独立行动	代表社区各种不同的团体利益

还有一些学者对社区权力研究的方法进行了分析，学者们对几种方法在社区权力研究中的使用频率进行了统计和分析。沃顿（Walton）以 61 个社区权力的研究进行分析，发现用声望法的有 27 个，决策法的有 3 个，综合法（即综合使用声望法、决策法和职位法中的两种或者三种）的有 13 个，职位法的没有，个案法的有 18 个。而科特斯（Curtis）与帕崔斯（Petras）对 76 个社区的研究进行统计后发现，结果与沃顿的有所不同（见表 7—2）。不过，总的来讲，使用声望法的最多。

表 7—2　几种研究方法的使用及其比例

研究者	声望法	决策法	综合法	个案法	合计
沃顿	27（44%）	3（5%）	13（21%）	18（30%）	61
科特斯与帕崔斯	30（40%）	7（9%）	23（30%）	16（21%）	76

资料来源：参见文崇一：《台湾的社区权力结构》，294 页，台北，东大图书公司，1989。

1975 年，克拉克（T. N. Clark）总结了以往的社区权力研究，指出到 60 年代中期，已经有 150 多个社区被作为单个个案进行了研究，这些研究基本上都是定性研究；此外，到70年代初，还发展出了两三个社区的定性比较研究，以及进行多个社区的定量调查数据的比较研究。特别是多个社区的定量比较研究，希望解决的是以往社区权力的研究只能形成个案结论，而无法形成概括性通则的问题。这方面著名的研究主要包括：

霍利的“MPO比率研究”。MPO比率研究是通过计算社区内经理、财产所有权者（包括工商业资本家和土地拥有者）和官员的人数与劳动力的人数之比来考察多个社区的权力分配情况。他的结论是比率越小，社区权力越可能是精英结构或者越集中。

沃顿的“次级分析”。次级分析是根据55个社区的数据，将社区权力分为四种次级类型，即：(1) 金字塔型（pyramidal），只有一个寡头精英群体。(2) 党派型（factional），至少有两个以上的精英群体对权力展开竞争。(3) 联盟型（coalitional），根据社区重大事务而成员、性质和程度不断发生变化的非固定联盟。(4) 散漫型（amorphous），缺少任何长久的社区领导模式。

邦金的“两步骤声望法”。该方法测量的是权力的可见性与合法性。第一步是请知情者提出社区精英；第二步是被提名的精英自己再提供一份社区精英名单。他对17个社区进行了比较研究后发现，社区精英群体中在两次提名中都被提名的比例越高，该权力精英群体越具可见性；同时，社区精英群体中有政治公职和协会领袖的比例越高，其合法性越高。

这一时期，比较有影响的研究还有多姆霍夫的研究。1967年，威廉·多姆霍夫（William Domhoff）出版了《谁统治美国：权力、政治和社会变迁》。在书中，多姆霍夫指出，权力结构研究的理论可包括五种主要理论，除精英论、多元论外，还有马克思主义的阶级统治理论、国家自主性理论和阶级支配理论。

所谓国家自主性理论（statc autonomy）强调的是政府的独立权力，即自主性。持这一观点的研究者认为，由于国家对于合法使用暴力的垄断和在捍卫国家主权方面的角色以及税收权，国家掌控着主导的权力，政府官员能够与社会中的各种群体结成联盟，不管它们是哪一个阶级或者群体，只要它们与国家有相同的目标。该理论还认为，国家能够根据自己的利益而行事，在资本主义世界中，国家领导人尽最大可能维护资本主义社会的健康，因为，从国家税收和人民安居乐业的角度来讲，这么做符合他们自己的利益，而不是因为他们最重视资本家的利益。这些研究者认为，他们找到了国家权力机构和国际关系中国家体系如何自主运转的逻辑，而不必再还原为经济或者阶级的逻辑。该理论的关注点是政府的制度结构，即政体形式和预算与政府雇员的数目变化。

阶级支配理论是多姆霍夫自己提出的理论，他指出，他的理论与迈克尔·曼

(Michael Mann) 提出的“四网络理论”完全一致。后者关注的是权力结构形成的四大组织网络，即意识形态、经济、军事和政治（或国家），曼认为，这四种网络相互影响、相互作用，是产生权力最有用的组织基础。但是，虽然这四种网络作为基础同等重要，却并不总是发挥同样的作用，一般来讲，常常是一种或两种网络统治着其他的网络。阶级支配理论认为，有钱人阶级拥有权力。它与精英论的区别在于后者关注的是精英与非精英之间的区别①，前者关注的是阶级冲突；而它与马克思主义的区别在于，它更加关注国家潜在的独立力量，并且承认宗教组织在政治上经常起着重要的作用。

多姆霍夫还提出了自己研究权力结构的方法，即“成员身份网络分析”与“内容分析”相结合的方法。成员身份网络分析指的是搜寻个人与那些被认为构成了有权阶级或群体的组织之间的联系。在确定了成员身份的网络后，就可以对该阶级或者群体的意识形态和政策偏好仔细分析，这可以通过对该组织及其核心人物的文本进行分析而实现。

他还概括了绝大多数社会科学熟悉的有关测量权力的四个指标：(1) 所研究的地区中，哪些组织、群体或者阶层能够获得人们普遍寻求或者给予高估值的那些东西的最大份额（即谁受益）。(2) 哪些组织、群体或者阶层能够占据或者出现在关键决策的位置上（即谁决策）。(3) 哪些组织、群体或者阶层能够在决策的竞技场上获胜（即谁赢）。(4) 谁被有见识的观察者和同行认为是有权的人（即谁具有权力方面的声望）。

20世纪70年代中期，斯通（Clarence Stone）对亚特兰大再次进行了研究，使用的是决策法与职位法的结合。他的研究证实了亨特的结论，只不过权力精英发生了变化，土地所有者群体取代了大工商业主成为精英。他们与房地产开发商以及地方政府结盟，希望通过土地用途的改变使土地增值，从而获取利润。而与该联盟相对立的一方是当地的社区组织和居民，他们希望保护自己的生活和休闲的环境，反对商业区的扩大、房价的上涨和公路的建设，反对被迫搬离自己的家园。

四、权力研究的更广阔的视角

社区权力或者权力的研究一直是社会学研究的核心概念，关于这一概念的定义有着长期且极复杂的争论。所有定义中最广为人知的或许是韦伯在其论文《政

---

① 对于亨特来讲，精英主要指的是少数商业精英，而对于米尔斯来讲，精英指的是大企业、政府和军事力量的少数精英的联盟。

治社群中权力的分配：阶级、地位、政党》中的定义，韦伯认为权力是社会分层的概念，阶级、地位和政党分为三个独立（有时相互联系）的侧面。广泛地讲，阶级是经济权力分配（用韦伯的话讲，即市场关系）的结果，地位是一种被规范定义的社会权力，政党是追求各种目标中政治领域中的群体活动。正如韦伯所说，"阶级、地位群体和政党都是社会中权力分配的现象"①。这样，在一般意义上，权力就被韦伯看成个人或群体贯彻其意志——甚至在被其他人反对时——的能力。他这样定义：权力是"行动者在公共活动中，甚至面临其他人反对的情况下实现其意志……的机会"②。对于韦伯来讲，权力就是一种社会关系。权力的不同分配会导致生活机会不同分配的情境出现，即获取经济、政治和社会资源的能力是不平衡分布的。

应当讲，精英论和多元论这两种理论虽然势不两立，但是本质上，两者都属于韦伯的行为取向的权力定义，即 A 对 B 的权力等于 A 强迫 B 做出某些行动的能力。因此，他们在研究社区权力时，考察的是决策的制定和谁影响决策制定的结果。

巴克拉科（Peter Bachrach）和巴拉兹（Morton Baratz）认为这是一种不充分的研究思路。在此基础上，他们提出了权力研究的第二个侧面，即所谓的"无决策制定"或由权力集团对政治议程的操弄，意指能够做出某些决策来阻止某些问题出现或成为正式政治决策制定中的目标的能力。1970 年，他们在《权力与贫困》一书中提出了"权力的两面性"（two faces of power）理论：权力不但能决定某一事件或提案成为政府公共决策的东西，也可以扼杀社会某一重要的事件进入政府公共决策讨论的阶段。例如，地方工业领袖有权力的话，环境污染很难成为地方政府决策的主要议题，因为他们不让别人提出污染问题；即使有人提出，也会被斥为危害地方经济发展，因而被驳回。

因此，他们抨击多元论者只关注正式的决策过程，忽略了非政府或社会精英的影响。达尔研究的是得到权力集团允许的提案，他根本无法研究那些尚在构想或酝酿阶段就已被社会权力结构否决驳回的提案。而获得允许的提案，在巴克拉科和巴拉兹看来，也许更可能是不能真正威胁资源基本分配和既定权力结构的琐碎小事。所以，多元论者研究的只是社会部分的权力运作和权力集团。

在被广为引征的著作《权力：一个激进的观点》（1975）中，S. 卢克斯

---

① G. Marshall, *The Concise Oxford Dictionary of Sociology*, Oxford University Press, 1994, p. 412.

② Ibid, p. 74.

(S. Lukes)更进一步认为以上所有有关权力的研究都不全面。无论是一维观还是二维观，都认为权力必须与政策制定有关，所以行为主义的色彩太浓。为此，他提出权力还有第三个侧面，即实际上，权力也可以使人们一开始就没有任何不满和怨言地被运作，或者如卢克斯所讲的，“通过影响和塑造人们的观点、认知和偏爱的手段，使他们接受在现存社会秩序中的自己的位置或角色”①。这样，某些事情从未被提出，所以，就根本不需要做出任何决定让政治议程包括或是排除它们。

卢克斯还指出，权力的不同概念反映了与利益概念相关的不同道德和政治价值观。他坚决否认，利益只是被简单地、有意识地表达的希望，因为利益会被社会制度塑造，而社会制度会通过压制人民对其真正利益的认识而服务于权力。这也就是马克思主义揭示的，谬误的意识形态起着为统治阶级谋求最大利益服务的功能。卢克斯因此这样定义权力：“当 A 以一种有悖于 B 的利益的方式影响 B 时，A 就是在对 B 行使权力。”②

城市社会学家 R. A. 威尔逊（R. A. Wilson）和 D. A. 舒尔茨（D. A. Schulz）曾经指出：研究者的学科背景决定了他采用的研究方法，一般来讲，政治学者喜欢多元论模式，而社会学者喜欢精英论模式。这可能只解释了部分情况，更基本的不同可能是政治观点的不同。多元论者坚持，美国社会是一个民主社会，政治权力广泛地分布在各种不同利益的群体中，没有任何一个群体拥有至高无上的权力，因此，也就没有一个群体拥有足够的权力得以保障自己的全部合法利益。精英论者在这点上站在马克思主义传统一边，认为社区如同国家一样，都是被极少数人所统治的，不管它是以少数人的名义还是以多数人的名义。

第二节　城市增长机器与城市机制理论

一、城市增长机器理论

莫洛奇（Harvey Molotch）先后获芝加哥大学社会学硕士和博士学位，现为纽约大学社会学教授。在 1976 年发表的《作为增长机器的城市：迈向地点的政治经济学》一文中，他首次提出了“增长机器”（growth machine）的概念和理论。1987 年，他与罗根（John Logan）合著的《城市财富：地点的政治经济

①② S. Lukes, *Power: A Radical View*, Macmillian, 1974, p. 32.

学》，进一步发展了他 10 年前的观点。他们更为直接地援引新马克思主义特别是哈维（David Harvey）的理论观点，同时，探讨美国城市“增长联盟”的特点与意义。

20 世纪 50 至 60 年代开始的精英论和多元论的争论，实际上都很少涉及个人或者群体操纵城市变迁过程的行为，莫洛奇的研究则是对以往社区权力研究的补充。他起初的出发点，更多的是针对达尔的多元论。他认为，美国的城市政治就是城市增长，城市本质上是被作为一台增长机器而被运作。教育和住宅等问题固然非常重要，但是，任何一个城市最关键的议题是能否增长，所有其他的议题和问题都从属于增长。否则，房地产开发商就会将其抛弃，转而去开发其他城市。

增长机器理论以某种方式发展了精英论的观点，但并非后者的扩展。它将视野转向城市发展这一更专门的领域，而不是像后者那样进行泛泛的社区权力结构的研究；它将“谁统治”的问题重点转向了“谁塑造”的问题。与精英论者的观点相同，莫洛奇与罗根也强调了大工商业群体的权力，指出“企业主的行为一直是型塑城市制度的核心力量”①。他们借用马克思的“使用价值”和“交换价值”的概念，认为绝大多数民众是从使用价值来看其土地和住宅，将它们作为日常生活所必需的东西；而极少数资产所有者群体主要关心的是从其土地和住宅中获利。这一“食利者”阶层是城市发展过程中的主要推动力量，也是增长联盟的核心力量，他们通过不断地发展高附加值的商品（如住宅、商用设施等）来尽可能使自己手中拥有的资产最大化。莫洛奇与罗根称他们为“地点资本家”（place entrepreneurs）。

“食利者”们并不能靠自己来达到他们的目的，比如土地所有者没有专业知识和资源来进行开发。不过，他们会努力说服有关企业或者开发商来做这些事情。在莫洛奇与罗根看来，“食利者”只是“教区型的资本”（parochial capital），他们拥有土地资产，但不可能将土地搬来搬去。他们需要吸引投资，后者是流动性的，也是“大都市型的资本”或者跨教区的资本。通过形成一种增长联盟来与非地方性的投资者讨价还价，或者与政府一起建立一种投资气氛，从而达到吸引投资的目的。当然，增长联盟与那些流动型的投资者之间也存在紧张，一旦后者感到当地的税收或者工资过高，他们就会将资本转移到其他城市或者地方去。

增长机器中的“食利者”阶层包括三种类型的联盟：第一种是可以从城市发

---

① J. R. Logan & Molotch, *Urban Fortunes: The Political Economy of Place*, University of California Press, p. 52.

展中直接获利的个人和企业，包括土地所有者、住宅和商业设施出租者、开发商、金融机构、建筑公司、城市规划设计人员等。第二种是那些间接获益的企业，比如城市的开发可以刺激某些产品和服务的需求。包括地方媒体，生产各种生活设施、用具的企业，公用设施（如水、电和燃气等）的提供者等。第三种是其他一些机构，它们受益于某些类型的城市发展，如学校、文化机构（如博物馆、电影院等）、专业性体育俱乐部、工会、个体户和小零售商等。不过，根据莫洛奇与罗根的论述，“食利者”最广泛的基础、也是最核心的力量是那些靠出租以获取租金回报的不动产所有者。他们进一步指出，将这些不同的联盟联合起来的因素就是建立在将给他们带来确定收益基础上的城市经济增长的共识。

增长联盟会努力使其成员的获益合法化，他们一方面宣传一种经济增长有益于所有人的意识形态，另一方面大量从事都市计划或更新，将交换价值的增长正当化为全民的共识，反对任何为了保护使用价值而进行干涉的行动，主张市场本身可以决定土地的用途，相信城市的发展会有利于所有社区的发展，有利于就业、财政收入等。不仅如此，他们还排除一般民众参与都市决策，以避免社区居民以资源公平分配的理由来阻止城市的增长政策。换言之，城市政治具有少数人垄断与权力集中的特性。

莫洛奇认为，政府官员同样也从增长中获益。因为，城市的发展带来人口的增加，相应地，官员管辖的范围也就越广，权力越大；同时，税收也增加。在他看来，城市行政体系就是少数经济与政治精英为了追求城市增长的工具。

城市增长联盟遭遇的抵抗主要来自居民和社区组织，他们将住宅和社区的使用价值置于交换价值之上，担心城市的增长会使他们购买住宅和生活的成本增加；同时，环境的破坏会降低他们的生活质量，以及拆迁会使他们失去对自己社区独有的情感。增长机器的要害在于，城市发展的益处并非城市居民平等地获得，而主要是由增长联盟所分享；而发展的成本却常常由当地居民来承担。

政治社会学家安东尼·奥罗姆（Anthony Orum）指出，城市增长机器理论在过去20年里非常流行，已经成为城市政治研究领域被引用最多的理论。他还指出，在21世纪的美国，城市增长仍然是核心问题。①

二、城市机制理论

城市机制理论（regime theory②）主要由斯通等人创立。城市机制理论关

① 参见［美］安东尼·奥罗姆：《政治社会学导论》，161页，上海，上海世纪出版集团，2006。

② regime也可译为“政体”或者“体制”，不过在这里，“机制”似乎更准确些。

注的是城市机制是如何形成的、该机制如何持续、持续的条件与环境是什么、城市机制的成员是哪些人、这些成员如何运用权力或者如何发挥影响力等。

针对这些问题，城市机制理论认为，城市的机制意指城市政府与市场构成的结构，或是政府和非政府部门（企业界和社会组织）之间的非正式合作关系。斯通将城市机制定义为一种“可以获取制度性资源的一个非正式的和相对稳定的群体，并借此能使该群体在治理决策中获得一持续的角色”①。实际上，也可以说是一种非正式的和相对稳定的非正式的伙伴关系，是政府部门与工商业利益群体之间共同运作、制定政策的非正式制度。斯通基本上是将城市政府看成相对自治的组织，认为在城市中，正式的制度安排对于城市的实际运转作用甚微，事实上，城市是以一种非正式的合作方式来运转的。

城市机制理论建立在两个结构性因素之上，第一个与美国的自由民主制有关，人民可以通过各种议会制的机构来控制政府；同时，拥有私有财产权，例如工商业群体的生产资料私有权。第二个是美国政府的有限权力性质，联邦政府不可能倾全力扶持地方政府的经济发展，地方政府必须自己积极招商，建立稳定的经济环境，促进经济发展，以利于增加税收，维持政府的运转与合法性。联邦政府与地方政府之间的分权、相关责任的转移，不断上升的财政压力，以及营利和非营利的提供公共设施服务的组织的发展，增加了城市政府管理的复杂性。因此，该理论强调在面临城市经济和社会发展时，政府和非政府力量的相互依赖，并且将注意力转向这两种力量中的行动者相互合作的问题。城市之间为了争取投资的竞争和在城市决策中工商业利益群体的角色，越来越在塑造城市面貌上起着主要的作用。但是，城市政府的关注点不仅仅包括经济发展，也包括人力资本、犯罪预防、环境保护等。在城市政商关系中，两者会结成非正式的伙伴关系，但是，工商业集团可能在经济决策上占据主导地位，却不可能在所有决策上总是起决定性作用。政治决策与政治行动是复杂的互动关系的产物。

1989年，在《机制政治：统治亚特兰大，1946—1988》一书中，斯通明确提出了城市权力结构研究的“机制理论”。斯通指出，地方政府虽然是相对自治的，但是，由于它受限于资本主义的政治经济制度，并且承认工商业的特权地位。所以，如果不能进入一个或多个私人工商业群体或者阶层的联盟，就没有统治城市的行动权力（power to），这种联盟为民选官员提供了一种战略的支持。

---

① Clarence N. Stone, *Regime Politics: Governing Atlanta*, 1946—1988, University Press of Kansas, 1989, p. 4.

他将此种联盟称为“机制”，或者“治理联盟”（governance coalition）。而反过来，即使工商业精英在城市中居于权力结构的主导地位，也需要政府的支持，因此，实际的决策往往是通过一系列的磋商、有选择性的斗争和妥协而产生的。斯通强调的是当政府不能独立于工商业主阶层的时候，需要建立能够进行统治的能力。这种联盟就为政府做事提供了一种机制安排，是一种制度形式。在这种机制中，政府需要工商业主的支持；而工商业界即使成为权力集团，为了自己的利益，也必须同政治力量一起为协作性的制度安排效力。

总之，根据斯通的观点，在资本主义社会中，由于城市的生产性资产绝大部分掌握在资本家手中，城市政府所面对的不仅仅是城市的经济发展，也必须考虑民众的福利、社会的发展和稳定。政府官员既无权命令资本家做什么［即无凌驾的权力（power over）］，也必须迎合或者满足选民的意愿。同时，亚特兰大处于对外的经济依赖和资源依赖的双重困境中，从而促使了市政府与工商业集团的结盟，主导城市发展的议程。所以，必须建立一种机制或者联盟，以保证城市政府权力的行使，同时，能够平衡资本家的经济利益与一般市民享有的公平正义，城市既能吸引资本家的投资，也能赢得大多数选民的支持。

关于城市机制理论究竟是属于精英论还是多元论，一些学者如奥罗姆认为是新多元主义的理论，而多姆霍夫则认为，它是精英论的发展，因为它仍然是少数政商勾结的制度安排。当然，也有学者认为，它既不是精英论也不是多元论，而是城市治理的理论。

那么，增长机器理论与城市机制理论的联系与区别是什么呢？罗根认为，两者的相似之处胜过差异之处，两种理论都主张：工商业群体与普通居民对于城市增长政策存在固有的冲突，在地点或者空间上都存在使用价值与交换价值的冲突。[①] 而多姆霍夫认为，两者的区别在于：增长机器理论的出发点是私人经济部门，试图通过研究展现私人经济利益集团是出于什么原因和怎样将政府部门变为增长联盟的伙伴的。城市机制理论的出发点是地方政府，试图发现那些民选的官员是如何在私人经济部门找到合作伙伴的。[②]

本章要点

社区权力的研究主要包括精英论和多元论的理论，其方法分为声望法和决策

---

① See John R. Logan, Rachel Bridges Whaley & Kyle Crowder, The Character and Consequences of Growth Regimes: An Assessment of 20 Years of Research, *Urban Affairs Review*, 1997, Vol. 32, No. 5, p. 607.

② See G. William Domhoff, The Shortcomings of Rival Urban Theories, http: //sociology. ucsc. edu/whorulesamerica/power/rival _ urban _ theories. html.

法；在后来的发展中，产生了阶级支配理论和权力研究的三个侧面；从城市地方政府与工商业集团之间的关系出发，则出现了城市增长机器理论和城市机制理论。

基本概念

声望法　决策法　MPO比率研究　成员身份网络分析　内容分析　增长联盟　城市机制

复习思考题

1. 请阐述精英论的理论观点和方法。
2. 请阐述多元论的理论观点和方法。
3. 社区权力的四种次级类型是什么？
4. 多姆霍夫的阶级支配理论与方法是什么？
5. 请分析权力研究的三个视角及其意义。
6. 城市增长机器理论的主要观点是什么？
7. 城市机制理论的主要观点及其与城市增长机器理论的主要区别是什么？

推荐阅读参考书目

［美］史蒂文·卢克斯．权力：一种激进的观点．南京：江苏人民出版社，2008

［美］多姆霍夫．谁统治美国——权力、政治和社会变迁．南京：译林出版社，2009

F. Hunter. *Community Power Structure*: *a Study of Decision Makers*. University of North Carolina Press，1953

R. A. Dahl. *Who Governs? Democracy and Power in an American City*. Yale University Press，1961

Harvey Molotch. The City as a Growth Machine: Toward a Political Economy of Place. *American Journal of Sociology*，Vol. 82，No. 2，1976

Clarence N. Stone. *Regime Politics*: *Governing Atlanta*，1946—1988. University Press of Kansas，1989

David Judge，Gerry Stoke，Hal Wolman. *Theories of Urban Politics*. Sage Publications Ltd，1995

第八章

新城市社会学

20 世纪 60 至 70 年代，西方社会产生了新城市社会学派。该学派产生的社会背景是欧美国家普遍出现了城市危机，当时，城市人口承受着国际资本和国家经济重建的压力，欧洲出现了擅自占领者与城市政府的对抗；“郊区化”带来城市中心税收的减少，中心城市房屋、设施的老化，零售业的退萎，失业人数增加；城市出现社区居民抗议（社区行动）、城市社会运动，还有妇女解放、民权运动等。国家虽然在城市基础设施、住宅建设和社会服务方面大量投资，但是，受惠最大的是上层阶级和中产阶级，而下层阶级和贫困群体获益不多。对于这些现象，传统的人类生态学理论无法解释。

一些学者开始重视马克思和恩格斯对资本主义生产关系的批判，并寻求将马克思主义的理论观点作为他们分析城市社会问题的理论工具的一部分。不过，虽然新城市社会学自称是马克思主义，实际上，应当属于西方马克思主义。后者通常是指西方国家运用马克思主义的学者和思想家，他们与马克思主义的联系是建立在学术研究的基础上，而不是革命运动的基础上。

新城市社会学的产生与发展大致可分为三个阶段。

第一阶段（20 世纪 60 年代末—70 年代中期），新城市社会学的开创阶段。新城市社会学最早产生于法国，代表人物是法国的列菲弗尔（Henri Lefebvre）、卡斯泰尔和英美的帕尔（Raymond Edward Pahl）、戴维·哈维。主要特点是将马克思主义和结构马克思主义观点引入城市研究，运用马克思主义的一些基本概念（如生产方式、阶级关系、剩余价值规律、社会结构等）分析城市政治经济的主要问题。主要研究兴趣集中在集体消费、城市社会运动、资本积累、社会空间、财富的积累与权力的集中、社会阶级关系、国家管理职能方面。最关心的是对公共政策和私人利益联姻的批判。

他们批判传统的城市社会学是“空间拜物教”，忽略了阶级分析和资本积累的过程，而这两点是马克思主义思想的核心。但是他们同时认为，马克思和恩格斯对资本主义的分析，没有直接或明确对城市和空间问题进行研究，所以，他们要进行补充和发展。

1970 年，在第七届世界社会学大会上，帕尔、卡斯泰尔和泽兰尼（Ivan Szelenyi）等人在该学会内成立了都市与区域发展社会学研究委员会。1977 年，《国际都市与区域研究》期刊创立。

第二阶段（20 世纪 70 年代中期—80 年代中期），新城市社会学全面发展的阶段。研究几乎扩展到城市科学的各个方面，如城市社会学、城市经济学、城市地理学、城市规划以及城市文化、女性主义与城市等。主要人物有美国的哈维、莫洛奇和罗根、莎朗·祖金（Sharon Zukin）、戈特迪纳等。

研究特点上由比较宏观或者抽象的理论和历史分析转向具体的个案研究和实证性研究。研究内容包括公共住宅、邻里行动、社区冲突、种族、性别等。

第三阶段（20 世纪 80 年代末以后），进入后新城市社会学时期。大多数研究者已经不再突出自己的马克思主义立场，表明新城市社会学也开始引入非马克思主义观点作为自己的理论基础；同时，早期的一些观点和立场发生变化。研究内容也更加多样化，开始侧重于后现代性、全球化、信息社会与城市的研究等。

根据莎朗·祖金在《新城市社会学的 10 年》一文中的看法，该学派可分为三个支流：法国的新马克思主义、美国的新政治经济学派和英国的新韦伯主义。

第一节　法国新马克思主义的理论

一、列菲弗尔的主要理论

列菲弗尔是法国城市社会学方面的代表人物，也是城市空间研究的开拓者。不过，他的思想十分庞杂，其博士论文的题目是“康庞山谷——农村社会学研究”，此后的关注点更多是在哲学领域，经一段时间后才又转向城市空间的研究。其城市空间理论散见于其众多的著作中，这些著作几乎涉及社会理论和哲学的每一个方面。而其最主要的城市社会学方面的著述包括《城市的权利》、《城市革命》、《资本主义的生产》、《空间的生产》等。

列菲弗尔的贡献是将马克思对生产方式的关注转变为对空间生产的关注。虽然他的著作相当多，但是很长时间以来，在国际学术界并不具有相应的影响。原因之一就是桑德斯所批评的，列菲弗尔的文风具有“高度思辨性和我行我素的‘乌托邦’特征……缺乏学术的精确性，一些地方，行文明显自相矛盾，从他的观点的发展看起来，武断要胜于逻辑”①。不过，尽管如此，他确实是第一个将“空间”作为城市社会学主要研究对象的领军人物。

列菲弗尔的基本观点是：空间是政治的，排除了政治和意识形态，空间就不是科学的对象。空间看起来是纯客观或者纯自然的现象，但是，它是社会的产物。城市不仅仅是劳动力再生产的物质建筑环境，也是资本主义再生产的载体。“城市”作为一种空间形式，既是资本主义关系的产物，也是资本主义关系的再生产者。

在他的空间理论中，最重要的概念是“空间”。但是，由于他拒绝对任何概念进行静态的分类，所以，该概念并没有明确的定义。

城市社会学和地理学中的“空间”包括物质空间和社会空间两种，前者主要指建造环境的建设和组合，这种建设和组合实际上往往也体现了社会关系的结构，如市区和郊区、中心区与边缘区等。后者主要指空间中社会组织的组合（或者界域的划分），如邻里、社区、城市、地区、民族国家等。列菲弗尔的分类则不同，他认为资本的投资者、商人和政府是根据空间的规模、范围、区域、地点和利润这些抽象的性质来看空间，所以，他称此为“抽象空间”；而个人是将其环境的空间用作生活的空间，所以，被他称为“社会空间”或者日常生活的空间。但是，在实际讨论“空间”、“社会空间”、“空间的生活再生产”时，他常在物质空间和社会空间两个概念之间变换，也常将“空间”等同于“社会空间”。

列菲弗尔认为，空间在人类社会历史中起着十分重要的作用。在《空间的生产》（1974）中，他对空间进行了较系统的阐述。

（一）空间是社会关系的载体和容器

列菲弗尔主张既要看到空间的物质属性，也要看到空间的社会属性和空间与社会的互动关系。他强调，空间本身并不是社会的产物，但是，空间的社会性肯

---

① Peter Saunders, *Social Theory and the Urban Question*, Hutchinson and Co. Ltd, 1984, p. 151.

定是社会的产物。为了说明空间的社会属性，列菲弗尔提出了空间生产的三种类型：空间实践、空间的表达和展现的空间。

空间实践（spatial practice）：指的是一种扩展的、物质的环境。包括空间的生产和再生产，这些特定的场所或者空间设置都具有各自不同的社会构成特点。空间实践保证了连续性和某种程度的黏合。

空间的表达（representations of space）：即总体上最终决定和控制空间实践的东西。这种表达将自己与生产关系和这种关系强加的“秩序”连接起来，因此，与意识形态、知识、符号、话语等连接起来，主要是被社会精英如规划者、建筑师、技术官僚和社会工程师所认知的空间。他认为，在资本主义社会，空间的表达会对社会强加某种“秩序”；同时，还会对空间实践产生决定性影响。

展现的空间（representational spaces）：即实践者与环境之间的活生生的关系，来自人们活生生的生活经验。实际上，就是生活空间，也是被空间的表达所支配的空间，有时也会对后者进行反抗，如城市的涂鸦或者一些艺术作品等。

列菲弗尔也将以上三种类型分别称为“能感知的”（perceived）空间、“构想的”（conceived）空间与“活生生的”（lived）空间。他主张，正确地认识空间应当重点关注空间的表达，因为它决定空间实践和展现的空间。

（二）空间生产是资本主义生存和发展的重要条件

列菲弗尔指出，资本主义的发展以史无前例的“总体性”使一切有用对象都无可避免地被商品化了，“空间”当然也不能幸免。资本主义通过将空间纳入商品生产和资本积累的轨道，不断扩大自己的生存空间。现在，资本主义空间生产不断扩大自己的范围，海边、山地、荒僻的郊野甚至沙漠都成为空间生产的领域。空间作为一个整体，进入资本主义的生产模式之中，被用来生产剩余价值。“空间”开始成为彻底的商品，与其他商品一样，空间处在“可复制和重复的法则”的支配之下，这种商品空间以丧失“空间感知”的多样性为代价，仅仅以“可计算的空间”，即商品的面目存在。

他还对国家在资本主义社会结构与资本主义空间生产之间的关系中的作用进行了分析。国家“按照（资本主义的）生产方式的要求对空间所进行的管理，也就是按照生产关系的再生产的要求来对空间所进行的管理。……将空间进行分割，以便用来买卖（交易）”①。

列菲弗尔将城市作为自己的分析对象，是因为“人造环境”是“对社会关系

① ［法］亨利·列菲弗尔：《空间与政治》，4～5页，上海，上海人民出版社，2008。

的粗暴浓缩”，在城市化过程中，设计者对空间加以排列和分类，以便为特定的阶级效劳。他们更多地关心空间的交换价值，而非广大民众关心的使用价值。

（三）资本主义空间的功能与主要矛盾

列菲弗尔认为，资本主义空间的功能包括以下几个方面。

生产资料：空间是一种生产资料，既有使用价值，也能产生剩余价值。

消费对象：空间是消费对象，成为人们消费的商品，如海边休闲。

政治工具：国家利用空间确保对地方的控制、严格的层级、总体的一致性以及各个部分的区隔。“统治阶级把空间当成了一种工具来使用，用作实现多个目标的工具：分散工人阶级，把他们重新分配到指定的地点，组织各种各样的流动，让这些流动服从规章制度，让空间服从权力，控制空间，通过技术来管理整个社会，使其容纳资本主义生产关系。”①

空间支撑社会结构关系和财产关系的再生产，如门禁森严的高档住宅区和穷人住宅区。

空间以看似中立的面貌示人，实际上有利于统治阶级。如高速公路看起来对任何人平等，但是大大有利于资本主义生产的原材料和产品的运输。

列菲弗尔进一步指出资本主义制度下空间的特点：同质性，即空间都是建立在单一标准（金钱）基础上的商品；碎片化，由于空间的私人所有制度，空间被分散而非集中统一地用于不同功能；等级性，不同空间之间的差异与等级区别。

资本主义空间的主要矛盾是：资本主义对空间的使用直接导致资本主义空间生产的矛盾（剥削空间以谋取利润的资本要求和消费空间的人的社会需要之间的矛盾），即利润和需要之间的矛盾、交换价值和使用价值之间的矛盾。这些矛盾在政治上表现为政治斗争，斗争的关键是争取让日常生活摆脱资本主义组织，形成由人民大众来管理空间和空间为人民大众服务。

（四）空间的历史发展

列菲弗尔认为，任何一种社会、任何一种生产方式都会产生自身的空间，如作为希腊城市中心的集市（agora）一定是空的，这样，希腊自由公民可以汇集在那里，进行交流。相反，罗马人则把权力实践放在首位，空间也因此而变化，罗马城市中心的城镇广场布满了纪念堂、祭坛、寺庙甚至监狱，集中地投射着国家和人民之间的权力关系。

---

① ［法］亨利·列菲弗尔：《空间与政治》，9页，上海，上海人民出版社，2008。

而资本主义空间是被支配的空间，是任何元素可以交换的商业化的空间。

社会主义的空间生产意味着私人财产和国家对空间的政治统治的终结，意味着从（私人）统治到（集体）占用的转变，注重使用而不是交换。

不过，在《城市革命》一书中，列菲弗尔又提出了另一种分期，认为人类历史可以被划分为三个相互重叠、延续的时代：农业时代、工业时代和城市时代。工业社会并不是人类社会的最后阶段或形式，而是城市社会的一个准备阶段，工业革命是城市革命的前导。

由于城市成为实现机械化、技术改进和规模经济的一种最佳空间组合形式，工业社会对城市社会形成依赖，即城市开始统治工业生产和组织。工业过去曾经是城市的创造者，现在却正被城市创造。

（五）对城市的权利

列菲弗尔认为，城市应被当作一个综合的有机体，而不是一般的产品；生活在城市中的人们不是"社会动物"，而是具有立体生活、感觉丰富的城市人群。但是，在资本主义制度下，城市更像是一种商品，城市人更像是"社会动物"。在城市中，少数资产阶级贵族与广大普通平民过着完全相反的两种生活，前者出入于豪华酒店和摩天大楼，在游艇上遥控指挥国家。而普通人，不管是什么年纪，是学生、知识分子还是军人、白领，他们都将自己的人生埋没于城市中，天天从家里奔向车站，奔向办公室或工厂，晚上再原路返回；在家休息一夜，第二天再继续重复前一天的生活。

因此，"必须努力开拓出城市社会的新的人文主义、新的行为方式"。"只有具有革命意识的那些团体、社会阶级和阶层才能担此重任，成就大业，解决城市难题；只有这些社会和政治力量才能把城市重建为一个综合有机体。"[①] 他宣称，这个政治力量就是工人阶级，没有工人阶级，这一理想就无法完成。列菲弗尔强调，"对城市的权利不是被简单地看成游览城市的权利，或者重返传统城市的权利。这种权利只能被明确地表达为对城市生活改变和重建的权利"[②]。

总之，列菲弗尔第一次提出要从关心空间中的生产转向空间的生产，从而将一个背景性概念变成一个实体范畴，并且服从社会生产的一般规律，使空间分析成为一个独立的城市研究范畴。

---

① 汪民安、陈永国、马海良：《城市文化读本》，16、20页，北京，北京大学出版社，2008。

② Henri Lefebvre, The Right to the City, in: E. Kofman & E. Lebas trans. and eds., *Writings on Cities*, Basil Blackwell, 1996, p.158.

后现代城市理论的研究者爱德华·索亚（Edward W. Soja）对列菲弗尔空间生产理论高度推崇，在他的《第三空间——去往洛杉矶和其他真实和想象地方的旅程》中，索亚援引了列菲弗尔的一段话："有一个问题过去一直悬而未决，因为从来没有谁提过这样的问题：社会关系的存在方式究竟是什么？它们是具体的、自然的呢，还是只是抽象的形式？空间研究给予了回答，它认为生产的社会关系是一种社会存在，以至于是一种空间存在；它们将自身投射到空间里，在其中留下烙印，与此同时又生产着空间。如果做不到这一点，社会关系将只能存在于'纯'抽象领域。"①

在列菲弗尔《空间的生产》发表后不久，福柯（Michel Foucault）做了《地理学问题》的访谈，阐释了他的空间思想。与列菲弗尔不同，福柯致力于考察权力和知识的空间化趋势。

福柯是从政治的角度，从统治技术的角度来谈空间和人的关系，即权力是如何借助空间而发挥作用，而空间又是如何展开它自身特有的权力实践。他的《规训与惩罚》可以说是这一方面的经典论述。福柯认为，现代社会是一个纪律社会，而空间成为权力运作的重要场所或媒介，空间是权力实践的重要机制（如学校、军营、工厂、医院），空间既是任何公共生活形式的基础，同时也是任何权力运作的基础。

二、卡斯泰尔的主要理论观点

曼纽尔·卡斯泰尔 1942 年生于西班牙，1967 年毕业于巴黎大学，获社会学博士学位。早期深受列菲弗尔理论观点的影响，主要著作包括：《都市问题》(1972)，这是他早期最著名的著作，在书中，他吸收了阿尔都塞（L. Althusser）结构马克思主义的观点和列菲弗尔对资本主义城市与空间的批判，批判了城市社会学的研究模式和导向，指出现代城市已经不是传统意义上的生产和交换中心，而是劳动力再生产和集体消费的中心；《城市与草根》(1983)，论述了城市居民社会运动和城市文化等问题；此外还有《信息城市》(1989)。20 世纪 90 年代他出版了《网络社会的崛起》(1998)、《认同的力量》(1999)、《千年的终结》(2000)。这三本书被誉为"信息时代三部曲"。应当讲，卡斯泰尔在 20 世纪 80 年代末以后已经将研究的重点转向信息城市、网络社会、流动空间、二元城市等主题。

---

① ［美］索亚：《第三空间——去往洛杉矶和其他真实和想象地方的旅程》，58 页，上海，上海教育出版社，2005。

卡斯泰尔的理论主要包括如下内容。

（一）质疑人类生态学理论

1968年，卡斯泰尔发表了《真的有“城市社会学”吗?》，质疑传统城市社会学的科学性。他认为，人类生态学将城市中人口的分布看成是对环境适应的过程是不对的，沃思在都市性和都市空间之间制造“伪相关”，因为，所谓的“城市性”并非城市生态环境造成的。卡斯泰尔认为，人口的分布是阶级、种族等社会关系的产物，而后者是由更复杂的社会制度决定的；都市空间与都市性都是由生产方式决定的，城市本身并不是自变量，而是因变量。它是更广泛的经济和社会结构的反映。

根据卡斯泰尔的观点，个人的隔离与孤立、次级关系为主的人际交流、个人主义的猖獗并不是由城市生活本身产生出来的，而是资本主义制度下产业体制的产物。被沃思看作“城市性”的那些现象，本身也是由经济力量产生出来的；被看作行为、体验的原因的那些东西，其本身也仅仅是一系列更基本原因的结果。如果不承认这点，或将城市环境当作行为、体验或组织的自变量，就是“资产阶级的意识形态”。因为他认为，任何为统治阶级辩护、维护现存社会关系的理论体系都是意识形态。

（二）集体消费的理论

集体消费概念是卡斯泰尔社会学理论的一个核心概念，他在总结新城市社会学的贡献时指出：新城市社会学包括四个研究主题，即空间的生产、城市的权利、集体消费和城市社会运动。卡斯泰尔认为，前两个主题首先是由列菲弗尔提出的，后来，戴维·哈维和索亚继续探索。后两个主题则是他的贡献。①

集体消费是指“消费过程就其性质和规模，其组织和管理只能是集体供给”②；或者就是“国家为中介的消费过程”③。该理论关心的主要是劳动力再生产的集体消费，而不是个人消费。卡斯泰尔认为，一开始，劳动者主要是通过个人提供的私人消费再生产自己的劳动力，如在农业社会中，农民个人为自己提供食品、衣物、房屋、出行手段以及其他所需的大部分东西。但是，随着城市化的

① 参见［美］曼纽尔·卡斯泰尔：《21世纪的都市社会学》，见许纪霖主编：《帝国、都市与现代性》，242～243页，南京，江苏人民出版社，2005。

② Peter Saunders, *Social Theory and the Urban Question*, Hutchinson and Co. Ltd, 1984, p. 169.

③ ［美］曼纽尔·卡斯泰尔：《21世纪的都市社会学》，见许纪霖主编：《帝国、都市与现代性》，243页，南京，江苏人民出版社，2005。

发展，城市劳动者的个人消费已日益变成以国家为中介的社会化集体消费。为了再生产足够合格的劳动力，那些个人消费的必需品如食物和衣服等已经不够用；而像住宅、社会公共设施、医疗、教育、城市环境、交通设施以及供水供电等都无一不是劳动力再生产的必要投入，都是必需的消费品。与个人消费不同，集体消费也可以被看作“集体进行消费”。由于集体消费品的生产需要大量的资本投入，且相当长时间才能够收回投资，私人资本一般不愿意投资生产。所以，集体消费品的供给已经成为国家的责任。

卡斯泰尔认为，城市作为一个集体消费的单位，我们可以在其集体消费的过程中看到当代资本主义的矛盾、冲突、发展和演变。一方面，在城市这个空间里，资本家的利益来源于资本积累，他们希望国家大量投资于社会性生产过程（如投资于有助于其扩大再生产的基本建设），而把集体消费投资降到最低限度。另一方面，劳动者阶级则要求国家加大对集体消费的投资，现代社会的发展使得劳动者对集体消费的需求也不断增长与提高，如现代化技术密集型的产业要求工人的教育水平与技术水平，如果国家不能提供充分的教育与就业培训机会，势必会引起工人与失业工人的不满，造成社会动荡。在这种情况下，国家一方面代表统治阶级的利益，另一方面也不得不采取一定的措施缓和矛盾。随着资本的市场运动，政府在何时、何地、以何种方式、在多大程度上组织集体消费的生产和消费，不仅对城市社会冲突的发展有影响，也对城市空间形态的演变产生影响。

卡斯泰尔指出，城市规划是国家干预城市进程的基本手段，国家对城市土地的规划和管理必然涉及各种城市行为者的利益关系，这些行为者包括私人开发商、国家土地开发商、土地所有者、社区或邻里组织、居民等。在资本主义城市中，规划面临的主要矛盾是私人资本的土地所有和选址建设与城市全局发展的矛盾。国家应当代表整个社会的利益，通过法规、政策刺激等手段进行干预。但是实际上，国家不能改变私有制，也不能直接干预企业的生产。因此，空间表现了统治阶级的利益和国家权力结构，当然，也表现了被压迫阶级的反抗。

集体消费的特点是：（1）集体性。即是由国家提供的，消费方式是集体性的，本质上与私人占有相对立。（2）服务性。即消费品基本上是服务性的，而非实物性的，也不是货币。（3）非营利性。即属于非生产性的投资，没有利润或利润很低。（4）非可分割性。

（三）城市社会运动

资本主义社会存在的集体消费需求增长与私人资本生产供给短缺之间的矛

盾，导致了国家对集体消费品供给进行干预，随着政府日益成为集体消费品的组织和管理的责任人，新的矛盾产生，即国家支付了劳动力再生产的成本，而私人资本获取了这些劳动力创造的利润。换言之，国家供给集体消费品的结果是“供给成本”的社会化和“所得利润”的私有化。国家提供集体消费品越多，意味着资本家雇佣劳动力的工资成本会越低。而且政府对公共领域投入的越多，也越有利于私人资本的发展，如汽车业的发展依赖于政府对高速公路网的建设。但是，国家对集体消费承担的责任是以政府的财政支出能力为基础的，承担的越多，财政支出就越多。由于政府不能强迫资本家投资不获利的公共领域，增加政府财政能力的唯一途径就是增加税收。但税收过高会直接影响投资和消费减少，引起经济衰退。而面对衰退，政府的反应一般是削减开支，尤其是公共服务领域的开支，结果是集体消费的供给产生问题。

卡斯泰尔指出，资本主义社会的性质决定了政府最终必然保护私人资本的利益，与马克思揭示的资本家将工人的工资维持在低水平上一样，政府对集体消费水平也只能维持在一个较低的水平上。他接着指出，在当代资本主义的城市，社会冲突不再只是围绕生产者阶级而展开，还围绕消费利益群体展开，这种社会冲突并不必然引发和加剧阶级斗争，它往往是以社会运动的形式表现出来。在《城市与草根》中，他将城市社会运动定义为“由于社会统治利益的制度化，城市的角色、意义及结构的主要变革，通常是民众动员与要求的结果，当这些运动造成都市结构变迁时，我们称之为都市社会运动”①。“运动的目的是为了对社区生活的掌控以及对集体消费的需求。”②

由于人们的消费利益往往是与他们所在的社区紧密地相联的，因此同一社区的居民有可能超越阶级局限组织成利益政治团体，为保护社区的共同利益进行斗争。如果政府不能向社区提供足够的集体消费品，这些社区团体便会通过社会运动、社区运动或市民运动的形式表示不满并进行反抗。这些社区居民的社会运动对于政府的决策过程和城市的发展过程会产生重要的影响。由于卷入集体消费问题的并不是哪一个阶级，如环境污染问题几乎涉及所有的人，因此，集体消费问题提供了一个多阶级联合起来的基础，城市社会运动因此成为当代发达资本主义社会最主要的反抗形式和社会动力之一。

---

① 夏铸九、王志弘编译：《空间的文化形式与社会理论读本》，224页，台北，明文书局，2002。

② ［美］曼纽尔·卡斯泰尔：《21世纪的都市社会学》，见许纪霖主编：《帝国、都市与现代性》，243页，南京，江苏人民出版社，2005。

不过，卡斯泰尔也认识到，虽然城市社会运动能够造成较高的认同感，对城市的规划、政策和政治产生影响，但不可能成为整个社会制度变迁的力量。这主要是因为城市社会运动一般只是在整体社会系统的某一个方面展开，而且往往具有地域性特征。所以，对于资本主义整个社会制度而言，城市问题都是第二位的结构问题，它并未直接挑战统治阶级的生产方式和政治支配。①

城市社会运动一般围绕三个方面展开：(1) 要求城市围绕使用价值而不是交换价值进行建设，追求集体消费的改善。(2) 寻求文化的认同，以维护和创造地方社区的自主文化。(3) 寻求地方政府、城市和社区的自治、分权与自我管理。

（四）信息时代的城市

在《信息城市》和“信息时代三部曲”中，卡斯泰尔开始转向探讨信息技术的发展对城市的影响。在《信息城市》中，他提出了“流动空间”与“地域空间”的概念，前者是虚拟空间。两者的划分类同于虚拟社区与地域社区的概念。

此外，在该书中，他还承续卡萨达（John Kasarda）和莎森（Saskia Sassen）的研究，提出了“二元城市”的概念和理论。他指出，在信息经济逐步取代传统制造业的情况下，经济结构的调整引起了城市社会结构的变化，使得二元城市开始兴起。这种二元城市的社会结构是富人与穷人、雅皮士与无家可归者并存的城市社会结构，中产阶级出现萎缩。

在《网络社会的崛起》中，卡斯泰尔指出，全球化与信息化将促使“巨型城市”的产生。所谓巨型城市，是指“非常庞大的人口聚集体”，而且，还应当是“全球经济的焦点，集中了全世界的指挥、生产和管理的上层功能；媒体的控制；真实的政治权力；以及创造和传播信息的象征能力”②。他认为，未来的巨型城市人口将达到 4 000 万～5 000 万，其特征是在广阔的地域内建立起功能性连接，但在土地使用模式上却具有明显的不连续性。现代通信技术的迅猛发展为这种城市的形成和发展提供了可能性。巨型城市的魅力不在于大，而在于其多种功能的吸引力。卡斯泰尔预测，中国华南地区的深圳、珠海以及珠三角地区与香港、澳门正在形成中国的第一个巨型城市，人口将达到 4 000 万以上，面积为 5 万平方千米。

---

① See Peter Saunders, *Social Theory and the Urban Question*, Hutchinson and Co. Ltd, 1984, pp. 197 - 198.

② ［美］曼纽尔·卡斯泰尔：《网络社会的崛起》，496～497 页，北京，社会科学文献出版社，2001。

（五）21 世纪的城市社会学

1968 年，卡斯泰尔发表了《真的有“城市社会学”吗?》，质疑人类生态学的理论以及城市社会学研究。进入 21 世纪后，2002 年，他再次就这一问题发表了《21 世纪的社会学》，明确指出：过去有城市社会学，后来没有；21 世纪将会复活。他的具体观点如下：

第一，城市社会学是现代社会科学创立的一门显学之一。起源于工业化后快速城市化所产生的各种问题。芝加哥学派当时研究的核心问题是：社会整合，即在一个新的由乡村移民组成的城市社会中，由于人口增长、经济发展、社会流动以及社会冲突而造成传统的社会整合方式瓦解。芝加哥学派处理了当时美国社会的主要问题。

第二，20 世纪 60 至 70 年代，城市社会问题已经与芝加哥学派处理的问题不一样。社会整合不再那么重要，对城市社会的控制和发展取向的斗争变成最重要的课题，此外，还有城市社会运动等。这样，城市社会学从研究社会整合变成对发达资本主义社会冲突的研究。

第三，21 世纪面临的是信息化和全球化背景下的城市——“一个新的城市世界”，其主要特点包括：（1）21 世纪中叶，将有 2/3～3/4 的人口居住在城市。（2）全球城市化是不平衡的，中心仅集中在几个大城市。（3）互联网将遍布世界各地。（4）社会关系同时被个体性和社区共同性所影响；虚拟社区与实质社区密切互动。（5）各个国家都面临多族群和多文化的移民和移入。（6）城市地域空间的隔离日趋严重，有钱人门禁森严。（7）全球性的犯罪深深植入城市中。（8）公共空间越来越多地变成商业性的主题公园。（9）新的城市社会运动沿着两条线索：保卫地方社区和环境运动。

第四，21 世纪的城市社会学要解决的主要问题，将再一次面临社会整合问题。但是与当年的芝加哥学派不同，芝加哥学派当时解决的主要是将各种亚文化同化为一个城市文化；而现在要处理的是不同的文化和认同如何共处，因为在全球化时代，已经没有一个支配性的文化，所以各种文化如何相互适应、整合将变得越来越重要。研究的领域包括：（1）城市公共空间中的个人之间的社会交往性。（2）虚拟社区社会学的研究，如虚拟社区与实体社区的关系。（3）人们在全球性空间移动中的体验。（4）城市社会运动出现新的内容：保卫地方社区、环境运动等。新的运动形式——网络成为社会动员的工具。（5）时空压缩。（6）一些传统的研究，如依旧存在的城市贫困、社会排斥等问题。

第二节　美国的新政治经济学派

一、戴维·哈维的理论

戴维·哈维是剑桥大学博士，后在霍普金斯大学、牛津大学、纽约城市大学等校任教。他原为城市地理学家，后来由于受列菲弗尔的影响，开始转入社会学研究。在1973年出版的《社会公正与城市》中，哈维详尽地描述了他在理论研究上的转向。他认为，在面对城市贫困以及相关的社会问题时，地理学不能保持“客观性”。因此，如果要对现代城市社会与生活的特征进行广泛的研究，马克思是最适合借鉴的思想家；而马克思研究城市社会生活，是从最基本的原理出发，即从资本主义制度下，资本家占有工人生产的剩余价值的事实出发，来对城市社会的本质进行分析。从此，他正式展开了城市社会学的研究。1985年出版了两本重要著作：《意识和城市经验：资本主义城市化的历史和理论研究》和《资本的城市化：资本主义城市化的历史与理论研究》。这两本书自成系列，前者偏于历史的研究，后者偏于理论研究。之后，他还出版了《后现代性的条件》(1989)、《希望的空间》(2000)、《新帝国主义》(2003)、《新自由主义简史》(2005)和《马克思资本论导论》(2010)等。

在新城市社会学中，与列菲弗尔和卡斯泰尔比较起来，哈维更为彻底且始终一贯地坚持马克思主义观点。在20世纪70至80年代城市研究方面，他最主要的贡献就是资本的三级环程理论。

哈维借用了列菲弗尔资本环程的概念，并进一步发展了后者的思想。根据马克思主义关于资本主义生产和再生产周期性的原理，哈维提出了资本的三级环程流动的观点来解释资本运动的矛盾和平衡的关系。所谓资本的三级环程是：第一，资本的初级环程，即资本向产业（生产资料的生产）的投入以及向消费资料的利润性生产的投入；第二，资本的次级环程，即资本向建造环境和基础设施的投入；第三，资本的第三级环程，即资本向劳动力再生产设施（科技、教育、医疗）的投入。

首先，在资本主义再生产的高涨阶段，资本大量地流动于初级环程。但是，资本主义生产的社会化和资本主义私人占有制这对基本矛盾，决定了个别企业内部生产的有组织性和整个社会生产的无政府状态之间的尖锐冲突。当到了一定阶段，就会出现经济危机或者经济不景气，在初级环程中运动的资本再也不能继续谋取利润，因而出现积累过剩的现象。

其次，资本在初级环程中的积累过剩是资本主义生产基本矛盾的必然结果，为了摆脱困境，资本势必寻求新的出路。在这种情况下，从初级环程中分离出剩余资本投进次级环程。哈维认为，无论是生产还是消费过程，都需要有一个物质结构做基础。生产的物质结构指的是构成厂房、办公室及其用地的那一部分固定资本，这部分固定资本的价值不因为一个生产周期的完成而全部耗尽，哈维称之为生产方面的建造环境；消费方面的物质结构指的是非生产性的房屋（主要是住宅）、道路、基础设施等，哈维称之为消费方面的建造环境。所以，对次级环程的投资实质上是对生产和消费这两方面的建造环境的投资。

一般说来，除了住宅外，建造环境的投资是长期的和社会性的（即全社会共享），耗资大，私人资本若要寻求出路，就必须借助国家的力量。一方面，国家通过金融政策，使金融机构担负着蓄水池的作用，国家还利用债券形式，调集充斥民间的游资，向公共事业投资，如筑路、架桥、改造城市等。这样不仅能创造大量的就业机会，缓和劳资矛盾，还可以为私人资本的再生产创造良好的建成环境。另一方面，政府还通过行政措施、税务优惠政策和房屋政策等，鼓励和刺激私人资本向消费方面的建造环境投资，国家的干预使资本在初级环程和次级环程的流动上得到协调并趋向平衡。

哈维认为，资本在次级环程是投资，而投资是城市发展和变迁的主要决定因素，“城市的发展过程就是生产、流通、交换和消费的物质基础设施的创建”[①]。在哈维看来，城市的地理位置和地域资源等，可以像阳光、空气等自然物一样，为资本提供无价服务；土地及其之上的建筑物等城市基础设施可以不断地为资本创造价值。建造环境的不断创造价值的能力，使私人资本在次级环程中获取利润；繁荣的房地产业和土地炒买炒卖的投机事业，给私人资本带来了滚滚的财源。于是吸引了更多的过剩资本进入次级环程，当城市中心商业区可建面积趋于饱和时，资本便迅速地向郊区移动，投资于郊区豪华住宅区的建设，这样也就刺激了中产阶级的郊区化，造成城市中心或中心城市的衰落。

最后，资本进入第三级环程是指对科学技术、文化教育、医疗事业和公共福利事业的投资，初级环程和次级环程中的过剩资本在寻找投资机会时，也会考虑这些领域，但是从其本性上讲，私人资本并不情愿向不直接产生利润的第三级环程投资。由于国家从整个社会出发制定的各项政策进行干预和介入，以及主要为了提高劳动力再生产的水平，保证劳动力能更多地创造剩余价值，一般来讲，私

---

① D. Harvey, *The Urbanization of Capital: Studies in the History and Theory of Capitalist Urbanization*, Johns Hopkins University Press, 1985, p. 1.

人资本会与国家携手进行投资活动。

由此可见，私人资本在三大环程内投资与生产的不断运动和国家的干预作用，使资本积累周期性的矛盾得以暂时缓解。但是，哈维指出，城市空间利用的竞争已成为阶级斗争的主要部分。对于资产阶级来讲，城市土地的利用代表了租金、股息、利润、资本的获得；而广大工人阶级才是城市空间的基本消费者。在工厂里，资产阶级力图使其利润处于竞争和经营中的最大化，而工人阶级从所有者那里得到的收入则意味着资本利润的减少。在城市空间中也是如此，资本家“作为一个阶级，必然努力组织社会和城市空间，以便增强利润的最大化，而工人阶级的利益在组织的社会和城市空间中，只被压缩至最低限度的人道标准之上”①。这也就是为什么还很不错的住宅和办公大厦，一旦能够通过重建获取更大的利润，就立即被推倒，所有者绝不会考虑由于重建势必提高租金或价格给穷人造成的困境。哈维指出，阶级斗争常会在租金、房屋补贴政策和土地开发方面表现出来，如美国政府向富有的房屋所有者提供的补贴常数倍于低收入家庭，因为所有者阶级控制着政府的政策制定机构；再如，20 世纪 50 至 60 年代由联邦政府推动的城市更新计划摧毁了穷人的住房，根除了他们的社区，提高了城市中各处相同房屋的价格。

以上是哈维有关新城市社会学的研究。此后，他逐步转向更广泛的社会理论的创立，开始研究后现代社会的秩序、“时空压缩”以及美国的新帝国主义等。

二、戈特迪纳的社会空间视角理论

戈特迪纳是纽约州立大学布法罗分校教授，著有《城市空间的社会生产》(1985)、《美国的主题化》(1997)、《新消费方式》(2000) 与《新城市社会学》(2006) 等。在新城市社会学方面，他的贡献是提出了社会空间视角理论（sociospatial perspective）。

社会空间视角理论源于列菲弗尔，列菲弗尔指出，空间是社会活动的容器。而戈特迪纳认为，空间不仅是容器，也是影响人的行为的有意义的客体，一方面，个人或群体在特定的空间中活动，不断地进行调适；另一方面，人们也可以创建或者改变空间，以满足或者表达自己的需要和希望。也就是说，社会空间视角理论是关于人与空间相互影响的理论。

社会空间视角理论最基本的概念是“定居空间”，它指的是人们居住其中的

① W. Flanagan, *Contemporary Urban Sociology*, Cambridge University Press, 1993, p. 99.

建造空间。该空间既是建造的，也是人们为了进行经济、政治和文化活动的目的，进行具某种意义的规划而组织起来的。

社会空间视角理论主要包括如下观点：

第一，决定一个社会空间组织的关键空间模式首先是与该社会生产方式模式密切相关的经济特征相联系的。根据这一观点，城市的发展阶段与社会的经济变化大体上是同步进行的，如美国的城市发展就呈现以下的阶段特征：（1）商业—殖民主义阶段（1630—1812），殖民主义的沿海城市的发展，如波士顿、纽约、费城、新奥尔良、旧金山等城市。（2）工业化时期（1812—1920），工业城市的发展，如芝加哥、克利夫兰、匹茨堡、底特律、亚特兰大等城市。（3）寡头垄断资本主义时期（1920—1960），大城市和郊区的发展，如曼哈顿、芝加哥、丹佛、明尼阿波里斯、波士顿等城市。（4）全球化资本主义时期（1960年至今），多中心的巨型城市群的发展，如纽约城市群、洛杉矶城市群、拉斯维加斯城市群、凤凰城城市群以及达拉斯城市群等。

第二，社会空间视角理论批评将经济因素作为唯一因素的观点，也反对传统城市社会学过分重视技术作为变迁主要推动力的观点，力图将更多的因素纳入城市空间的分析框架中。戈特迪纳认为，城市空间镶嵌在一个复杂的政治、经济、社会与文化之网中，城市的发展是政治、经济、社会和文化等诸因素共同作用下的结果，持一种“整合性”的解释观，而不是主张和强调一个主要原因（诸如霍利的“运输技术”理论）。

第三，戈特迪纳认为，现代城市的发展主要是对城市土地投资的资本流动的结果，无论是为了建造住宅还是商业设施而购买土地，在房地产市场上的投资规模和采取的形式都会影响城市发展的主要特点。甚至可以讲，正是这一点导致了空间的生产。房地产领域构成了资本的单独循环，在这一循环过程中，利润得到释放。但是，它与制造业的利润产生不同，后者是生产即刻销售的商品；而前者是对土地的占有权，该商品可以卖出而获取利润，也可以在相关领域的社会财富使得房地产的投资更有价值时，进行开发后再卖出而获取更大的利润。由此可见，在房地产领域次级环程的财富增长与以制造业为主的初级环程中的利润产生有所不同。因此，由于这一原因，社会空间视角理论对房地产业特别关注，房地产业在推进城市发展中起着重要作用，这些推进作用往往是以不明显的方式影响城市进行抉择。

第四，由于资本循环在不同环程有不同点，也有相同点，所以，对城市的发展，需要关注资本在两个环程中的循环，以及初级环程与次级环程之间的联系。这方面的研究是更为复杂的工作，将会使用政治经济学的标准分析概念，如利润、投资、租金、阶级剥削等。此外，不仅要在地方或者国家的范围内，还要从资本主义的全球化体系角度关注居住空间。特别关注经济和政治的力量如何影响居住空间的社会生活，以及地方和国内因素与国际因素是如何相互作用的。

第五，社会空间视角理论强调城市空间中政府的关键作用，如政府对城市边界的划分与界定、公共投资、住宅政策等都会对城市空间产生重要影响。

第六，强调社会与空间的相互作用。在现代社会，定义不同群体之间差异性的有阶级、性别、种族和其他特性，这里，我们可以再加上空间这个因素。空间安排可以影响人的行为；另外，人们通过自己的行为和与他人的互动，不断地改变着现存的空间安排，建造新的空间以表达自己的需求和希望。阶级群体仍然是工业社会和后工业社会的基本要素，各群体在生活方式、态度、信仰、拥有的政治权力和影响方面各不相同。因此，这些群体对于社会空间的坐落和结构有着不同的影响。

空间环境充满了符号和象征，构成建造环境的市区和郊区是人类思想和行为的产物，是充满意义的场所。有时候，同样的空间符号被不同的人们共同地认知和接受，而有时候，人们会为空间的意义发生冲突。因此，文化取向的角色对理解城市生活非常重要。

第三节　英国的新韦伯主义

一、“住宅阶级”理论

英国新城市社会学的代表人物是阿德尔纳·约翰·雷克斯（Arderne John Rex）和雷蒙德·爱德华·帕尔。雷克斯毕业于利兹大学，1968—1970 年曾担任英国社会学会会长；帕尔先后在剑桥大学和伦敦经济学院学习，20 世纪 70 年代后期曾担任国际社会学学会都市与区域发展社会学研究委员会主席。雷克斯和帕尔的城市社会学研究受列菲弗尔的影响较少。他们继承了韦伯的科层制、市场情境（market situation）理论，认为阶级是由市场情境中的市场地位所决定的，因此，被人们称为新韦伯主义，明显地不同于卡斯泰尔、哈维接近正统马克思主义的分析立场。

雷克斯和罗伯特·摩尔（Robert Moore）在合著的《种族、社区与冲突：对斯巴克布鲁克的一项研究》（1967）中，肯定了芝加哥学派特别是伯吉斯的贡献。因为，他们揭示出城市在历史发展过程中，已经逐步分化成了不同的城市次级社区（sub-communities），它们在空间上属于不同的“圈”或者“地带”，与特定类型的居民相联系，这些居民群体性地显现出特定的文化。雷克斯与摩尔将芝加哥学派的理论作为自己研究的出发点，认为城市发展的过程涉及人口从市中心向外围区域的迁移，这一方面是由于中央商业区的扩张，另一方面则是中产阶级迁入新建的郊区。

雷克斯和摩尔通过对伯明翰内城的斯巴克布鲁克的研究发现，当中产阶级迁入郊区更好的独栋住宅后，他们在原郊区居住地的双拼住宅被下层中产阶级接手，而后者的原住宅又被工人阶级接手。这一城市发展的“蛙跳游戏”所产生的结果是，那些围绕城市中心而建的 19 世纪的各类住宅遭到废弃，一些曾经被下层中产阶级占有的住宅被人买下，作为宿舍租给刚刚进入城市的新移民。斯巴克布鲁克就是这样的内城区，其特征是建筑物衰微破败，越来越多的移民人口在此集中。

根据对斯巴克布鲁克的研究，雷克斯和摩尔指出，城市在某种程度上共享一个统一的地位—价值系统（statue-value system），即迁往郊区是所有阶层的居民的共同愿望，在郊区居住是身份和地位的象征。但是，由于广泛的需求和供给的不足，郊区住宅成为一种稀缺资源，而获取这一资源的途径在居民中的分配并不平等。雷克斯和摩尔指出了如何获取住宅资源和由此产生的冲突这两个要害，从而为城市社会学提供了分析城市发展的新方向。

在伯明翰，居民如欲通过住房贷款获得稀缺的住宅资源，需要面对当地政府制定的两条标准：第一，居民个人的收入水平，住宅协会等有关机构根据该标准决定个人是否有资格获得购买私人住宅的信用贷款，这无疑有利于收入较高且稳定的那些居民。第二，对那些申请政府兴建的条件良好的公共住宅的居民进行资格认定，当地政府规定，只有在当地居住五年以上的居民才有资格申请，这样就将新移民排除在外。即使达到了政府规定的年限，那些移民仍然要接受政府有关人员的等级评定，以此决定他们可以获得哪类公共住宅。通常，黑人家庭常被分配到内城区条件不好、年久失修的公共住宅。

雷克斯和摩尔进一步分析到，白人中产阶级一般能够通过市场机制获得私人产权的郊区住宅，白人劳工阶级则可以通过政府分配机制获得郊区公共住宅的资源。除此之外的居民（主要是移民）一般是无法实现居住在郊区的愿望的，不得不在内城的过渡区内寻找栖身之所。一般来讲，他们往往租住私人出租的房屋，或者购买斯巴克布鲁克这些地区的破败的住宅。由于这种购买不能享受有关部门的信用贷款，因此，他们只能求助于短期高息贷款，为了偿还贷款和利息，他们再将住宅分租给其他移民。随着更多的外来移民涌入，当地的原土著居民加速流出，该地区就成为少数族裔移民的天下。由于社区居住环境的不断恶化，政府出于安全和健康的考虑，采取措施来阻止这一地区的扩张，从而导致了隔离的固定化。[①] 雷克斯和摩尔指出，“任何将这一区域居民永久隔离的做法都一定会导致冲突，一个通过隔离主义政策来阻挠人们实现改善他们地位的希望的城市，某种形式的城市骚乱就是其长久的宿命”[②]。

他们认为，“城市社会学的核心问题……是对住宅使用的阶级斗争，而这种阶级斗争是作为社会单元的城市发展的中心线索”；住宅资源的分配不平等造成了城市的社会冲突。接着，他们又指出，“韦伯认为，阶级斗争倾向于出现在财产差异化获得的市场情境中的人群之间，这种阶级斗争不仅仅是围绕产业生产方式的使用，而且也围绕对家庭财产的控制而产生”[③]。他们指出，一个人在住宅市场上的市场情境或市场地位，并非全部取决于其收入水平和在劳动力市场上的地位。因为，具有同样的劳动力市场地位的人，在住宅市场上的地位仍然有差别，其背后的决定因素就是政府的相关政策。

在以上分析的基础上，雷克斯首次提出了“住宅阶级”的概念。他在 1968 年发表的《过渡区域的社会学》一文中专门指出，“韦伯认为，任何市场情境与劳动力市场（不限于此）都会导致具有共同市场地位和市场利益的群体出现，这些群体可以被称为阶级。我们需要做的仅仅是将科层制系统考虑在内，从而确定‘住宅阶级’这个概念，该概念在分析城市结构和发展方面极为有用”[④]。

在《种族、社区与冲突：对斯巴克布鲁克的一项研究》中，他们划分出六种市场情境类型，并未直接使用住宅阶级。后来，在《过渡区域的社会学》一文中，雷克斯才明确指出，在英国较大的城市中都可以区分出以下七种住宅阶级：

其一，拥有自己大型住宅的全部产权，且住在令人满意区域的居民。

其二，通过抵押贷款方式而拥有该类住宅，且居住在令人满意区域的居民。

其三，住在政府兴建的公共住宅的租户。

其四，住在政府兴建的位于等待拆除的贫民窟型的公共住宅的租户。

其五，住在私人出租的住宅者，通常在内城区。

其六，那些将房屋改为宿舍租出去的房主，为了满足政府规定的住房贷款条

---

① See Peter Saunders, *Social Theory and the Urban Question*, Hutchinson and Co. Ltd, 1984, pp. 111 - 114.

② John Rex & Robert Moore with the assistance of Alan Shuttleworth, Jennifer Williams, Race, *Community and Conflict: a Study of Sparkbrook*, Oxford University Press, 1967, p. 9.

③ Ibid, pp. 273 - 274.

④ John Rex, The Sociology of a Zone of Transition, in: C. Bell & H. Newby, *The Sociology of Community*, Frank Cass and Co. Ltd, 1974, pp. 177 - 178.

件，他们必须有一定数量的租户，通常处于过渡区。

其七，租住在以上宿舍的租户。①

他们的理论存在较大争论，桑德斯认为，应当按照韦伯关于财产或货币占有决定阶级的观点，以是否拥有住宅所有权为标准对住宅阶级进行划分。

后来的泽兰尼在研究匈牙利城市住宅的著作《国家社会主义的城市不平等》中指出，匈牙利的住宅体系是不平等的，其原因在于行政分配体制。

他借鉴雷克斯、摩尔的概念，提出了六种住宅阶级：(1) 租住国有部门的新公寓，享有最高的住宅补贴者；(2) 租住国有部门的旧公寓，享有较少的住宅补贴者；(3) 通过市场途径获得私人的住宅，享有一定补贴者；(4) 新住宅的自建者，享有极少补贴；(5) 破旧住宅的私有者；(6) 无房者。

二、"城市经理人"的研究②

雷克斯和摩尔指出，城市住宅稀缺资源的获得，并非仅仅是市场机制在起作用，政府的科层制系统同样是决定性因素。由于这两种因素，城市住宅的分配处于不平等的状况。在此基础上，帕尔提出了"城市经理人"理论，试图进一步分析城市住宅资源的分配机制。

帕尔认为，收入的不平等是决定城市不平等的重要因素，但是，政府配置的城市资源在个人生活机会的分配方面同样很重要。因此，城市社会学的任务就是研究由市场和科层制影响的城市不平等的分配模式。他写道，"城市社会学家关注的是那些影响城市中人们生活机会的基本约束，迄今为止，这些约束都归为一种模式"③。他对城市的定义很独特，指出，城市是"由报酬—分配系统组成的一给定的环境或者构造，它将空间作为一个重要的要素"④。

帕尔的分析思路包括三个要点。

其一，空间是帕尔分析的重要因素。他认为，空间与生俱来就是不平等的，因为，在空间与任何城市设施相联系的情况下，不可能出现任何两个人或两个以上的人同时占有那一个空间。这就是为什么城市资源必须包括空间这个要素。也因此，城市社会学不研究所有的分配制度，"住宅和交通是我城市视野中的要素，

---

① See John Rex, The Sociology of a Zone of Transition, in: C. Bell & H. Newby, *The Sociology of Community*, Frank Cass and Co. Ltd, 1974, 178.

② 这一部分内容参考了 Peter Saunders, *Social Theory and the Urban Question*, Hutchinson and Co. Ltd, 1984, pp. 116 - 121.

③ Raymond Edward Pahl, *Patterns of Urban Life*, Longman, 1970, p. 53.

④ Raymond Edward Pahl, *Whose City*? Penguin, 1975, p. 10.

而家庭津贴和养老金计划就不是”[1]。城市社会学关注的是那些与城市空间的固有的不平等性相联系的资源分配模式。

在帕尔看来，城市资源分配上的不平等性是无法避免的，所以，生活机会的空间限制也就总是不同程度地独立于经济和政治制度的模式。“政治的干预可以改善这些限制，但是不能完全消除其影响。”[2] 资本主义社会和社会主义社会都会面临这一空间逻辑的运行。

其二，城市资源不平等的分配主要是那些在社会中占据重要位置的个人的行为后果。在城市社会中，存在着各种各样的“看门人”（gatekeepers），他们决定不同类型的人群对不同类型的城市关键资源的获取以及获取程度。城市社会学的任务就是研究这些“看门人”的目标、价值取向，以便解释他们制定的分配模式。“我们承认，某些城市资源总是处于稀缺状态，不管一个社会中权力的分配是怎样的，社会的限制和空间的限制都会相互强化。但是，假定某些经理人居于决定目标的位置上，那么，这些目标是什么，以及作为这些目标基础的价值取向又是什么？”[3]

其三，在任何社会中，城市资源分配导致的冲突都不可避免。这是因为这些资源对于决定个人的生活机会相当重要，而它们肯定是稀少的和分配不平等的。“对于城市设施和资源的获取性质和类型影响着基本的生活机会”。帕尔还认为，城市不平等的分配模式并非总是一眼看去就清晰可见，一些群体可能显现出对于某一类资源拥有特权，而另一些群体可能是对另一类资源拥有特权。但是，在不久的将来，有意识的、共同的城市剥夺可能会进一步发展，其中，管理者与被管理者之间的冲突将会产生。“我不能肯定，围绕获取稀缺城市资源和设施的手段的确切的阶级斗争是否会出现……不过，日益增加的政治压力将或许会更多地减少居住地的不平等，而非工作场所的不平等。”[4]

以上三方面，即空间的限制、社会的分配和冲突，构成了帕尔的城市社会学分析的框架。

关于城市经理人的概念，帕尔一开始界定得很宽泛，既包括公共部门的工作人员也包括私人部门的雇员。凡能控制获取城市主要资源的个人，如住房部门管理者、房地产商、地方政府的官员、住宅协会的代表、保险经纪人、社会工作

---

① Raymond Edward Pahl, *Whose City*? Penguin, 1975, p. 10.

② Ibid, p. 249.

③ Ibid, p. 208.

④ Ibid, p. 257.

者、议员等都包括在内。后来，他作了修正，城市经理人主要指地方政府机构中的负责人，私人机构的经理人和政府科层制以外的人不在其内。

帕尔一开始将城市经理人看作自变量，即作为稀缺资源的分配者和控制者。这样，就可以根据城市经理人的目标、价值取向来分析和解释任何既定的资源分配模式。这一立场与雷克斯和摩尔的观点相同，后者也将政府住房部门的管理者、规划者、住宅协会的负责人、公共住宅访问员等人的行为看作伯明翰住宅分配不平等的根源。

后来，帕尔认识到，地方政府官员受制于其与市场机制和中央政府的关系。因此，他将城市经理人作为中介变量，他们一方面要协调私人部门攫取利润的压力与社会需要之间的矛盾，另一方面还要协调中央政府与当地民众之间的关系。

这一转变使得帕尔在以后的研究中，一方面，仍然将地方政府官员的目标、价值取向和行为作为有效和有用的分析对象；另一方面，他将这一分析置于更广阔的理论框架中，国家和资本主义经济成为关键的变量。

本章要点

新城市社会学主要包括法国的新马克思主义、美国的新政治经济学派和英国的新韦伯主义；列菲弗尔是新城市社会学理论的奠基者，也是城市空间研究的开拓者，他将通常作为背景性概念的空间变为研究的对象；卡斯泰尔理论的核心概念是集体消费，他还指出，21 世纪的城市社会学面临诸多新的课题；哈维的主要贡献是资本的三级环程理论；戈特迪纳提出了人与空间相互影响的社会空间理论；雷克斯和摩尔的住宅阶级理论一直存在争议，但也一直颇有影响。

基本概念

空间　空间的表达　空间生产　集体消费　城市社会运动　建造环境　定居空间

复习思考题

1. 请阐述新城市社会学产生的背景与发展阶段。
2. 列菲弗尔关于空间生产的论述是什么？
3. 资本主义空间的功能与主要矛盾是什么？
4. 请分析列菲弗尔对空间进行研究的意义。
5. 卡斯泰尔“集体消费”理论的主要内容是什么？
6. 卡斯泰尔是如何解释城市社会运动产生的原因的？

7. 如何看待卡斯泰尔关于21世纪城市社会学研究的论述？

8. 哈维的资本三级环程理论的基本内容是什么？

9. 哈维是如何论述城市空间中的利益冲突的？

10. 戈特迪纳的社会空间视角理论的内容是什么？

11. 请叙述“住宅阶级”理论及你的看法。

12. 城市经理人的研究内容是什么？

13. 人类生态学和新城市社会学两者各自的利弊是什么？

推荐阅读参考书目

［法］亨利·列菲弗尔．空间与政治．上海：上海人民出版社，2008

［美］索亚．第三空间——去往洛杉矶和其他真实和想象地方的旅程．上海：上海教育出版社，2005

［美］曼纽尔·卡斯泰尔．21世纪的都市社会学．见：许纪霖主编．帝国、都市与现代性．南京：江苏人民出版社，2005

［美］曼纽尔·卡斯泰尔．网络社会的崛起．北京：社会科学文献出版社，2001

夏铸九，王志弘编译．空间的文化形式与社会理论读本．台北：明文书局，2002

汪民安，陈永国，马海良．城市文化读本．北京：北京大学出版社，2008

高鉴国．新马克思主义城市理论．北京：商务印书馆，2006

蔡禾．城市社会学．广州：中山大学出版社，2003

D. Harvey. *The Urbanization of Capital*: *Studies in the History and Theory of Capitalist Urbanization*. Johns Hopkins University Press，1985

W. Flanagan. *Contemporary Urban Sociology*. Cambridge University Press，1993

John Rex & Robert Moore with the assistance of Alan Shuttleworth，Jennifer Williams. Race. *Community and Conflict*: *a study of Sparkbrook*. Oxford University Press，1967

Mark Gottdiener，Ray Hutchison. The New Urban Sociology. McGraw - Hill Higher Education，2000

Peter Saunders. Social Theory and the Urban Question. Hutchinson and Co. Ltd，1984

第九章

全球化与全球城市理论

近30年来，最重要也是最有影响力的经济、政治和文化现象之一也许就是全球化。伴随着全球化的迅猛发展，全球城市开始受到越来越多的学者的关注，特别是城市社会学家对此进行了开创性的、深入的研究。

第一节　全球化理论

一、全球化的主要理论

(一) 全球化的概念

根据研究全球化的权威社会学家沃特斯（Malcolm Waters）的考察，“全球的”（global）这个术语已有400年的历史，但是，到20世纪60年代以后，“全球化”（globalization）才成为一般性用语。他还说道：“就像后现代主义是20世纪80年代的概念一样，全球化也许是20世纪90年代的概念，是我们赖以理解人类社会向第三个千年过渡的关键概念。"[①] 另外一名研究全球化的著名学者罗伯森（Roland Robertson）也认为，直到20世纪80年代，或者到80年代中期，学术界才认识到全球化概念的重要意义，以后，该术语的使用开始全球化。

有关全球化的定义有很多，罗伯森指出，"作为一个概念的全球化，既指世界的压缩，又指作为一个整体的世界意识的强化……既指20世纪全球性的相互依赖，也指作为整体的全球意识"[②]。在《全球化：关键词》中，沃特斯写道，"我们可以将全球化定义为这样一个社会过程，即社会和文化安排的地理限制消失，而且，人们愈加意识到它们正在消失"[③]。另一位著名社会学家阿尔布劳（Martin Albrow）则将全球化定义为："所有世界各民族融合成一个单一社会、全球社会的过程。"[④]

（二）全球化的理论

全球化概念出现得较晚，但是，全球化现象早已有之。社会学对全球化现象进行整体研究的理论主要有中心—边缘和依附理论与世界体系理论。

1. 中心—边缘和依附理论

20世纪50年代前后，阿根廷经济学家和社会学家普雷维什（Raúl Prebisch）提出中心—边缘理论；后来，在60年代，他进一步提出了依附理论。70年代以后，依附理论发展为激进主义、改良主义和正统主流的依附理论等，各自的代表人物包括弗兰克（Gunder Frank）、阿明（Samir Amin）、卡尔多索（F. H. Cardoso）和多斯桑托斯（Dos Santos）等。不过，他们的共同点是自觉或不自觉地运用了马克思主义的一些基本立场和方法，认为世界性的资本主义生产体系及其形成的国际分工格局、国际交换体系和不平等的国际经济秩序是依附形成的主要原因等。

中心—边缘理论以资本主义世界生产和流通体系为分析单位，认为世界经济已经成为一个体系，该体系由中心和边缘两部分构成。根据中心—边缘理论，不发达是根源于资本主义理论的一个概念，即不发达不是传统的结果，而是那些在中心资本主义国家中资本主义发展所必需的过程，即在世界范围内持续再生产的一部分。

---

① Malcolm Waters, *Globalization: Key Ideas*, Routledge, 1995, p. 1.

② R. Robertson, *Globalization*, Sage, 1992, p. 8.

③ Malcolm Waters, *Globalization: Key Ideas*, Routledge, 1995, p. 3.

④ Martin Albrow & Ms Elizabeth King, *Globalization, Knowledge and Society: Readings from International Sociology*, Sage, 1990, p. 9.

该理论认为，在资本主义的中心国家中，经济由市场力量所决定，那里存在着高度有机构成的资本，工资水平相对较高。而在边缘国家，资本的有机构成程度低，工资水平不能平衡劳动力再生产的成本，所以劳动力再生产的成本常常是由非资本主义经济进行补贴，主要是农村经济的补贴，所以，边缘经济的生产和流通可能主要是由非市场力量如亲属关系等实现。

中心—边缘理论指出，全球经济的特征就是这种中心经济与边缘经济的结构关系，中心经济通过贸易、政治和军事的力量从边缘国家中攫取利润。其中一个主要因素就是工资水平的不平等，这样，就使得中心经济的企业可以在不发达地区通过部分或者全部设厂而获取利润。但是，资本主义在边缘经济国家和地区建立工厂的表象，常常掩盖中心—边缘的结构性关系，实际上，资本主义发达国家正是通过牺牲非资本主义经济的利益来发展和繁荣自己。

多斯桑托斯指出了依附的定义，即依附是一些国家的经济受制于它所依附的另一个国家的发展和扩张。依附的结果是产生了一种扭曲的经济结构和社会结构。经济结构上表现为：一是经济上从属于优势资本主义国家的结构，如只生产初级产品；二是产品、资本和技术极端依附海外市场或者少数几个国家。扭曲的社会结构包括外资与买办的形成和极端社会不平等的出现。

2. 世界体系理论

该理论是对中心—边缘和依附理论的深入发展，主要人物是著名社会学家沃勒斯坦（Immanuel Wallerstein）。沃勒斯坦毕业于哥伦比亚大学社会学系，现任教于耶鲁大学，最重要的代表作是1974年、1980年和1989年出版的《世界经济体系》三卷本，其他著作还有：《资本主义世界经济》（1979）、《历史资本主义》（1983）、《世界经济的政治学——国家、运动和文明》（1984）、《否思社会科学——19世纪范式的局限》（1991）、《世界体系分析导论》（2004）等。罗伯森指出，“尽管各种社会学家在60年代形成了对全球性分析的兴趣，但沃勒斯坦70年代和80年代初的研究对社会学理论中的‘全球转向’作出了很大贡献”①。

沃勒斯坦将“世界体系”定义为：任何由相互依赖的各部分组成的历史社会体系，该系统根据明确的规则形成有限的结构和运行；或者是“具有一种劳动分工和多种文化系统的单元”②。历史上存在两种主要的世界体系：帝国体系和现代世界体系。现代世界体系也是世界经济体系，它远比任何合法确立的政治单元

① ［美］罗兰·罗伯森：《全球化：社会理论和全球文化》，94页，上海，上海人民出版社，2000。

② Wallerstein, The Rise and Future Demise of the World-Capitalist System: Concepts for Comparative Analysis, *Comparative Studies in Society and History*, 1974, Vol. 16, No. 4, p. 390.

要大，且“其各部分的基本联系是经济联系”[①]，即是在劳动分工基础上形成的。在沃勒斯坦看来，由于私人资本积累的本性，资本主义世界经济通过在全世界各地进行生产开发和市场销售，成为世界体系的主要驱动力。因此，现代世界体系也就是“通过最终将所有一切都变成商品，而进行无休止的私人资本积累的体系”[②]。

现代世界体系的主要特征是它没有一个单一的政治中心，它不是一个政治实体，而是一个经济实体。这恰好与帝国体系形成对照，后者是一个控制大片地域的单一政治体系。但是，“正是因为资本主义世界经济体系在其边界内存在着不止一个中心，而是多个中心，它才一直能够兴旺发达”；这种多中心给予资本主义“结构所具有的机动自由”，“使得世界体系的持久扩张成为可能”[③]。

现代世界体系起源于15世纪末16世纪初的欧洲，但是，直到17世纪中叶，才逐步形成为中心—边缘—半边缘的格局。中心是西欧和北欧，边缘是东欧和西半球，半边缘是地中海周围的欧洲各国。[④] 欧洲封建主义的危机产生了寻找市场和资源的强烈动机，技术的进步为其在全球各地的探险提供了坚实的基础。一开始，欧洲的各部分在扩张方面仅有微小的差别，但是，通过中心对世界各地贸易的专业化活动，起初微小的差别最终获得了巨大的优势。

现代世界体系包括了在一个世界市场内的劳动分工与多个国家和文化，分工并非均匀地分布于整个世界体系，而是根据世界经济的中心—边缘—半边缘的等级，功能性地分布在各个明确的地理区域上。中心国家集中在高技术、资本密集程度高的产业，它们拥有强盛的军事力量，独占世界经济大部分的商品供给。边缘国家则集中在低技术或无技术、劳动力密集程度高、原料初加工的产业，军事上衰弱。半边缘国家较之边缘国家，对中心国家的依赖程度要低，它们有比较发达的专业化经济，军事上也较强。早期的世界体系中心—边缘—半边缘的格局，到20世纪末，已经发展成为包括欧盟国家、美国、日本在内的中心国家，包括石油输出国、前东欧国家和“亚洲四小龙”在内的半边缘国家及地区，包括亚

---

① Wallerstein, *The Modern World-System*: *Capitalist Agriculture and the Origins of the European World-Economy in the Sixteenth Century*, Academic Press, 1974, p. 15.

② Wallerstein, *The Modern World-System III*: *The Second Era of Great Expansion of the Capitalist World-Economy*, 1730—1840*s*, Academic Press, 1989, p. 10.

③ Wallerstein, *The Modern World-System*: *Capitalist Agriculture and the Origins of the European World-Economy in the Sixteenth Century*, Academic Press, 1974, p. 348.

④ See Wallerstein, The Rise and Future Demise of the of the World-Capitalist System: Concepts for Comparative Analysis, *Comparative Studies in Society and History*, 1974, Vol. 16, No. 4, p. 401.

洲、非洲和拉丁美洲的欠发达国家和大多数前殖民地国家在内的边缘国家。

在现代世界体系中，中心国家对外不需依赖世界体系中的任何一个单一国家，对内服务于富人阶级的利益，努力维持边缘国家对它们的依赖。半边缘国家在世界体系中是“必要的结构要素”，因为“它们可以部分地转移边缘国家可能存在的针对中心国家的政治压力”[①]，阻止世界的两极化、缓和中心—边缘的冲突。中心国家打造的意识形态巩固了世界体系中的统治集团的地位，它力图使边缘国家相信世界体系的“神话”，认为“它们自己的福祉都隐藏在该体系的发展中”[②]。

沃勒斯坦认为，建立在欧洲优势和世界体系结构特性基础上的扩张，在1733—1817年期间，使得欧洲经济将更广阔的地区纳入其有效的劳动分工体系中来，如印度次大陆、奥斯曼帝国、俄国沙皇帝国以及西非各国等。“到19世纪下半叶，现代世界体系才真正成为地理上的全球化，而直到20世纪下半叶，中心国家和最遥远的边陲才被有效地整合。”[③] 至此，世界各地的绝大多数产品都成为市场上的商品，绝大多数劳动力都成为工薪劳动者。

对世界体系的控制从一个权力中心向另一个权力中心的转移，是由于生产力的进步、垄断的坍塌和军事上的胜利。17世纪中叶，霸权国家是荷兰；19世纪中叶，则是英国；到20世纪中叶，已变成美国。

二、全球化成因

那么什么是全球化的主要成因呢？沃勒斯坦虽然认为，世界体系也涉及政治、社会和文化方面的全球化，但是，他的主要观点为世界体系是世界经济体系，其基础是全球的劳动分工。与他持相同看法的研究者也认为，全球化存在的单一或首要的动力，是资本主义经济的发展和技术的变革。不过，虽然这种解释很多，但也受到越来越多的批评。反对者认为，这种解释过于简单化。他们认为，全球化是诸多因素共同作用的结果，这些因素包括技术变革、经济或市场力量、文化以及政治变革等。

---

① Wallerstein, *The Modern World-System: Capitalist Agriculture and the Origins of the European World-Economy in the Sixteenth Century*, New York, Academic Press, 1974, pp. 349 - 350.

② Wallerstein, The Rise and Future Demise of the of the World-Capitalist System: Concepts for Comparative Analysis, *Comparative Studies in Society and History*, 1974, Vol. 16, No. 4, p. 404.

③ Wallerstein, *Utopistics: Or, Historical Choices of the Twenty-First Century*, The New Press, 1998, p. 9.

1. 西方现代化的吸引

发达国家的工业化、现代化、理性化的进程，吸引全世界纷纷效法，使得世界各国经济体制的趋同为经济全球化发展扫清了体制上的障碍。在当今世界，越来越多的国家认识到，只有选择市场经济体制，才能加快本国经济发展的速度、提高本国经济的运转效率和国际竞争力。世界各国都不约而同地走上了向市场经济转型的道路。由此造成的各国在经济体制上的趋同，消除了商品、生产要素、资本以及技术在国家与国家之间进行流动的体制障碍，促成了经济全球化的发展。

2. 科学技术的发展

全球化需要基本的物质技术基础，如代表当代最新科技的信息和通信技术以及电子经济的发展，现代航空运输工具如飞机的广泛使用，以及电视媒体特别是卫星电视带来的"地球村"现象。这些技术的发展形成了哈维所讲的"时空压缩"的现象，使得距离对于企业和个人来讲已经不成为障碍，组织和个人的活动范围可以延伸到全球各地。

3. 全球经济联系的发展

跨国公司日益成为世界经济活动的主宰力量，其商品生产环节分布于不同国家，并因此使相关各国间的经济关联程度提高。WTO多边贸易体制框架使得世界贸易进一步规范化，国际贸易障碍逐步消除，贸易自由化程度提高，国际贸易量迅速增长。来自世界银行和《财富》杂志的统计显示：2000年，世界500强企业的销售总额为14.07万亿美元，占当年世界GDP规模30.35万亿美元的46.36%，将近一半。20世纪70年代以来，以美国为首，各国相继放松金融管制，推进金融自由化，放松了外资金融机构进入和退出本国金融市场的限制，拆除了不同金融业务的"隔离墙"，加快了金融业的整合。自由宽松的法律与政策环境，加上计算机、通信和网络技术的广泛应用促进了金融市场的全球化，从而形成了时间上相互接续、价格上相互连动的统一国际金融大市场。

4. 政治上各种国际组织的发展

跨国集团以及区域组织的政治合作，逐渐减少了单一民族国家的主宰和垄断。国际组织的进一步发展与活跃，如联合国、世界银行、世贸组织、国际货币基金组织、世界卫生组织以及欧盟等，有效地推动和扩展了各个国家之间经济、社会与文化联系的互动。

5. 文化的全球化

英国的社会学教授戴维·赫尔德（David Held）等人在《全球大变革》一书中，描绘了现当代文化全球化的形态。他们认为，在现代早期，由于人口和军事上的优势，基督教传播到美洲，西方文化对新大陆以外地区的渗透和影响非常有限。在现代，西方的全球性帝国建立了跨国的和跨洲的电信网络，越来越多的文化制度和文化交流在新兴的民族国家层次上形成。在当代，电信、语言互动和交通等基础设施更为广泛，文化接受、传播的新方式在全球普及（电视、广播等），大众文化形式也出现了全球性，如大众旅游、生活方式的全球化，世界性体育竞赛活动（奥运会、世界杯）等。

以上诸因素逐渐促使人们全球化视角或全球化意识的形成，如罗伯森指出的，“作为一个整体的世界意识的强化”或者说“全球意识”的增强。其意思是指个体参照整个世界而不是参照世界的一部分（地区或国家）来说明自己的现实世界的概率增大。也就是用全球性术语重新定义我们面临的所有问题，或者说使这些问题相对化。例如，人们从“世界秩序”的意义上重新定义政治、军事问题；从某种“国际性衰退”中重新定义经济问题；从“拯救地球”的意义上重新定义污染和净化问题等。

第二节　全球化背景下的城市发展

一、当代全球经济的空间特征

1. 资本主义全球经济发展的条件之一是地理空间的扩张

以无休止的资本积累为本质特征的资本主义经济的发展需要两个条件：所有物品的不断商品化和这些商品必须是整个商品链条中的一部分。现代世界体系就是这个商品链体系，商品链的长短决定了世界体系劳动分工的边界，这一体系包括以下要素：商品链需要的原材料、运输和通信技术、劳动力、资金以及整合进世界体系的政治力量等。

资本主义经济在全世界进行的地理空间扩张分为三个阶段：

（1）1450—1650 年，第一次扩张，主要在欧洲。

（2）1750—1850 年，第二次扩张，包括奥斯曼帝国、俄国、西非的一部分、南亚和东南亚的一部分、美洲。

（3）1850—1900 年，第三次扩张，扩张到非洲和亚洲的其他地区以及大洋洲。

正是在第三次扩张中，资本遍布全世界，它在历史上第一次将全球都纳入资本主义经济体系中。

2. 全球化中不同的地理空间特征

（1）国家内部以及外部关系中的地理空间。在早期，主权国家成为最早的全球化的推动者，促进了资本主义在其疆域内和国家之间的发展。而现在，民族国家在区域管理方面仍然非常重要，但是，在资本主义全球地理空间内，传统的统一体的特征已经逐步丧失；民族国家的空间已经成为全球化大背景的一部分，民族国家也在不断地对自己的空间进行重新定位，以适应全球化的发展。在国家内部，城市是经济发展和政治管理的中心，标志着民族国家疆域内的中心与边缘。

（2）当代全球经济的地理空间。全球化的不断发展已经产生了各国互动的新模式和新需求：伴随着全球化的发展，对全球经济活动进行进一步整合的要求，如技术研发基地和必要的基础设施，对跨国公司的复杂的组织与管理，高层次人力资源的储备，巨量信息的集中和处理等。所有以上这些需要的积聚，引起了世界城市与全球城市的产生。

二、世界城市研究

20世纪80至90年代，一些学者认为，随着信息通信技术的发展，人们可以在家上班，不必都集中在城市。因此，城市将会萎缩、退化。但是，这种观点忽略了全球化经济的主要特征之一就是全球化经济是经济的分散与集中。分散指的是生产与服务的分散，集中指的是跨国公司的战略计划、财务控制和信息管理的集中。

早在1886年，英国的《伦敦新闻画报》就第一次使用了“世界城市”（world city）这个词来对当时的利物浦进行描述，指出利物浦是“欧洲的纽约”，“是一个世界城市而不仅仅是英国的地方城市”[①]。1915年，英国城市和区域规划家格迪斯（Patrick Geddes）在《进化中的城市》一书中，明确使用了“世界城市”这个概念，指那些在世界商业活动中发挥重要作用的城市，他指出了巴黎、柏林、芝加哥等城市的统领作用和工业中心地位。英国学者霍尔（Peter Hall）则依据格迪斯的概念，第一次对世界城市进行了系统的研究。1966年，他出版了《世界城市》，认为世界城市是对世界或者大多数国家产生政治、经济和文化影响的大城市。同时，他提出了七条标准：

第一，政治权力中心。世界城市不仅是国家和各类政府的所在地，有时也是国际机构的所在地，还是各类专业性组织（如工会、雇主联合会等）和工业企业总部所在地。

第二，贸易中心。世界城市通常拥有大型的国际海港，是公路和铁路的重要

---

① ‘Liverpool: Port, Docks and City’, Illustrated *London News*, 15 May 1886, quoted in John Belchem ‘Liverpool's Story is the World's Glory’, in: John Belchem Revised 2nd ed., *Merseypride: Essays in Liverpool Exceptionalism*, Liverpool, 2006, p. 5.

枢纽、大型国际航空港。

第三，主要银行的所在地和国家金融中心。世界城市是中央银行、大银行、大保险公司总部的所在地。

第四，各类人才聚集的中心。世界城市集中了大型医院、大学、科研机构、国家图书馆和博物馆等各项科教文卫设施。

第五，信息汇集和传播的中心。世界城市有发达的出版业、新闻业以及电视网总部。

第六，不仅是巨大的人口中心，而且集中了相当比例的富裕阶层人口。世界城市是奢侈品工业和商店最早发展的地方，新的商业经营形式最早在这里出现。

第七，随着制造业贸易向更广阔的市场扩展，娱乐业成为世界城市的另一种主要产业部门。

霍尔从以上几方面对伦敦、巴黎、莱茵—鲁尔、莫斯科、纽约、东京进行综合研究，认为世界城市是欧洲工业资本主义发展的产物，居于世界城市体系的顶端。不过，他的关注点多是一个国家内部的组织，忽视了跨国公司这一组织。

20 世纪 80 年代末期，布罗代尔（Fernand Braudel）在其著作中，也对世界城市进行过论述。他指出，世界城市是资本主义与世界经济的中心。

但是，在世界城市的研究方面，最著名的是弗里德曼（John Friedman），他在芝加哥大学获硕士和博士学位，现在是英属哥伦比亚大学社区与区域规划学院的教授。1981 年，弗里德曼发表了文章《关于世界城市未来札记》；1982 年，他和沃尔夫（Goetz Wolf）发表了《世界城市的形成》。他们以沃勒斯坦的世界体系理论为基础，认为该体系通过世界城市构成的网络进行空间的联系。世界城市既是世界经济与单个国家经济之间的接合点，也是跨国资本与民族国家的政府之间政治冲突的舞台。这一世界城市形成的理论不是韦伯的理想类型，而是重大的历史发展趋势。在此基础上，弗里德曼和沃尔夫提出一个重要的假设：世界体系整合的方式（形态、强度和对空间的支配）将会决定性地影响世界城市的经济、社会、政治与空间的结构，以及将经历的城市化进程。这种整合是各种力量错综复杂、相互作用的结果。

世界城市的研究不是无所不包的理论体系，而是假设与研究的起点，其起点可从四方面开始：经济重组（服务业的成长与制造业的退萎）、社会重组（阶级的两极分化）、政治冲突（阶级利益与斗争）和物质重组（超级城市的发展及其管理）。

1986 年，弗里德曼发表文章《世界城市假说》，在文章中，他提出了七大假说。

第一，城市与世界经济整合的形式和程度，以及在新劳动分工的空间中城市获得的功能，将决定其所有的结构变化。

第二，世界主要城市已经被全球资本用作生产和市场的空间组织和连接的"基点"，这些城市或基点可被称为"世界城市"。

第三，世界城市的全球控制功能可在其生产和就业的结构和动力方面得到直接反映。

第四，世界城市是国际资本集中和积聚的主要场所。

第五，世界城市是大量国内移民和国际移民的目的地。

第六，世界城市的形成引起了工业资本主义的矛盾，特别是阶级和空间的两极化。

第七，世界城市的成长会出现超出国家财政能力的社会成本。

根据他的看法，世界城市有七条标准：(1) 主要的金融中心；(2) 跨国公司所在地；(3) 国际性机构的所在地；(4) 第三产业的高度发展；(5) 主要的制造业中心；(6) 世界交通的重要枢纽；(7) 城市人口达到一定规模。

弗里德曼提出，世界城市是一个包括两个层次的城市系统。第一个层次分为：(1) 纽约、伦敦、东京、巴黎、芝加哥、洛杉矶；(2) 新加坡、圣保罗。第二个层次分为：(1) 旧金山、休斯敦、迈阿密、多伦多、马德里、米兰、维也纳、约翰内斯堡、悉尼；(2) 墨西哥城、加拉加斯、布宜诺斯艾利斯、香港、汉城、曼谷、马尼拉、台北。

弗里德曼的世界城市系统实际上也是一个世界城市等级体系（见图 9—1）。

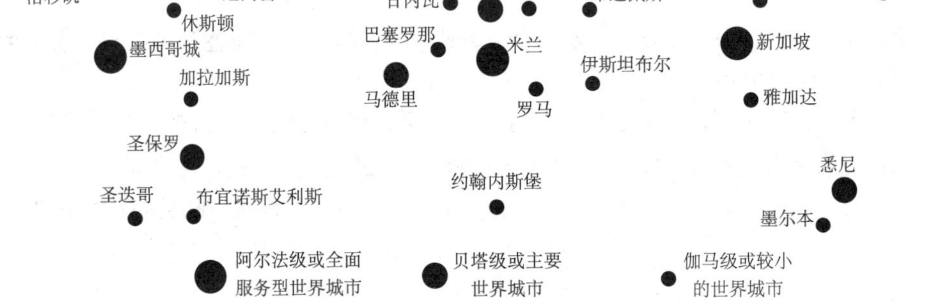

图 9—1　世界城市等级体系

同样是世界城市研究者的泰勒（Peter Taylor）指出，弗里德曼的主要贡献有两点：第一，确立了世界城市在城市研究中的重要地位；第二，强调了城市之间的联系超越了国家之间的地理边界。①

三、全球城市研究

全球城市研究的代表人物是社会学家莎森，她出生于阿根廷，成长于意大利，曾经在法国和意大利的大学学习哲学和政治学，后在美国的圣母大学攻读社会学和经济学。她自称“成长于五种语言中”。20世纪90年代进入芝加哥大学社会学系，进行城市社会学的研究，现为哥伦比亚大学社会学系和全球思想委员会教授。主要著作包括：《劳动力与资本的流动》（1988）、《全球城市：纽约、伦敦、东京》（1991、2001）、《世界经济中的城市》（1994、2000、2006）、《区域、权威、权利：从中世纪到全球的聚集体》（2006）、《全球化社会学》（2007）等。

（一）概念、功能、特征和基本观点

1991年出版的《全球城市：纽约、伦敦、东京》是莎森的代表作，该书现已成为全球城市研究的经典之作。在此书中，莎森提出了“全球城市”（global city）的概念，指出，全球城市已经具有了不同于以往作为国际贸易与银行业中心的城市的特征，这些特征主要包括：成为世界经济组织高度集中的指挥和控制中心；成为金融和各种专业服务公司的重要基地，取代了制造业作为主导经济部门的地位；成为新兴技术产业的创新和孵化基地；成为金融、服务业以及新兴产品的消费市场。后来，在《世界经济中的城市》中，她将“全球城市”定义为“（1）世界经济组织的指挥中心；（2）当前先导产业——金融和为公司提供专业化服务的服务业——的关键地点和市场；（3）为这些产业进行生产的重要基地，包括创新的生产”②。

全球城市的主要功能包括：首先，满足全球经济活动高度有效整合的需求，包括网络、基础设施、人才和信息。其次，也是更重要的，随着全球化的发展和国际区域分工的形成，若干城市成为全球信息网络的主要结点，并发展成为全球城市或者国际城市，控制和主宰全球的经济命脉，甚至超越了国家的控制。它们是今天世界性跨国经济活动的主要组织框架，特别是在全球金融领域，它们的作

① See Peter Taylor, *World City Network: a Global Urban Analysis*, Routledge, 2004, pp. 23–24.

② Saskia Sassen, Cities in a World Economy, in: Susan S. Fainstein, Scott Campbell, ed., *Readings in Urban Theory*, Wiley-Blackwell, 2002, p. 33.

用举足轻重。

莎森阐述了全球化对世界城市体系的影响，指出，全球化是经济活动分散化与指挥功能集中化的同步发展过程，全球城市的发展已经造成新的中心性和边缘性。全球城市的形成和发展使世界城市体系出现了新的等级体系的结构，即地方城市、国家城市、世界城市、全球城市。这一城市体系结构显现出城市之间的不平等和城市内部的不平等并存的局面。

莎森分析了当今世界城市和全球城市与以往关于世界城市研究的不同。她认为以往研究的通常是一个国家的首都，虽然也是城市等级体系的顶端，但研究的是孤立的城市；今天研究的是全球经济体系中具有战略功能的结点，是全球城市网络体系的一部分。

世界城市和全球城市不仅仅是发展全球化系统的顶梁柱，也是不同文化的汇聚地。城市这些功能的变化对世界经济活动和城市构成产生了重要的影响：城市集中控制了广泛的资源，金融和专业服务公司产业重建了城市社会经济秩序。这样就产生了全球城市，如纽约、伦敦、东京等。她认为真正的全球城市只有三个：伦敦，大宗交易的主要金融市场；纽约，资本流通的主要接受者和相关服务的出口者；东京，资本的主要债权者和世界最大银行的总部所在地。后来，她认为，全球城市体系由大约 40 个城市组成。

在 2001 年第二版的《全球城市：纽约、伦敦、东京》中，莎森针对关于全球城市的争论、批评和建议，从以下四个方面回应并进一步阐述了她的观点。

1. 全球城市的结构和模型

（1）建立全球城市模型的主要目的是了解全球化经济不仅仅是资本的流动，同时也是对这些流动的协调、管理和服务，以及对多国公司和市场的多种业务的服务。

全球城市是高度专业化的城市，各有其特定的专业功能，为全球市场和公司提供高度专业化的服务。在全球城市功能的发展上，确实显现出城市间的趋同现象，但这是一个高度专业化、制度个性化的过程，这种类型的趋同不同于消费品市场和全球娱乐业的趋同。原因在于，全球城市的功能分工并非李嘉图所言的基于国家比较优势模型的专业分工，而是一个跨国界的模型，其分工活动必须分布于多重不同国家的区位上。

（2）全球城市的概念不同于弗里德曼的世界城市的概念。她认为，世界城市的概念有一种附加其上的无时间的属性，而全球城市标志着一种特定的社会空间的历史阶段。两者关键的不同还在于，全球城市强调的是全球性经济体系的“生产”，包括全球性协作和全球性生产的控制能力两个问题。全球城市也不同于卡斯泰尔的“流动空间”，前者不仅仅是网络，也是实际的地方。

（3）全球城市区域与全球城市的关系。全球城市区域是一个新概念，但是它与全球城市存在三个区别：第一个区别是规模，区域包括的范围更广，变量更多；全球城市更强调全球经济的控制力。第二个区别是全球城市更强调经济的网络运作，这是由位于其中的产业属性决定的：金融和专业化服务。第三个区别是全球城市经济和空间的两极分化，不平等程度高于全球城市区域。

2. 金融产业

（1）强调全球城市是金融中心，虽然金融活动有不少是通过电子空间进行的，但是还是有相当一部分是嵌入在实体空间中的。不存在完全非物质化的公司或者行业。

（2）全球城市的金融中心不是简单的相互竞争，除了竞争更有全球金融网络的功能分工。莎森认为，公司之间的竞争要明显大于城市之间的竞争。

（3）金融产业不只是服务于“实体”经济的传统服务业，全球化的影响之一是发展和强化了金融业必须服务于其他部门的特征。

3. 生产者服务业

城市是否成为全球城市或者全球城市的状态是否下降，并非只看生产者服务业就业量占整个国家服务业就业量的比重。关键的衡量指标是该城市是否具有为公司或市场的全球运营提供服务、管理和融资的能力。进一步我们可以看各种生产者服务业的专业化公司是否具有全球网络的辅助设施，该城市是否有显著的生产者服务出口、是否有外国公司的总部、是否有为跨界运营提供融资的机构、是否有全球化的市场、是否成为全球不动产市场的一部分等。

一个全球城市并不一定是以国际性导向的工作占主导地位，应当是拥有能够满足全球性公司及其市场需要的大量专业化服务和人才。

4. 社会和空间的两极化

全球化为全球城市带来的后果并未造成中产阶级的扩张，反而使收入的两极化愈加明显，全球城市中贫困的根源主要是低收入的就业。

莎森以世界500强公司总部、100强银行和保险公司的分布数字为指标，考察和测量全球城市。后来，她结合跨国公司总部和生产者服务业将其发展为两个主要指标（见表9—1，表9—2，表9—3）。

表 9—1　　世界 17 大城市中 500 强公司总部

城市	1984 年		1999 年	
	人口（千人）	500 强公司总部数	人口（千人）	500 强公司总部数
东京	26 200	34	27 200	63
纽约	17 082	59	16 400	25
墨西哥城	14 082	1	16 900	1
大阪	15 900	15	10 600	21
圣保罗	12 700	0	16 800	2
首尔	11 200	4	11 800	8
伦敦	11 100	37	7 600	29
加尔各答	11 100	0	12 100	0
布宜诺斯艾利斯	10 700	1	11 900	0
洛杉矶	10 519	14	12 600	2
孟买	9 950	1	15 700	0
巴黎	9 650	26	9 600	26
北京	9 430	0	11 400	3
里约热内卢	9 200	1	10 300	1
开罗	8 500	0	9 900	0
上海	8 500	0	13 700	0
芝加哥	7 865	18	6 900	2

资料来源：［美］丝奇雅·莎森：《全球城市：纽约、伦敦、东京》，100～101 页，上海，上海社会科学院出版社，2005。

表 9—2　　纽约、伦敦和东京：世界最大 100 家银行的占比

	1988 年			
	公司数目	资产比重（%）	资本比重（%）	收入比重（%）
东京	30	45.64	36.51	28.94
纽约	12	8.76	8.57	20.83
伦敦	5	5.68	4.18	13.18
总计	47	60.08	49.26	62.95
	1997 年			
东京	15	21.32	31.81	n
纽约	8	6.36	5.87	23.09
伦敦	5	7.03	4.53	21.81
总计	28	34.71	42.21	44.9

资料来源：根据［美］丝奇雅·莎森：《全球城市：纽约、伦敦、东京》172 页的表格整理。

表 9—3　　　　纽约、伦敦和东京：在世界前 25 家证券公司中的占比

	1988 年				
	公司数目	资产（百万美元）	比重（%）	资本（百万美元）	比重（%）
东京	8	153 587	29.65	40 825	42.91
纽约	12	303 479	58.58	47 543	49.98
伦敦	4	57 321	11.07	4 622	4.86
总计	24	514 387	99.3	92 990	97.75
	1997 年				
东京	6	236 712	11.86	36 827	14.1
纽约	11	1 586 737	79.5	200 615	76.81
伦敦	2	41 396	2.07	9 501	3.64
总计	19	1 864 845	93.43	246 943	94.55

资料来源：[美] 丝奇雅·莎森：《全球城市：纽约、伦敦、东京》，173 页。

（二）全球城市产生的条件

莎森还详细分析了全球城市产生需要的基本条件。

1. 经济活动的地域分散与中枢指挥的高度整合

全球化的主要特征是经济活动在地域上的分散，同时，又是对这些分散活动的整合，即指挥与控制。这两方面的因素提升了公司中枢功能的重要性。一个公司跨国活动越分散，其中央功能越复杂且越具有战略意义。这里的中央功能指的是公司运转网络的管理、协调、服务和金融工作。同样，经济越是全球化，中心功能在少数几个全球城市中集聚的程度越高。

2. 跨国公司中央机构购买专业性服务

处于跨国公司总部的这些中央功能极为复杂，巨型跨国公司总部需要做的指挥决策太多。这样，它们就只专注于最核心的功能，而对除此之外的那些工作，通过从一些专业化的服务公司购买服务来完成。这些服务包括：金融、法律、管理咨询、创新、开发、设计、行政管理、人事、通信、广告、清洁服务、安全、仓储等。与此相关的生产者服务的主要部门包括保险、银行、金融服务、房地产、会计、法律服务、公关、项目策划、电子通信等。它们是一系列既面向生产企业市场又面向个人消费市场的产业。但是，莎森认为，这些产业中的大部分主要是面向生产者的，主要是为公司而非个人提供服务，即生产服务业。高级服务大部分是生产者服务，或者面向公司的高级服务是生产者服务的关键组成部分，包括金融、保险、地产和商务服务（法律、会计、广告、公关、娱乐、酒店、信息等）。

以前，这些中央指挥功能的所在地就是公司总部的所在地，今天，这些总部签约的专业化服务公司也包括在内。目前看来，越来越多的跨国公司总部购买而不是自己提供这些服务。

3. 专业性服务并非完全能够在电子空间进行

那些专业化的服务公司参与最复杂的全球化市场，它们需要提供的服务的复杂性、它们自己直接或者通过跨国公司总部间接介入的市场的不确定性，以及所有这些业务交易的快速性，构成了一种新的聚集经济的复杂背景。各种专业领域的公司、人才和专家队伍使城市具有特定类型信息中心的环境功能，生活在这种环境中，就等于生活在一个极其强烈的、密集的信息环中，而这种信息环目前还不能完全在电子空间内复制，它具有价值附加、无法预测、无法规划的特征，是一种信息、专家和才干共同发挥作用的信息综合。因此，需要有实体空间作为活动场所，全球城市就是当代这种一流信息产业的生产场所。

4. 由于对基础设施、知识、人才的需要，具有优势的城市会吸引更多的生产者服务公司，也由此吸引更多的跨国公司

全球城市应当具有各方面的优势，首先，能够为生产者服务公司提供硬件条件如网络信息技术、人才；其次，能够为从业于生产者服务部门的高收入者提供便利的生活设施和生活方式。这样，就会出现生产者服务部门的集聚，而这种集聚是生产者服务公司发展所必需的。一般来讲，消费者服务是以服务对象的邻近性为主要条件的，而生产者服务是以共同生产某些特定服务必需的合作企业的集聚为主要条件的；因此，消费者服务点在市中心与郊区分布密度的对比不明显，而生产者服务在城市中心高度集中，离市中心越远，集聚程度越低。从纽约、伦敦和东京的数据可以看出，制造业的就业率和产值不断下降，生产者服务业则不断上升。

数据表明，与制造业紧密联系的生产者服务业是整个第三产业中最重要和最活跃的部门，金融和生产者服务业正在形成一个新产业综合体，这一产业的增长在近 20 年来，很大程度上是建立在过去曾经是国民经济重要部门的衰退之上的。同时，这种新产业综合体的主要市场也不是个人消费品市场，而是全球性的资本和服务市场，即主要的是跨国公司。

所以，能够吸引更多生产者服务公司的城市，往往也是主导的跨国公司的集中地，也因此，可以用跨国公司的数量代表全球城市的特点。

5. 跨国公司和专业化的服务公司的活动成为全球城市体系的存在基础

由于这些专业化的服务公司需要提供全球化的服务，这意味着同时存在一个全球化的网络或者其他形式的伙伴关系。结果，自然形成了跨国境的城市与城市交易和沟通的全球城市网络。这是国际投资急剧增长而形成跨国服务网络的需要，也是政府在国际经济活动中以及其他领域特别是对全球市场和跨国公司的控制力方面作用下降的原因。

以往对城市体系的研究，国家通常是作为分析单位，城市体系是与国家联系在一起的，这一状况今天已经发生了变化。与此相关，这些城市的经济财富越来越远离其广泛的内地甚至其国家经济。如此，我们可以看到跨国城市体系的形成。

（三）全球城市的经济特点、社会结构特点与居住特点

1. 经济特点

第一，全球城市是具有指挥功能和为世界市场提供专业服务的公司的聚集地，或者说是全球经济的战略要地。全球城市是基于跨国公司和金融界对全球经济的运转提供集中控制和有效管理的需求而产生的。

第二，全球城市中制造业的比重下降，传统的服务业的比重也下降，新兴服务业的比重迅速上升。这些新兴服务业包括：金融、法律、经济顾问、公共关系、研发、设计、经营管理、交通、通信、批发销售、广告、公司清洁服务等。这些服务业主要是专业化的服务公司，服务档次也越来越高。

2. 社会结构特点

第一，全球城市更可能是两极分化的聚焦点，因为高水平的专业人士和高利润的专业服务公司的增长，促进了这些城市的空间和社会经济不平等。这些公司提高了高水平专业人士的价值，而缺少这些知识和技能的人进入另外一种循环。从整体上来讲，全球城市的发展呈现出两种趋势：一是全球城市内部的收入差距和社会两极化日益扩大；二是与该国其他城市相比，全球城市的收入差距和两极分化也十分明显。

第二，当工厂制造业占主导地位时，它会创造一个中产阶级占多数的社会。主要原因是：工厂制造业方便工会化；占主导地位的行业的工资水平和福利待遇一般是其他各行业的参照点；制造业需要高技能的劳动力，其相应的工资也高。而在服务业成为城市主要推动力的经济结构中，工作上的多元化和收入使得两极分化成为重要特征：（1）新技术的广泛采用导致对传统技能的要求大大降低。如计算机、自动化设备。（2）传统上，服务行业的工资水平比制造业的低。莎森指出，动态性极高并且科技含量也很高的行业，并不意味着不存在不但工资很低而且毫无前途的工作。如秘书、维修人员、清洁工等。（3）福特制的工作方式被后福特制所取代，非全日制工作方式越来越多，这些工作多由妇女和移民来做，因此，现在的妇女和移民类似于过去的妇女与童工。

第三，移民人口的增长。莎森认为，全球化的结果是，美国的职业和收入结构被改变了，主要是低收入工作的增加和就业。服务业的增加使得非全日制的工作岗位增加，而社会保障对这些工作岗位尚有制度性的漏洞。这样，就吸收了不断上升的移民人口。她的研究显示，在美国，移民人口的比例最多占总人口的10%，而在1987年，在纽约已经达30%，在洛杉矶和芝加哥为15%。

一方面，移民的增加为低工资的生产和服务提供了源源不断的劳动力；另一方面，这些生产和服务更多的是服务于不断扩张的、高度专业化的服务部门和在这些部门就业的高收入人群的生活需要。

第四，新富裕群体的产生。这个群体不同于传统的中产阶级，消费更加个性化，造成大百货公司和超级市场的衰落、高级餐馆和精品店的蓬勃发展，他们还形成全球城市中全球人的文化特征。这些新的国际精英们在全球穿梭，建立起自己的全球城市网络和全球性的生活方式。有学者根据纽约的调查，将专业人员分为四类：高层专业人员、普通专业人员、小老板和边缘专业人员。第一类人员的特征是拥有非常高的人力资本，受雇于大公司，涉足全球性的城市经济和文化生活，工资很高，年轻人较多，50%以上的人在45岁以下。相比之下，其他三类人员的平均工资要低得多。

第五，低收入人员的增加也同时出现。主要有三个原因：(1) 高收入群体的消费依赖于密集型的劳动，促进了一批为维持这些人的生活方式和消费习惯而存在的低薪服务人员，增加了维修、清洁、家政、保姆、住宅管理、餐饮业、遛狗服务等低工资行业的就业。(2) 人口高度集中，大量的定居人口和流动人口以及旅游者使许多小型、低成本的服务业生存下来，由于这些行业的竞争，低收入人员的产生成为必然。(3) 出于同样的原因，小型的、劳动密集型的、低工资的制造业，全球城市也比一般城市多。

所以，全球化使得世界特别是全球城市中收入两极分化的现象越来越明显。

3. 居住特点

第一，全球城市居住空间的碎片化。全球城市的繁华与大多数居民之间产生了越来越大的距离，城市发生碎片化的趋势。如纽约，特别是在曼哈顿，居住空间被分化为三种类型：第一类空间被越来越多的城市富裕阶层及其消费的各种商店所占据；第二类空间被大量的移民社区所占据，各种地下经济在此悄悄进行；第三类空间是那些衰败的城市街区，由众多的穷人和被迫搬迁的人所居住。

吉登斯（Anthony Giddens）也指出，在这些全球城市中，超级巨富与一无所有者共同使用同一个城市，然而两者日常生活的差别已经大到几乎不可能再大了。城市到底属于谁？绝大多数城市居民对城市所拥有的权利是否应当被忽视？

第二，城市再度中心化。自20世纪70年代末80年代初开始，越来越多的高收入者、中产阶级返回城市中心。城市中心再造，如伦敦东南部和东京临海副都心等。

第三，居住方面的隔离愈加严重。在美国，黑人与白人隔离的程度在增大，所有亚裔人与黑人是高度隔离，非洲黑人与美国黑人也是高度隔离，白人与非欧裔人之间的隔离也比较高。

第四，无家可归者越来越多，而且，妇女和儿童首次占了较大比例。据全美无家可归者联盟统计，在1999年，纽约市有10万人无家可归，其中，23 000人（包括9 000名儿童）是在收容所里过夜。

（四）城市社会学的新挑战

2002年，莎森发表了《新千年社会学面临的新挑战》一文。她指出，20世纪上半叶，城市社会学是社会学研究的中心，20世纪末再一次受到关注，因为出现了三大新趋势：（1）全球化与信息技术迅猛发展。（2）跨国家、跨地方联系的加强。资本与移民劳动力是这方面主要的两个例证。（3）社会文化的多样性。如多种职业的文化，包括公司特别是跨国公司文化（在城市占统治地位，空间表现就是CBD）、移民社区空间的产生及其文化表现、非正式经济。

这三种趋势都在城市汇集，以特殊的、复杂的方式活动和发展，并且彼此相互作用。城市社会学还没有对这些趋势的特征和后果进行充分的研究，目前的经验材料也不足以在城市的层次上研究以上的问题。需要运用当年芝加哥学派的田野调查工作抓住城市的新特点和新侧面，并进行仔细和深入的分析。

四、全球城市区域的研究

全球城市区域（global city-region）研究是全球城市与城市区域研究的结合，或者是将全球化、城市和新区域主义结合起来的研究。根据该理论的主要研究者加州大学洛杉矶分校的斯科特（Allen Scott）等人的观点，该概念来自霍尔、弗里德曼和沃尔夫的世界城市和莎森的全球城市的思想，全球城市区域是全球城市的扩大版。根据斯科特的合作者索亚（Edward Soja）的界定：典型的全球城市区域是围绕着一个或几个结点城市扩展出去的范围广泛的区域性城市体系，比以前的大都市和单中心城市区域更大，区域内，市区与郊区的界限已不清晰。[①]

在斯科特、阿格纽（John Agnew）、索亚和斯多普（ Michael Storper）合著

① 参见［美］爱德华·索亚：《区域城市化与城市——区域的治理危机》，见任远、陈向明、［德］Dieter Lapple主编：《全球城市：区域的时代》，6、66页，上海，复旦大学出版社，2009。

的《全球城市区域概述》一文中，他们指出，第二次世界大战后所有的主要资本主义国家的特征是强有力的中央政府和严格的国境内的国家经济，其基础是“布雷顿森林会议”、世界银行、国际货币基金组织和关税贸易总协定等国际组织，各国通过这些组织来规范它们之间的经济关系。这一局面的结果之一是：民族国家实施自己经济政策的能力不会受到损害，每一个国家有自己独特的制度结构和城市体系。但是，全球化引起了许多新的变化，促使新区域主义出现。

第一，大量前所未有的经济活动都集中在跨国领域，随着全球化的深入，产生了许多冲突和困境，进而推动了各种政治机制和机构的建立，如G8集团、经济合作与发展组织、世界贸易组织以及世界银行、国际货币基金组织等。不过，这些机构在范围和权威上都存在局限性。

第二，出于以上压力，最近一二十年来，出现了越来越多的多国集团，如欧盟、北美自由贸易区、南方共同市场（MERCOSUR）、东盟、亚太经济合作组织、加勒比共同体（CARICOM）等。这些组织是对全球性经济活动超越其传统政治边界所产生的问题的制度性应对。

第三，虽然主权国家仍然能够控制自己国家的经济，但是已经显得越来越力不从心。全球化使得单个国家很难在自己主权范围内保护自己所有区域和部门的经济利益，大量的经济活动都是去边界化的。

第四，全球经济活动的发展和以区域为基础的经济和政治组织的出现，也在某些巨型的全球城市区域体中得到最明显的趋势性反映。

新区域主义的主要观点是：国际市场和技术革命的不稳定，将导致“区域经济”的复兴，这种区域经济类似于19世纪后期的“工业区”，后者指的是成功的工业生产往往在空间上高度集中的事实，而新区域主义集中的典型功能是形成“创新网络”。简单地讲，就是由于世界市场动荡不安、市场变化快、创新周期越来越短，技术进步和经济发展的关键驱动力已不再是单个企业家，而是取决于企业与不同科学和社会研究机构之间的合作与互动。新区域主义中的“新区域”往往由巨型城市群组成。[①]

根据联合国的统计，世界上有近500个拥有百万以上人口的城市区，其中至少有20个拥有千万以上人口的城市区域。而根据多伦多大学教授弗罗里达（Richard Florida）的研究，世界前40位的巨型城市区域中，聚集了全世界18%

---

① 参见［德］Dieter Lapple，《多中心城市体系与城市等级：德国大都市区域体系的经验教训》，见任远、陈向明、［德］Dieter Lapple主编：《全球城市：区域的时代》，242页，上海，复旦大学出版社，2009。

的人口、生产了2/3的全球经济产出，拥有接近90%的专利发明。①

斯科特等学者认为，全球城市区域大致可以分为四种类型：(1) 一个大都市的核心及其尚未充分发展的腹地；(2) 空间重叠或趋同的城市地区及其腹地，通常被打造成城市群；(3) 一组地理上分散但密切合作的大中城市，它们之间构成某种形式的协作网络；(4) 可能存在的跨国界的城市区域，如新加坡—马来西亚的柔佛和印度尼西亚的巴图。②

根据斯科特等人在《全球城市区域概述》一文中的阐述，全球城市区域的研究应当关注以下几个方面。

1. 全球城市区域是全球经济发展的发动机

他们指出，在现代发达经济体中，出现了两种不同的经济活动，一种是传统的生产活动，在一定程度上生产者可以进行计划，并且在很大程度上可以实施；其材料和投入可以大量购买，不必考虑距离的远近，价格也可以随着量的增加而降低。厂家可以在全球各地寻找合适的材料、劳动力等，通常它们会选择那些廉价劳动力后备军丰富，常常是远离城市中心的地方。

另一种是极端不稳定的生产，它们无法按常规的方案计划它们的工作，典型的如高科技产业、高端服务业、金融业、时尚设计业和文化产业等，它们面对的不仅仅是技术本身的快速变化，而且对于其产品的需求也是各不相同；同时，人力资源也并非轻易可得，因为所有的人才都需要是高度专业化的。这些产业必须随时都准备好迎接变化并且将技术与人才结合起来主动推动市场的变化。因此，这种生产是复杂多变的、极不确定的。

斯科特等人认为，在后一种情况下，交易的成本会随距离的增加而提高，效率和创造性的有利结果会随生产者在地域上的分散而减少。因此，大城市的人力资源和相关公司集中，一方面可以降低交易的费用，另一方面有助于增强创造性和技术的发明，因为在大城市的劳动力中，蕴藏着大量不同的专业技能、感受和经验，使得该地相互合作的公司可以产生异常强大的洞察力和有用的经济知识。像好莱坞、硅谷、纽约和伦敦的金融业以及巴黎的时装业无不显示出这方面的优势。

2. 全球城市区域的社会空间

全球城市区域对于城市区域内部的社会分层模式、各城市之间的收入分配、

---

① See Richard Florida, How the Crash Will Reshape America, *Atlantic Magazine*, March, 2009.

② 转引自陈小红：《中国台湾地区对中国大陆和其他地区的高科技产业投资的比较：一个全球城市—区域的比较》，见任远、陈向明、[德] Dieter Lapple主编：《全球城市：区域的时代》，200～201页，上海，复旦大学出版社，2009。

人口和日常生活方式都会产生影响。

首先是大量移民人口的进入会对城市区域的人口结构和文化的同质性产生影响。其次是引起城市区域空间形态的改变，过去，一个城市群一般是一两个中心城市，现在开始出现多中心的城市群；新的城市增长极可能出现在原来的边缘地区。最后是城市区域中贫富两极在经济、社会和空间上的差距会越来越大，根据20世纪90年代的统计，贫富分化在所有发达国家中都存在扩大的趋势，不管是大城市还是小城市，在全球城市区域中，其扩大达到顶峰。在这些城市区域，富人最多，而依赖福利的城市穷人也最多。

3. 全球城市区域的新治理事务

由政府、非政府组织、公民社会和私人部门作为合作伙伴关系的治理，也应当在全球城市区域中运用。这一方面可以从整体上协调全球城市区域中复杂的经济活动与社会环境关系，另一方面可以在城市生活的具体事务上进行集体行动，如特定的生产或者社区邻里之间的关系等，从下至上地形成促进城市区域全球竞争力的策略，使城市对流动资本来讲更有吸引力。但是，这种策略的制定不同于以往从上至下的制定路径。

4. 发展中国家的全球城市区域

全球城市区域并不局限于发达国家，在发展中国家也开始出现，如曼谷、布宜诺斯艾利斯、开罗、雅加达、墨西哥城、里约热内卢、圣保罗、上海等。发展中国家的全球城市区域具有两个特点：一是与发达国家一样，有着大规模的生产力的聚集；二是发展中国家独有的现象，由于相对低的城市化水平，仅仅是现代经济部门聚集，而在城市基础设施方面发展落后。交通、卫生设施、上下水系统、住宅普遍短缺，在城市中的分布不平衡。这造成了城市诸多社会和环境问题的出现。

5. 民主、公民身份与全球城市区域

在全球化时代，对于民主和公民身份这些唯一地附着在民族国家边界内的概念需要做出新的思考，全球城市区域在两方面对传统的思考提出了挑战：第一，全球城市区域不一定完整地存在于既定的国家边界内，如在欧洲，城市的影响范围经常是超越国界的。第二，城市区域本身潜在地成为市民首先忠诚和认同的对象，取代了国家。这些情况已经在加拿大、德国和意大利发生，居民的经济生活和社会存在越来越与其居住的城市的命运而不是国家联系起来。

6. 新世界体系中的意识形态和政治挑战

新世界体系不同于旧的中心—边缘模式，后者强调的是一些国家在中心，而另外一些国家在边缘。面对这一新体系，有两种意识形态，即新自由主义和新社会民主或者社会市场的观点。前者是市场最大化和政府最小化的自由放任的立场，后者一方面承认市场追求效率的有效性，另一方面坚持社会公平和经济持续发展，进行有选择的政府干预。

全球化与全球城市区域都有利弊两个方面，因此，选择哪一种立场是极为重要的。

莎森基本上同意全球城市区域是值得思考、研究的题目，但是，她认为全球城市区域与全球城市有着较大的区别。

第一，规模是最主要的区别。全球城市区域的空间规模比全球城市要大得多，前者包含更多的经济活动，如制造业和基础设施等，后者主要关注金融和银行业等高端服务业的集中度。

第二，在全球城市中，社会的两极分化比较突出，全球城市强调的是权力与不平等；而在全球城市区域中，这一问题不太明显。莎森还认为，相比全球城市，全球城市区域的边界不太容易界定。

本章要点

全球化对于城市的发展具有极其重要的影响，这引发了世界城市与全球城市的研究，简单地讲，它们都是全球经济体系中的重要结点；全球城市最关键的是生产者服务业的全球化水平和能力，此外，还包括全球网络的辅助设施、显著的生产者服务出口、跨国公司总部、跨国金融服务、全球化的市场等；在以上研究的基础上，还出现了全球城市区域的研究。

基本概念

全球化　世界体系　世界城市　全球城市　全球城市区域

复习思考题

1. 沃勒斯坦世界体系理论的主要内容是什么?
2. 全球化的成因是什么?
3. 世界城市研究的主要内容是什么?
4. 请阐述全球城市的概念、特征与功能。
5. 全球城市产生的条件是什么?
6. 全球城市的社会经济和居住的特点是什么?
7. 莎森衡量全球城市的标准有哪些? 你有何看法?
8. 请分析全球城市区域的研究。

9. 全球城市与世界城市和全球城市区域的区别是什么?

推荐阅读参考书目

[美] 丝奇雅·莎森. 全球城市:纽约、伦敦、东京. 上海:上海社会科学院出版社,2005

[美] 罗兰·罗伯森. 全球化:社会理论和全球文化. 上海:上海人民出版社,2000

[美] 伊曼纽尔·沃勒斯坦. 现代世界体系(1—3 卷). 北京:高等教育出版社,1998、2000

任远,陈向明,[德] Dieter Lapple 主编. 全球城市:区域的时代. 上海:复旦大学出版社,2009

Malcolm Waters. Globalization: Key Ideas. Routledge, 1995

Peter Taylor. World City Network: a Global Urban Analysis. Routledge, 2004

Saskia Sassen. Cities in a World Economy. in : Susan S. Fainstein, Scott Campbell, ed. Readings in Urban Theory. Wiley-Blackwell, 2002

21世纪社会学系列教材

第十章

中国城市社区研究

第一节　中国城市社区的概况与历史

一、中国城市社区组织的概况

改革开放以来，中国的城市化得到了较快的发展。1980 年的相关统计数据显示，中国城市化水平为 19.39%，城镇人口总数为 1.914 0 亿。而据国家统计局 2009 年的数据，到 2008 年年底，我国城市化水平已经达到 45.68%；城市总数为 655 个，其中 1 000 万人口以上的大城市有 3 个，400 万～1 000 万人口的城市有 8 个。200 万～400 万人口的城市有 30 个，100 万～200 万人口的城市有 81 个，20 万～100 万人口的城市有 269 个，20 万人口以下的城市有 264 个；建制镇约 2 万个。①

中国城市的管理组织结构可以分为三种类型。第一种是城市下设区政府、街道办事处、居民委员会三级组织，这些城市包括 4 个直辖市、265 个地级市（含省会城市和计划单列市）；第二种是城市下设街道办事处和居民委员会两级组织，

① 国家统计局综合司：《庆祝新中国成立 60 周年系列报告之 10：城市社会经济发展日新月异》，http：//www.stats.gov.cn/tjfx/ztfx/qzxzgcl60zn/t2009 • 917 _ 402587821.htm。

这些城市主要是县级市；第三种是城镇下设居民委员会一级组织，包括县级市（特别是县改市）或县辖镇。直辖市的区的行政级别相当于地级市，街道相当于县级市。

根据2009年《中国民政统计年鉴》的数据，截至2008年年底，全国共有街道办事处6 524个。街道办事处管辖的人口，大城市一般为5万～8万人，中小城市一般为2万～5万人。居委会有83 413个，居民小组有128.7万个，居民委员有42.2万个。

按照《居委会组织法》，居民委员会根据居民自治的原则，一般在100户至700户的规模内设立。但是实际上，特别是在现在的大城市，居委会的户数不少都超过700户。1998年，北京市还特地下发了一个文件，要求居委会的规模应调整到1 000户左右。根据有关材料，到2009年年底，北京市有2 633个社区，其中，1 000～3 000户的社区有1 628个，占社区总数的62％；3 000～5 000户的社区有259个，占10％；5 000户以上的超大社区有58个，占2％；1 000户以下的社区仅有688个，占26％。

居委会一般由主任、副主任和委员组成。居委会下设居民小组，根据居住房屋不同，分别设小组长（一般是住平房，没有大院）、院长（一般是住一个大院里的平房）、楼门长（住在楼房里）。平房20～40户为一个小组，楼房则是以一个门洞或一个单元为一个小组，共15～60户。中央政府的管理正是这样通过市区两级政府的权力，由街道管理居委会，再由居委会和居民小组管理到户。

目前，中国城市的社区可以划分为五种主要类型，即传统街坊式、单一单位式、商品房小区式、城乡演替式、混合式。传统街坊式主要指的是改革开放之前长期存在的社区，居民多居住在旧式的大杂院、筒子楼等建筑内，基本上在城市的内城区域；社区的土地面积比较拥挤，生活设施相比较而言已经过时。单一单位式主要是指以前以家属委员会为基础的社区。商品房小区指的是住宅市场化后通过市场公开买卖的商品楼而形成的社区，社区环境、生活设施都比较好；居民收入相对较高。城乡演替式指的是过去的村委会管辖的社区，现在已经成了居委会管辖，即“村改居”的社区。混合式是指以上两种或两种以上的社区类型的混合。

二、城市社区组织的历史发展

中国城市的街道办事处和居民委员会是1949年后建立起来的，1949年以前，中国的城市多实行保甲制度。

保甲制度在中国有着长期的历史。1070年，北宋王安石变法，在地方实行保甲法，保甲制度开始正式实施。以后绵延承续直至1949年前后，将近1 000年的历史。1897年，湖南按察使黄遵宪向推行新政的巡抚陈宝箴提出，现行的保甲制度撑不起社会安定的局面，建议设立湖南保卫局。1902年，直隶总督袁世凯在天津首先创办了巡警局，开创了清末第一个警察治安机构。地方警察制度的建立，导致全国警察制度的建立。1905年，清朝政府设立了巡警部，统管全国警察事务，这就是中国现代警察制度的起源。1910年起，北京成立京师警察厅，下设警察分署、分驻所、派出所。

1928年，北京以警管区为标准，将全市划分为15个区、400多个街、2 000多个闾、20 000多个邻。1930年，中华民国政府内务部制定组织法，将街公所改为坊公所，成为区、坊、闾、邻四级；5户为邻，5邻为闾，20闾为坊，10坊为区，分别设邻长、闾长、坊长、区长。农村的乡镇与坊同级。1932年，国民党政府开始在全国建立保甲制度，先是在乡镇，后在城市，设立区、保、甲三级制度：城市中原则上10～30户为一甲，10～30甲为一保。当时，北京市共20个区、338个保、10 025个甲。

中华人民共和国成立后，新政权实行对城市的管理。从那时起到今天，城市基层政权组织的建立和发展大体可以划分为五个阶段。

（一）第一阶段：1949年至“文化大革命”，城市基层政权和管理组织的建立与初步发展

1949年，新政权废除了保甲制度，在城市建立了居民委员会。根据2007年的最新发现，杭州市上城区上羊市街居委会为新中国第一个居委会，成立于1949年10月23日。不过，从全国范围来看，居民委员会的名称并不统一，管理范围和职能也多次变化。有些城市一开始是在保甲制度基础上建立区、街、闾三级组织。街在原保的辖界基础上适当调整，以2 000户以上为原则。闾是以原来的甲为基础设置的（有时叫闾，有时叫居民小组），原则上30户左右，实际上有的达100户以上；所以有的闾内又分为若干居民小组。

北京市曾经改成区公所和公安派出所两级组织，但是保留了闾的组织，闾和居民小组都是群众性自治组织，闾长和居民小组长都是义务职。上海曾在10～15保的区域范围内设一个接管办事处，主要是在区领导下从事户政、调解、救济工作，1951年改为区政府派出办事处，同时将联防服务队改为居委会。

1954年，内务部颁布了关于建立街道办事处和居民委员会的通知，各地街公所改名为街道办事处；同年年底，全国人民代表大会常委会通过《中华人民共和国城市街道办事处组织条例》和《中华人民共和国城市居民委员会组织条例》，

统一了街道办事处的名称、性质、任务和机构设置，居委会也进行了全面调整和改建。到1955年，基本上形成了作为国家政权派出机构的街道办事处和作为地域性自治组织的居民委员会相互衔接的城市基层管理组织的格局。这种对居民进行管理的“街居制”与对在职职工进行管理的“单位制”相结合的模式，成为多年来我国社会控制的基本形式。

1955年，北京市城区有街道办事处142个，每个管辖2 000～5 000户家庭、1万～2万人口，管理7～12个居委会。居委会一般包括300～400户居民，人口1 000～1 700；居委会下划分若干居民小组，每组20～30户。一些较大的单位有许多职工家属，则单独建立家属委员会；家属委员会由单位负责干部、经费等，但是工作受本单位和街道办事处双重领导。

1958年，全国展开“大跃进”、人民公社化的运动。城市也开始建立人民公社，如北京市石景山区成立了中苏友好人民公社，这是北京第一个城市人民公社。到1960年年底，全市共建立48个城市人民公社。城市人民公社基本按街道办事处的辖区建立，实行公社党委领导下的“党政一家”、“政社合一”的管理体制，并成为市、区以下的一级政权组织，实际上取代了街道办事处。有的地方还撤销了居民委员会，以公社派出的“街道工作队”代行工作。城市人民公社实质上是企业性质的单位，据1960年的相关统计，北京市街道人民公社共兴办工业性生产组织3 422个。

当时，居民委员会的工作由扫盲、社会救济、调解纠纷为主，转为以治安保卫、照顾老人和儿童、分发紧缺商品票证以及开具丢失粮本和购物证明等工作为主。1965年，国家纠正了城市人民公社的做法，重新明确“街道办事处作为国家政权机关的重要组成部分”的地位，同时对居民委员会也进行了整顿和恢复。

不过，20世纪60年代以前的街道办事处工作并不多，权限也不大，所以在编制上干部有限；居委会的作用则更小。1966年以前，大城市如北京的街道办事处干部编制一般不会超过8人。

（二）第二阶段：“文化大革命”至1979年左右，街道办事处和居委会成为阶级斗争的工具

1966年5月，“文化大革命”开始，1967年1月后，各街道办事处相继被造反派夺权，1968年，改名为“街道革命委员会”，并建立街道党委，实行党的一元化领导。居民委员会被改名为“革命居民委员会”。当时，街道革命委员会下设政治组、居民组、办事组、企事业组、文教卫生组、城建组、粮油组、武装部（民兵指挥部）、人防办公室、查抄办公室等，统管党、政、财、文大权。街道革

命委员会的任务，主要是“以阶级斗争为纲”，对资产阶级进行全面专政。其他任务还有：(1) 动员居民到农村安家落户和知识青年上山下乡；(2) 修建人防工事设施；(3) 民兵训练和征兵；(4) 处理查抄物资；(5) 文教卫生工作；(6) 组织和管理生产和服务工作。当时辖区的医院、商店、中心学校都归街道革命委员会管理。而本应当由街道管理的主要工作——居民工作反而没有人管，街道革命委员会和革命居民委员会成为“阶级斗争”、“群众专政”的工具，都搞外调、抓清队，经常查户口。革命居民委员会一般设政治宣传组、服务组、群众专政队、业余工宣队、民兵小分队。当时，“小脚侦缉队”成为居民委员会的代称。

根据有关调查，“文化大革命”结束时，街道办事处的工作人员规模已经比20世纪60年代扩大，但是在大城市，一般也不超过40人。

(三) 第三阶段：1979年左右至20世纪80年代中后期，街道办事处和居委会的职能得到恢复，其工作性质得到宪法的肯定和有关法律的明确

“文化大革命”结束后，街道革命委员会和革命居民委员会被撤销，恢复了原来的名称。1980年，全国人大常委会重新公布1954年的《中华人民共和国城市居民委员会组织条例》，再次明确城市街道办事处是区政府的派出机构，并将街道党委、街道办事处、街道集体经济组织分开，并且宣布街道办事处和居民委员会的工作由民政部管理（“文化大革命”前归内务部管理），区政府各职能部门在街道的派出机构有：工商所、粮管所、房管所、派出所、环卫所、菜场和卫生院。20世纪80年代中后期以前，这些部门与街道办事处基本上是各自为政，即“条块分割”。街道办事处往往只起配合作用。

改革开放后，街道集体经济相当活跃，包括街道联社、劳动服务公司、街道福利生产企业、居委会兴办的便民服务“三产”、人防工事利用五种形式。

1982年通过的宪法修正案首次明确指出，“城市……按居民居住地区设立的居民委员会……是基层群众性自治组织”，“居民委员会……的主任、副主任和委员由居民选举”；“居民委员会……设人民调解、治安保卫、公共卫生等委员会”，主要的工作和职能是办理本居住地区居民的公共事务和公益事业，调解民间纠纷，协助维护社会治安，并向政府反映民众的意见、要求和提出建议等。

(四) 第四阶段：20世纪80年代中后期至2000年，街道办事处和居委会的管理职能开始发生重要变化，社区服务兴起和开展

改革开放引起的城市经济和社会的变迁，促使城市基层政府的管理体制进行调整，为此，政府采取了重要的措施。

1. 政府开始在城市管理方面向下放权

1987年6月，北京市政府发布《关于向街道办事处放权工作的座谈会纪要》的通知，要求理顺街道办事处与设在街道的工商、房管、公安派出所、粮管、环卫、市容、税务等部门的关系，扩大街道办事处的管理权。赋予街道办事处以下权力：(1) 行政管理权。区政府各职能部门在街道的派出机构，实行街道办事处与上级业务机关双重领导。(2) 人事管理权。街道所辖干部的调配、任免和奖惩权。(3) 财务管理权。建立街道财政，实行“定收、定支、定上缴、超额分成、节余留用”的规定。(4) 必要的执法权。对违法违章事件，街道办事处有权责成地方执法机构进行检查和处理。

2. 1989年，全国人大常委会通过并颁布了《中华人民共和国城市居民委员会组织法》

该法第二条明确规定，居民委员会是居民自我管理、自我教育、自我服务的基层群众性组织，即“三自”性群众组织。该组织法强调，居委会成员应由居住地全体有选举权的居民或由每户派代表选举产生。在居民同意的基础上，也可由每个居民组选举代表2～3人选举产生。

居住区内的重大事务应由居民代表会议民主讨论决定，而居民代表会议必须有全体18周岁以上的居民、户的代表或居民小组选举代表的过半数出席，才能举行。会议的决定，由出席人的过半数通过。

居民代表会议或居民会议是居民行使自治权利的主要形式，组织法中规定，有1/5以上的18周岁以上的居民、1/5以上的户或者1/3以上的居民小组提议时，应当召集居民会议；涉及全体居民利益的重要问题，居委会必须提请居民会议讨论决定。居委会向居民会议负责并报告工作；居民会议有权撤换和补选居委会成员；居委会收支账目应当及时公布，接受居民监督。

3. 民政部提出在全国开展城市社区服务工作

随着经济改革的重点由农村向城市转移，1987年，民政部及时提出了开展城市社区服务的工作要求。从此，“社区”这个舶来品在中国逐渐成为家喻户晓的词语。1992年6月，中共中央和国务院在《关于加快发展第三产业的决定》中，要求社区服务向产业化和行业化方向发展。1993年，14个部委联合颁布《关于加快发展社区服务业的意见》的文件，这是社区服务发展中的第一个政策性文件。它要求将社区服务业纳入第三产业的发展规划，指出社区服务业是“以街道、镇、居委会的社区组织为依托，具有社会福利性的居民服务业”，“具有福利性、群众性、服务性、区域性四大特点”，社区服务业的方向是“社会化、产业化、法制化”，其“产值每年要以13.6%的速度增长”。

（1）社区服务业的含义。

我国的社区服务不完全等同于国外的社区照顾，是在政府倡导下，为满足社会成员生活方面的多种需求，以社区组织即街道办事处、居民委员会为依托，具有社会福利性的居民服务业。主要由社区福利服务业、便民利民服务业组成，是社会保障体系和社会化服务体系中的一个重要行业。社区服务具有福利性、群众互助性、无偿或低偿服务性、地缘性四大特点。

社区服务主要是指为社区居民的基本日常生活服务，解决的是生活便利问题，如为生活自理有困难的老年人、残疾人、儿童等提供服务，解决其日常生活问题；为社区居民提供便民利民生活服务，使社区居民的日常生活更方便；为驻社区单位提供后勤生活服务等。

（2）社区服务业的基本任务。

社区服务业的基本任务是：充分发挥国家、集体、个人三者的积极性。依靠社会各方面的力量兴办社区服务业。加速建设社区服务中心，开展各种便民家庭服务、婚丧服务、初级卫生保健服务、文体健身娱乐服务、婴幼儿教育服务、残疾儿童教育训练和寄托服务、养老服务、避孕节育咨询、优生优育优教咨询、心理咨询等服务项目。

（3）社区服务产生的社会原因与社区服务的功能 。

社区服务产生的主要社会原因是由于城市经济改革的深入，“单位人”变成“社会人”，居民生活水平提高，单位职工福利制度进行改革，企事业单位办社会的现象亟待改变。社会保障制度的改革，需要社区发挥面向居民的保障服务功能。这不仅仅是对传统的民政福利对象和优抚对象提供的民政福利服务，而且还要在养老保险、失业保险、医疗保险等社会保险项目上逐步建立和完善保障性服务体系，包括建立社区的医疗保障设施、社区居民的生活服务。

（4）社区服务的内容构成。

社区服务包括特殊服务和一般服务，也就是为特殊对象提供的服务和为一般居民提供的服务。特殊服务是面向各类弱势群体和优抚对象的福利服务，包括老年人、残疾人、贫困者、优抚对象等。这是社区服务的最基本内容和最基本任务，集中体现了社区服务的福利性本质。一般服务是面向普通居民群众的便民利民的日常生活服务。

（5）社区服务的发展阶段。

倡导与起步阶段（1987—1989 年）：1987 年 9 月，全国社区服务工作座谈会在武汉召开，这标志着社区服务正式倡导发动。

推广与普及阶段（1989—1993 年）：1989 年 10 月，有关部门在杭州召开了全国城市社区服务工作经验交流会，总结和交流武汉全国社区服务工作座谈会以来社区服务工作的经验，要求在全国的街道和居委会普遍开展社区服务。

全面发展阶段（1993—2006 年）：1993 年 8 月，14 个部委联合颁布《关于加快发展社区服务业的意见》的文件，这是社区服务发展中的一个重要的政策性文件。号召社区服务产业化与社会化。

社区服务向社区公共服务的转向（2006 年至今）：自 2006 年开始，社会建设、和谐社会与和谐社区建设指导下的社区公共服务被大力推行。

（6）社区服务的主要成绩和意义。

截至 20 世纪 90 年代末，社区服务已取得许多成绩。

第一，许多社区已从起步阶段的单项服务扩展成了最近几年的系列化服务。

第二，兴建了一大批社区服务网点和社区服务设施。到 1997 年年底为止，全国建立了区级社区服务中心 745 个、街道社区服务中心 3 385 个、居委会社区服务站 435 427 个、老人公寓 6 529 个、其他老年设施（包括活动站、康复保健站、生活服务站、婚姻介绍所等）162 417 个、优抚服务设施 1 355 119 个、残疾人服务设施 37 320 个、婚姻殡葬服务设施 149 021 个、各类便民利民服务设施 1 012 233个、社区福利服务设施 14.8 万处、便民利民服务网点 34.5 万个。

第三，形成了一支专业化程度不断提高的、由专兼职和广大志愿者组成的社区服务大军。目前，社区服务的专职服务人员已有 57 万多人，其中专业技术人员和专业管理人员就达 20 多万人；社区服务的兼职服务人员有 60 多万人；全国建立起 5 万多个社区服务志愿者组织，志愿者人数发展到 540 多万人。

第四，形成了较为系统化的社区服务，包括两大类六个系列。

第一类，社会福利服务。包括三个系列：老年人服务系列，包括孤老包户组、孤老服务站、敬老院、托老所、老年人公寓、老年庇护所、老年婚姻介绍所、老年人活动站、老年人医疗保健站、老年人康复中心、老年人康复门诊、老年人学校等。残疾人服务系列，包括残疾人服务站、残疾人医疗站、精神病人工疗站、康复中心、残疾人婚姻介绍所、弱智儿童启智班、伤残儿童寄托所等。少儿服务系列，包括托儿所、幼儿园、学前班、课后辅导班、小学生午餐点、儿童医疗保健站、失足青少年帮教组等。

第二类，便民利民服务。包括三个系列：家务劳动服务系列，包括家庭保姆介绍、代买菜、洗衣、打扫卫生、护理病人、送煤上门或代换液化气罐等。居民生活服务系列，包括便民小吃、便民食杂店、便民洗衣店、便民理发店、便民服务手推车、自行车集中看放点、家用电器修理点、家庭服务介绍所、家务代办点、服装剪裁店、便民修鞋店、便民电话传呼点、便民供奶站等。文体服务系列，包括青少年校外教育、社区文化体育设施等。

（7）从社区服务到社区公共服务。

2006 年，国务院发布《关于加强和改进社区服务工作的意见》（国发〔2006〕14 号）（以下简称《意见》），对社区服务提出了新的要求，反映了在社会建设、和谐社区建设新形势下社区服务的新特点。

第一，明确提出了加强和改进社区公共服务体系建设问题。社区公共服务体系建设是政府公共服务职能在社区的具体化，也是社区服务的重点发展领域。

《意见》坚持以人为本、服务居民的宗旨，对与群众利益紧密相关的社区就业、社区救助、社区卫生、社区文体、社区教育、社区体育、社区安全等各项公共服务作出了明确规定；对政府及相关部门开展社区公共服务的方式方法也提出了改进的具体要求。这有利于社区公共服务社会化，也为社区服务业和非营利组织活动提供了发展空间。

第二，进一步明确了社区居委会、民间组织、驻社区单位、企业及个人在社区服务中的职责。

首先，《意见》明确了社区居委会在社区服务中的角色，将社区居委会在社区服务中的角色定位于三个方面：（1）协助城市基层政府提供社区公共服务；（2）积极组织社区成员开展自助和互助服务；（3）为发展社区服务提供便利条件。这样的定位符合社区居委会群众性自治组织的身份，有利于社区服务的发展。

其次，《意见》明确了民间组织在社区服务中的地位，将民间组织纳入社区服务兴办主体之一，支持社区成立形式多样的生活服务类民间组织，积极开展活动，并进行必要的指导和监督。这符合我国社会主义市场经济和民主法制建设的发展方向，有利于社区服务社会化。

最后，《意见》倡导和鼓励驻社区单位、企业及居民个人参与社区服务，这对于社区服务资源的合理利用、发展第三产业、扩大社区就业，将产生积极影响。

第三，明确提出分类管理和分类指导的要求。社区服务刚刚起步时主要在公益性、福利性领域，近年来已超出这一范围。

《意见》将社区服务分为公共服务、互助性服务或者志愿性服务和微利性服务，并要求：对社区公共服务要在资金、场所和人员上给予保证；对社区组织开展的互助性服务、志愿性服务和社会力量兴办的微利性社区商业服务，要给予政策和资金上的扶持；对营利性社区商业服务要强化自身发展能力，积极引导向产业化、市场化发展。实行分类管理和分类指导，既有利于保证基本的公共服务，促进社会公平，也有利于满足不同居民群众的特殊需要。

第四，明确了社区服务的领导体制和工作机制。《意见》要求建立和健全政府统一领导、民政部门牵头、有关部门配合、社会广泛参与的社区服务管理和运行机制，各有关部门要按照各自职能，按照社区服务的总体要求，加强业务指导和政策支持。切实解决社区服务统筹协调力度不够、政策不完善、规划不及时、资源经费短缺等问题，综合运用行政、法律手段监督好、管理好社区服务。这样的规定有利于形成推进社区服务的整体合力和社区服务的健康有序发展。

第五，《意见》体现出几点新的突破。首先，用大社区服务概念代替了原来的小社区服务概念，表现为社区服务内容的扩展和提供主体的多元化。其次，坚持分类指导的原则，区别对待不同性质的社区服务，针对不同性质的社区服务提出了不同的政策。再次，将社区流动人口也作为公共服务体系的一个组成部分。最后，给地方因地制宜制定政策留下了空间等。

（五）第五阶段：始自2000年年底在全国范围内正式开始的社区建设

应当讲，这个阶段仍未结束。但是，社区建设对中国城市基层社会管理体制具有极为重要的意义。继长达10年的城市社区服务活动后，2000年12月12日，中共中央办公厅和国务院办公厅转发了民政部《关于在全国推进城市社区建设的意见》，正式在全国推行社区建设工作。

如果说社区服务业是在政府倡导下，主要由社区福利服务业、便民利民服务业组成，1987—1998年，街道办事处和居民委员会的主要改革是建立和发展社区服务的机构与相应的制度的话，那么，自2000年开始的社区建设，无论是在深度还是广度上都要远远超过单纯的社区服务。

根据民政部《关于在全国推进城市社区建设的意见》文件精神，社区建设的指导思想是以邓小平理论和“三个代表”的重要思想为指导，从我国基本国情出发，改革城市基层管理体制，强化社区功能，巩固党在城市工作的组织基础和群众基础，加强城市基层政权建设和群众性自治组织建设，提高人民群众的生活质量和文明程度，扩大基层民主，密切党群关系，维护社会政治稳定，促进城市经济和社会的协调发展。

1. 社区建设的基本原则和目标

社区建设的基本原则是：（1）以人为本、服务居民；（2）资源共享、共驻共建；（3）责权统一、管理有序；（4）扩大民主、居民自治；（5）因地制宜、循序渐进。

自2000年开始，5～10年社区建设的主要目标是：一是适应城市现代化的要求，加强社区党组织和社区居民自治组织建设，建立起以地域性为特征、以认同感为纽带的新型社区，构建新的社区组织体系；二是以拓展社区服务为龙头，不断丰富社区建设的内容；三是加强社区管理，理顺社区关系，完善社区功能，改革城市基层管理体制，建立与社会主义市场经济体制相适应的社区管理体制和运行机制；四是坚持政府指导和社会共同参与相结合，充分发挥社区力量，合理配置社区资源，大力发展社区事业，不断提高居民的素质和整个社区的文明程度。

2. 社区建设的基本内容

（1）社区组织建设。包括党组织建设、街居管理体制改革、居民自治组织、中介组织。

（2）社区服务。包括面向社区残疾人、老年人、优抚对象和社会困难群体的福利性服务，面向全体社区成员的便民利民服务和面向社区单位的社会化服务，面向下岗职工的再就业服务和社会保障社会化服务。

（3）社区卫生。包括社区的公共卫生、疾病预防、保健、康复、医疗和计划生育等。

（4）社区治安。包括社区的治安保卫、民事调解、帮教失足青年、防火防盗和其他社会治安综合治理工作。

（5）社区文化。包括各种群众性的文化、教育、科普活动，以及其他形式的社会主义精神文明建设活动等。

3. 社区建设产生的社会背景与主要原因

20 世纪 80 年代中后期开始，我国经济体制改革的重点从农村移向城市，虽然街道并未成为改革的目标，但是，社会转型过程中所引发的经济和社会变迁以及由此出现的问题，促使街道办事处和居民委员会的职能和工作重点开始产生重要变化。

（1）1949 年以来，国家成功地对整个城市社会单位化，使得单位成为国家控制社会的基本单元。所有就业者被紧紧地束缚于单位体制上。国家通过控制单位的几乎全部资源，从而控制了单位，也控制了单位中的所有就业者。

但是，改革开放以后，特别是 20 世纪 80 年代末开始，单位制受到了巨大挑战。有的是就业者主动离开单位；有的是单位不景气，或者破产或者机构改革，就业者被动离开。总而言之，整个单位制度正处于不断解体和衰落的过程中。单位解体后，原来的就业者脱离单位，变成无单位束缚或者管理的人。这就是所谓的“单位人”变成“社会人”的现象。从国家控制的角度来看，这显然出现了社会控制的真空领域。另外，随着国有企业深化改革、转换经营机制和政府机构改革、转变职能，企业剥离的社会职能和政府转移出来的服务职能，大部分也要由城市社区来承接。建立一个独立于企业和事业单位之外的社会保障体系和社会服务网络，也需要城市社区发挥作用。

（2）20 世纪 80 年代末以来，流动人口规模急剧膨胀，给城市管理、社会治安带来了新的课题。根据国家统计局《2005 年全国 1%人口抽样调查主要数据公报》中的数据，2000 年第五次人口普查时，全国流动人口为 14 439 万人，占全国人口（126 583 万人）的 11.4%。不过，具体到城市特别是大城市，流动人口的占比要高得多。如上海，2000 年，外来流动人口为 387.11 万人，占其总人口（1 673.77万人）的 23.1%。比 1984 年上海市首次进行外来人口抽样调查时的 60 万人增长了 5.5 倍，也比 1997 年抽样调查的 237 万人增长了 63.3%。① 再如北京市，1990 年的人口普查结果表明，该市流动人口为 51.9 万人，是 1982 年人口普查时 13.4 万人的 3.9 倍；② 而据第五次人口普查数据，2000 年，北京市外来人口已达 308.4 万，占全市总人口（1 381.9 万人）的 22.3%。③

作为城市基层社会管理组织的街道办事处和居民委员会，历来都承担这方面的管理与服务工作，面对新的情况，自然需要进行相应的改革。

（3）住房制度的改革。20 世纪 90 年代初，我国政府开始探索城镇住房制度的改革，1994 年 7 月，国务院颁发《关于深化城镇住房制度改革的决定》（国发〔1994〕43 号文件）；1998 年 6 月，召开了全国城镇住房制度改革与住宅建设工作会议，并于 7 月份下发了《关于进一步深化城镇住房制度改革，加快住宅建设的通知》（国发〔1998〕23 号文件）。从此，我国基本上结束了住宅分配制度，开始了住宅市场化的体制。

1999 年国家统计局城调总队对全国 15 万户的抽样调查显示，从居民家庭的住房产权看，已购买了房改房和商品房的分别占 45.5%和 5.3%。④

许多已经购买房屋的户主要求成立业主委员会，维护自己居住小区的环境、服务和管理的权利。这些户主包括外来人口和外籍人士。业主委员会自认为是小区居民的真正代表，经常与居委会发生矛盾，不允许后者进入小区。据在广州市

---

① 参见上海市统计局：《上海市第五次人口普查公报》，http：//www.stats.gov.cn/tjgb/rkpcgb/dfrkpcgb/t20020331_15423.htm；黄庭钧、沈飚：《上海：外来流动人口达 387 万》，http：//www.mps.gov.cn/n16/n1237/n1402/96698.html。

② 参见杜午禄：《“七五”期间北京市人口变动状况综述》，见田雪原：《中国人口年鉴》（1991），北京，经济管理出版社，1992。

③ 参见北京市统计局：《北京市 2001 年外来人口动态监测调查数据公报》，http：//www.stats.gov.cn/tjgb/qttjgb/dfqttjgb/t20020404_16777.htm；《2000 年北京市第五次全国人口普查主要数据公报》，http：//www.bjstats.gov.cn/xwgb/tjgb/pcgb/200605/t20060526—42159.htm。

④ 参见胡修府：《房地产业还能火多久?》，www.stats.gov.cn/was40/gjtjj_detail.jsp。

海珠区的调查，当地有物业管理委员会的小区只有10％能够与居委会进行合作。

（4）街道办事处承担的基层社会管理工作过于庞大和复杂。1954年颁布的《城市街道办事处组织条例》规定，街道办事处的工作主要是三项，即办理市、区政府交办的居民工作，指导居委会的工作，反映居民的意见和要求。“文化大革命”后，街道办事处的工作比“文化大革命”期间有所减少，但是也有了大量扩展。进入20世纪90年代后，由于上述主要原因，街道办事处的工作又大幅度增加。大致归纳一下，目前街道办事处的工作至少包括以下几个方面，即街道经济，城市管理，民政、福利，社区服务，人口（包括外来人口）管理，社会治安，街道党的建设，指导社区居委会，社区精神文明建设活动等。

这些新的情况和工作促使市、区进一步将权力下放给街道办事处，使得后者逐步成为城市社区管理的中坚力量。

（5）城市基层社会传统的管理组织老化，管理方式、观念都不能适应新的社会情况。特别是居民委员会的成员普遍年龄大、文化程度低、退休人员或者家庭妇女居多。如根据1996年对全国12个城市300多个居民委员会主任的调查结果看，50岁以上的占68.5％，其中60岁以上的占37.0％；而35岁以下的仅占3.6％。初中文化程度以下的占66％，大专以上的占8.3％；同时调查的1 500位成年居民中，大专以上文化的占18.4％，初中以下文化的占44.9％。为了有效地进行基层社会的管理，居民委员会成员显然还需要进一步年轻化和知识化。

以上五点原因可以归纳为三个方面，即服务、管理和控制。无论是街道办事处还是社区居民委员会，它们应当主要都是围绕这三个方面发挥作用。因此，重建适应新的社会状况的城市社会管理模式，进行城市基层社会管理制度的创新已经成为刻不容缓的工作。

第二节　城市社区组织的结构与特点

一、街道办事处的结构和特点

街道办事处是城市基层社会和社区内最重要的权力机构，它承担的工作大致有九个方面：（1）宣传、贯彻、执行党的路线、方针、政策和国家的法律、法规；（2）开展社会主义精神文明建设；（3）社会治安综合治理；（4）指导街居经济工作；（5）社会闲散劳动力的管理；（6）民政福利工作；（7）市政建设和管理；（8）指导社区居委会的工作；（9）完成市、区政府交办的其他事务。

街道办事处在城市基层管理体制改革前后有很大的变化，这里所讲的城市基层管理体制的改革指的是“两级政府、三级管理”的改革。

1987年北京市曾经发文要进行“两级政府、三级管理”体制的改革，但是，由于各种原因并未真正施行。后来，1995年首先在上海、1998年才在北京再次进行城市基层管理体制的改革。

改革的要点是：(1)“一个确立”，即确立街道办事处对辖区管理负总责的地位，实质上就是“以块为主、融条于块”的制度变革。(2)“两个赋予”，即赋予街道办事处对职能部门派出机构的领导权或统筹协调权，对城市管理综合执法分队的指挥调度权，对辖区内各管理机构工作的监督权；赋予相应的财权，保证街道办事处所需的全部费用。(3)“三分开”，即实行政企分开、政社分开、社企分开，首先进行政企分开的工作。

一些城市如上海，街道办事处的辖区内建立了新的组织“城区管理委员会”。委员会由街道办事处、政府各职能部门、区域内各单位、居委会代表和居民代表组成，主任是街道党委书记或街道办事处主任。主要职能是根据区政府的要求，研究制定辖区管理工作的目标、任务和发展规划，协调解决管理中的问题，对管理的重大事项提出建议或意见；管理委员会议定的事项，由街道办事处组织有关单位落实。

目前，大多数城市街道办事处的机构设置包括：一是党的系统，即街道党委（或工委）。一般设书记、副书记，下设组织科、宣传科（精神文明办公室）、纪律检查委员会、党委办公室、团委、妇联、工会、武装部、老干部办公室等工作部门。二是政府系统，即街道办事处。设主任、副主任，一般下设行政办公室、民政科、居民科、城建科、司法科、综合治理办公室、社区服务办公室、文教科、计划生育科、劳动科（劳动力管理）、统计科、财政科等；有些地方设市场中心（原市场科）和城管大队（原市容所），有的地方没有财政科和司法科。三是集体经济组织，这在各地名称不一，隶属关系也不同。它们与街道办事处的关系大致可分为三种情况：受街道办事处领导；与街道办事处平行；在少数大城市如北京，街道经济组织与街道办事处已经完全脱离，真正实现了政企分离。

街道办事处在社区的权力结构呈现以下一些特点。

1. 党是街道一切工作的领导核心

街道党委或工委是街道的领导机构，街道重大事情的决策权在街道党委或党委扩大会。街道党委（工委）书记是“一把手”，主持召开会议。办事处的主要领导一般都参加党委会或党委扩大会。从参加会议的人员构成情况看，这两个会议实际上是街道党政联席会议，街道的一切重大事项基本上都要提交这两个会议讨论决定。而街道办事处及其所属机构，都是在党委（工委）领导下工作。

2. 街道办事处是社（辖）区内最高权力机构

如前所述，在街道办事处辖区内，一般都有政府职能部门的派出机构，如派出所、工商所、税务所等。人们通常将它们与街道办事处的关系称为“条”与“块”的关系。长期以来，两者的关系是“以条为主，块做配合”，即街道办事处往往是配合或围绕“条”上的任务进行工作。但是，改革开放以来，两者的关系发生了巨大的变化。

“两级政府，三级管理”改革的核心是“强化区、街管理功能”，实际上就是增加街道办事处的权力，特别是对辖区内的政府各部门派出机构方面的权力。从中，我们可以看到两者权力消长的变化以及这种变化所包含的深刻含义，即从“以条为主，块做配合”到“条块结合”；最后到目前形成的“条专块统，以块为主”的权力格局。街道办事处成为有实权的一级政府组织或“准政府组织”，它有权“组织、协调辖区内的公安、工商、税务等机构”，“有权对区人民政府有关部门派出机构主要行政负责人的任免、调动、考核和奖惩，提出意见和建议”。

除了对辖区内政府职能部门派出机构有以上权力外，为了“商讨、协调社区建设和社区服务事项”，街道办事处也有权召开辖区内其他政府或企事业单位“参加的社区联席会议”。

3. 街道办事处的工作人员属于国家公务员，有明确的政府级别待遇

街道办事处发展到今天，规模已经相当可观。街道办事处的人员编制由市、区一级政府下达，工作人员人数已经从 1966 年以前的 8 人左右，发展到当前 100 人左右的规模。大城市中的街道办事处已经相当庞大，例如根据笔者 2002 年的调查，北京市西城区某街道办事处的工作人员已达到 154 人。比起 20 世纪 60 年代的情况，已经增长了接近 20 倍。

街道办事处的机构也从过去很少的几个科室到目前少则十几个多则二十几个科室，除了立法机关和执法机构外，几乎包括了党和政府机构的所有对应部门。工作人员的工资由国家财政支付，属于国家公务员待遇。办事处主任和科长都有明确的国家干部的级别和相应待遇。街道办事处主任和副主任由区人民政府任命，区设街道工作办公室或街道工作委员会。所以，街道办事处的准政府色彩相当浓。

二、社区居民委员会的结构与特点

社区居民委员会的前身是居民委员会，它一般下设六个工作委员会：计划生育（包括妇女工作）、福利民政（包括老年人、残疾人、困难人口补助等）、治安保卫（包括外来人口管理、防火、饲养宠物等）、人民调解、社区公共卫生、青少年（知识青年）教育。承担的工作主要有八类：社会治安，人民调解，青少年教育，计划生育，妇女工作，老龄工作，社会福利，公共卫生。

居民委员会的变化主要是在开展社区建设工作以后出现的。自1999年以来，民政部一直在进行社区建设的试点工作。直到2000年年底中办发〔2000〕23号文件，即中央办公厅和国务院办公厅《关于转发〈民政部关于在全国推进城市社区建设的意见〉的通知》的下发，社区建设才正式在全国各地大张旗鼓地进行。社区居民委员会结构方面的主要特点如下。

1. 居民的概念有了新的内涵

过去我们讲社区的居民，指的是居住在本社区中的自然居民或者是个体居民，现在讲的居民包括两种，既包括自然居民，也包括法人居民或者单位居民。即所有在社区辖区范围内的单位，都是社区管理的对象，都应当与自然居民一样，参加社区组织的活动和受社区组织的管理。

2. 社区管理组织的结构的新变化

这一层次的组织在各地有所不同，但是基本上一样。从北京市的情况看，主要由社区居民委员会、社区居民代表大会、社区党委和社区协商议事委员会四部分组成。

（1）社区居民委员会。相当于过去的居民委员会，是社区的常设机构和日常办事机构。其成员为7～15人不等，大致包括自然居民委员、法人居民委员、在职和离退休居民委员几类。

（2）社区居民代表大会。由社区内的居民代表所组成，是社区的最高权力机构。代表人数为100人左右，主要包括自然居民代表、法人居民代表、外来人口居民代表以及在职和离退休居民代表。

（3）社区党委。过去居民委员会的党组织一直是党支部，社区建设后，根据中央有关文件的精神，党员的管理应当由单位和所在社区共同负责，所有离退休党员和外来人口中的党员，其组织关系都应当转入所居住的社区居委会。考虑到社区的党员人数已经相当多，因此，在社区建立党委或者党总支，书记一般由街道办事处党工委任命。

（4）社区协商议事委员会。由社区内社会名流、单位居民代表等组成。

3. 社区居委会管理的辖区和范围的变化

社区建设对于社区的划分也有所变化，即主要根据其历史和地域联系来划分；而且在管理范围上宁大勿小。所以，目前来看，社区的规模多在 1 000 户左右；在大城市一般可达到 2 000 户左右，少的 1 000 户以下，多的可以达到六七千户。

4. 社区居委会成员的结构的变化

（1）年龄结构：根据 2001 年对北京市朝阳区某街道的调查，该街道现有社区居委会委员一共 47 人。其中，年龄最大的是 66 岁，最小的是 26 岁，平均年龄为 45.7 岁。

（2）文化结构：该街道的社区居委会委员中，3 人为初中毕业，22 人为高中毕业，19 人为大专毕业，3 人为大学毕业，文化水平有了很大提高。

（3）身份结构：原来的居委会委员的身份一般比较单一，绝大多数是离退休人员或家庭妇女；改革后的社区居委会委员的身份构成为：事业编制的干部为 15 人，原居委会在职人员 12 人，原居委会委员 15 人，单位代表 5 人。实现了身份多元化。

值得注意的是，事业编制的干部普遍年轻且学历高，他们基本上都是通过社会招聘并进行相应的考试录用的，即“民选街聘”、“公开招聘、择优录用”。一般来讲，他们的工资比较高，为 900～1 400 元/月，属于事业编制干部，普遍都受到重用。在该街道，所有社区居委会主任都是由事业编制的干部担任。

但是，这些社区居委会的成员中，有的并不居住在该社区；也就是说他们并不是社区的一分子。因此，他们似乎更像是纯粹行政性的管理干部，而不大具备社区本来应该具有的地缘关系和邻里关系的特征。

三、社区制与街居制的比较

应当讲，20 世纪 80 年代以前的城市社区管理体制，基本上都是计划经济体制下对城市基层社会的管理模式。这种管理模式的特点是：第一，指导思想基本上是以阶级斗争为纲，街道办事处和居委会对于辖区内的居民，更多的是从专政的角度思考问题，因此对居民的控制甚至监督多于对居民的服务。

第二，在国家政权体制中的地位是“单位制”管理的补充，实际工作中多是配合国家各职能单位设在街道的工商、市容、环卫、房管、粮管、税务、公安派出所等部门的工作。

第三，作为“单位制”管理补充的街居制，其管理对象多为无工作的家庭妇女或者老人和青少年。

第四，由于管理工作的性质相对简单和管理对象比较单一，所以，管理队伍的成员大多文化水平较低、年龄较大，但是，绝大多数都是认真踏实的实际工作人员，其中大部分是退休职工或者家庭妇女中的积极分子。

第五，管理队伍的人员较少，职级地位较低，待遇也很低，不少居委会的工作人员近乎于义务工作。

第六，无论是街道办事处干部还是居民委员会的工作人员，基本上都是由上级组织任命，基本上没有通过居民民主选举的干部。即使是被称为居民自治组织的居委会干部，也不是由居民自己选择的；即使有选举，也不是召开居民大会并且按照严格的选举程序进行，多是采取个别征求居民意见的方式或者是“走形式”地开个会。

总的来讲，这种管理体制完全是一种国家对整个社会包括社区进行统治的模式。在这种模式内，“党政不分”、“政企不分”、党和政府“包办一切”，且凌驾于一切社会组织之上，控制了全社会的所有资源，对所有社会事务和社会活动全面插手。非政府组织、志愿者组织或居民社会组织根本没有存在的可能。从社区制改革后的情况看，我们认为，街居制变为社区制后，目前的社区制存在以下几方面的特点：

其一，在社区管理组织即街道办事处和社区居民委员会的结构中，党委或工委仍然是领导核心。

其二，在社区管理组织与政府其他管理组织，即“条”上各政府职能机构派出的组织之间的关系中，以及与社区内其他社会组织，包括国家、事业和企业单位以及其他居民组织的关系中，“块”起着居中协调的作用，辖区或社区内的所有政府职能部门机构、各种所有制的单位、各种社会团体或者居民自治组织都必须接受街道办事处和社区居民委员会的领导。这与以前的“以条为主，块做配合”有了根本性的变化，说明形成了新的条块权力格局。

其三，社区内已经不是党和政府包办一切的局面。除了党组织和政府派出机构外，出现了越来越多的居民自治组织、志愿者组织、社团组织、企业以及个人等。这些组织之间已经开始初步形成一种社区合作共治的机制。在社区层面上，政府部门、社区组织、各种社会组织、驻区单位、物业服务企业等主体要在社区党组织的领导下，建立起相互依存、分工合作的伙伴关系，确定共同的目标，实施对社区公共事务的共同治理。其中，社区居民委员会发挥主导作用，利用社区协商议事会议等形式，组织发动各方力量，搞好社区共治，并积极反映各方利益诉求，广聚民智民力。对涉及具有社会性、公益性、群众性的社区事务，定期进行议事、协商、监督、评议，加强沟通，增进理解，协调利益。共同治理的议事规则、工作制度，以及合法、合适的社区民主组织形式正在形成。社区发展的各项规划、社区建设的实施以及社区事务的处理等逐步体现出社区居民的广泛参与，与居民的要求相适应。

当然，虽然社区制比较街居制有了极大的变化，但还是存在一些不足之处，主要表现在：

第一，社区治理主体的多元性仍然不够。主要体现在政府组织及其派出机构作为社区唯一主体的现象仍然存在，并且垄断社区绝大部分资源；社区居委会名义上是居民自治组织，实际上由于其身份、任职、薪水以及各种费用均由政府决定，因此，必然是政府行政管理体制在社区延伸出来的“腿”，成为政府及其基层政权组织的“附属物”，甚至可称之为“准政府”。其结果必然是牺牲社区居民自治、强化政府职能权威。

第二，社区管理手段仍主要采取强制性的行政方式。社区居民委员会被看作政府机构的延伸，地方政府基本上都是将社区作为一级行政机构，认为两者之间是行政上的领导与被领导关系。社区自治组织——居委会自身也常常以政府组织的身份自居，自认为是政府职能的执行者。它们的工作重心是完成街道办事处布置的各种任务，为居民服务已成为较次一级的目标。居民作为社区的主体或者主人，在居委会的日常工作中，常常是一种口号，实际上，居民并未真正被作为“主人”看待。居委会很少与社区的所有居民进行主动的联系，通常只是与少数居民组长、楼长、楼门长打交道，不少居委会俨然成为社区的一个“衙门”，行政色彩越来越浓。社区是政府管理社会的工具而非社区居民的自治平台，在决定社区公共事务方面，基本上是居委会决定一切，然后以行政管理的方式进行布置。治理组织体系仍然保持垂直科层结构。

第三，社区非政府组织缺乏。志愿者组织进入社区存在难度，不少地方的政府对它们的建立和进入社区存在疑虑。社区非营利组织能够承担从政府集权式管理向社区治理过渡的职能，它有助于满足多元需求与利益，促使政府职能转换，加强社区自治机制的建立。但由于历史的原因，我国社会以及社区的非政府组织数量很少，种类不多，仅限于居民自娱自乐的组织和一些环保类志愿者组织，并且它们多是在政府管理和资助下建立的，很难形成有独立意志的参与主体。

第四，社区成员参与社区活动的渠道和平台不多，行使民主权利的广度和深度也远远不够，社区居民的社区意识不强，参与社区治理的热情不高。举一个简单的例子，很多商品房社区中设置的居民委员会，很少能够真正站在业主也即居民的一边，而通常都是站在以利润为目标的企业——物业公司一边。作为居民的自治组织，居委会不与居民及其组织——业主委员会站在一起，想居民之所想，急居民之所急，如何能够赢得居民的好感和尊重，如何能够吸引居民参与社区活动?

第五，社区的社会资本的培育十分有限。社区居民委员会工作的公开性、透明性仍然十分有限，基本上没有财务方面的公开制度。自由、竞争性的选举仍然局限在一部分社区组织。

总的来讲，从社会转型前后的社区发展情况看，我国的社区制已经完全取代了街居制，已经形成了社区内多种组织并存的局面，这些组织开始初步形成合作共治的机制。但是，由于我国城市的社区建设主要是由政府推动的，又由于绝大部分社会资源是由上而下地分配，所以，社区制既承担着政府的管理任务，又承担着居民和社会的自治诉求。正如有的学者指出的，社区自治组织——社区居民委员会具有“行政组织”和“自治组织”的双重性，而这种二重性也决定了当前我国城市大部分社区治理结构的二重性，即管理或控制与自治的二重性①。作为政府派出机构街道办事处的“一条腿”，社区居民委员会既是城市社区中政府方的代表，有来自政府的大量资源，包括权力资源；也是社区各种活动和事务的组织者。因此，社区居委会兼具政府的行政机构和居民自治组织的二重色彩，而且，更多的是前一种色彩，正因为如此，近年来社区居委会的发展越来越呈现行政化的趋势。所以，我们不认为居民委员会是真正的居民自治组织，而基本上将其看作政府在社区的派出组织，只不过，各地社区建设的发展程度不同，有些社区的管理色彩更多些，而有些社区可能自治色彩更多些。

不过，在新型社区——商品房社区中，伴随着真正的居民自治组织——业主委员会的产生，已经开始形成了完全自治性的社区组织和社区治理结构。

第三节　新型社区：商品房小区

一、商品房小区的社区性质

商品房小区作为一种新兴社区，是一个利益共同体，所有的居民对于居住质量和生活环境有共同的利益、需求和目的，社区成员甚至也具有大致相同的社会经济地位。按照社区的社会学定义，“地域性社区”的主要属性包括地域性、互动性、共同情感和共同利益以及由此产生的归属感。且居住在商品房小区的居民

---

① 参见郭虹：《社区治理结构的二重性与政府在社区建设中的职责》，http：//www.ccpg.org.cn/index.asp。

都是自愿进入的，接近于自然形成的社区。

因此，商品房小区更加具备了社区的主要属性，更像是真正的社区。所以，笔者将其称为“新型社区”。

二、商品房小区管理制度的变化

由于我国长期的住宅分配制度，商品房小区出现后，其管理是一个崭新的问题。管理制度的建立最早是在 20 世纪 90 年代，但是，后来这方面的管理制度经历了很大的变化。

随着住宅市场化开始出台的第一个文件，建设部《城市新建住宅小区管理办法》(〔1994〕33 号令) 规定，“业主委员会”或者“物业管理委员会”是在房地产行政主管部门指导下，由住宅小区内房地产产权人和使用人选举的代表组成，代表和维护住宅小区内房地产产权人和使用人的合法权益。该文件指出，各省、自治区、直辖市人民政府房地产行政主管部门可根据本办法制定实施细则。但是，各地出台的实施细则方面的文件却出现了主仆颠倒的规定。如 1997 年，北京市房地产局的《关于开展组建居民小区物业管理委员会试点工作的通知》(485 号文件) 中规定：“小区的开发建设单位、物业管理企业应在区县房地局、小区办和小区所在地的街道办事处的指导、监督下成立管委会筹备组，制订组建管委会实施方案，起草管委会章程。筹备组应与产权人代表、使用人代表以及居委会代表协商，推荐管委会委员候选人。”这实际上就是将本应当属于业主筹备和成立业主委员会的权力指派给开发商和物业管理公司，类似的规定先后出现在各个城市，可以讲，这类规定基本上是后来各地商品房小区产生矛盾的主要根源。

2003 年 9 月 1 日开始实施的《物业管理条例》取消了上述不合理的规定，指出“业主应当在物业所在地的区、县人民政府房地产行政主管部门的指导下成立业主大会，并选举产生业主委员会”，并规定了业主大会和业主委员会的职责。

业主大会履行下列职责：(1) 制定、修改业主公约和业主大会议事规则；(2) 选举、更换业主委员会委员，监督业主委员会的工作；(3) 选聘、解聘物业管理企业；(4) 决定专项维修资金使用、续筹方案，并监督实施；(5) 制定、修改物业管理区域内物业共用部位和共用设施设备的使用、公共秩序和环境卫生的维护等方面的规章制度；(6) 法律、法规或者业主大会议事规则规定的其他有关物业管理的职责。

业主委员会是业主大会的执行机构，履行下列职责：(1) 召集业主大会会议，报告物业管理的实施情况；(2) 代表业主与业主大会选聘的物业管理企业签订物业服务合同；(3) 及时了解业主、物业使用人的意见和建议，监督和协助物业管理企业履行物业服务合同；（4）监督业主公约的实施；（5）业主大会赋予的其他职责。

国务院《关于进一步深化城镇住房制度改革，加快住房建设的通知》（国发〔1998〕23号文件）中曾经指出，要“建立业主自治与物业管理企业专业管理相结合的社会化、专业化、市场化的物业管理体制”。但是，2003年的《物业管理条例》中，既不提业主自治，也未规定业主大会和业主委员会是否是自治组织以及法人组织。

三、业主委员会产生的社会背景和原因

业主和业主委员会产生的主要背景当然是改革开放的社会转型，但是，直接的原因是城市旧的住宅体制的变革。1949年以来，我国城市中的住宅一直是采取与工作单位直接挂钩的分配制度，住宅的产权归单位，实质上住宅就是国家所有的公有财产，居住者个人只是住宅的租户。与此相应，住宅物业方面的管理、维护以及服务也是产权所有者负责解决，通常是单位的后勤或者是政府房管部门的工作人员具体承担。住宅所有者和物业管理人员都是公有财产的所有人和维护人，他们目的一致、利益也一致，本质上，两者都是同一所有权的管理者。房屋产权所有人代表国家给维护人发工资和各种报酬，维护人代表单位也代表国家管理和维护住宅及其相关的财产。居住者只是交付象征性租金的承租人或者使用人，他们不是住宅的所有者，甚至有的住宅内的家具都不是个人所有，而是国家的配给。因此，居住者与那些后勤管理人员和房管局工作人员的关系确实是被管理和管理的关系，因为后者是代表产权人来行使管理权的，是站在住宅施予者的地位；前者是被施与的对象，是通过各种方法获得住宅的分配，并且是近乎无偿地接受住宅的服务，因此，只能想方设法与住宅所有人及其负责日常管理的物业管理人员搞好关系。

20世纪90年代，我国城市住宅分配制度开始改革，改革的主要思路是停止分配，将住宅市场化。这样，就开启了住宅私有化的潮流，于是，越来越多的居民开始进入商品房市场购买住宅，特别是在纯商品房小区，住宅的所有权人已经不是任何单位，而是购房者本人，这样，就出现了住宅私有者群体。虽然他们只是房产而不是地产的所有者，但是，根据目前的国家规定，他们至少享有该住宅70年的私有权。

所有权决定管理权，业主作为住宅和公摊面积的所有权者以及物业服务的付费者，理所当然也是物业的所有权人和物业管理的主人。自然需要建立相应的组织来代表自己的利益。

四、业主委员会的特点

业主委员会第一个也是最重要的特点，就是它是一个真正的居民自治组织。所谓“自治”，其英文是“autonomy”，按照社会学的定义是“自我管理（统治）的权利或权力”[①]。所谓自治组织，就是“该组织的成员为了建立组织的秩序并且维持它，自己决定组织的规则和规定，在此基础上，决定组织的首领及其工作职责”[②]。

根据以上定义来考察业主委员会的组织形成，不难看出它已经具有了自治组织的一些主要特点。以下是我们调查的一些社区业主委员会的有关规定。

“管委会（物业管理委员会的简称）做事程序……是以多数人的意志为行为、决定的依据。××园没有领袖人物，也不该有领袖人物。有的，只是执行民主意志的管委会委员。”（C小区的调查材料）

“任何一名代表都有权利发表有利于××园整体利益的任何想法和主张。代表须到管委会以口头或文字的形式提出议题，秘书负责接待和整理议题文件，管委会必须适时安排管委会会议，针对该议题，以少数服从多数的决议制度来确定最终结果。并将讨论的结果书面回复提出议题的产权人代表。”（C小区的调查材料）

“业主大会是代表业主管理物业的组织，其管理权源自业主对其私有房屋的所有权、对依法受让土地的使用权……业主大会内部设业主代表大会和业主委员会。”“业主大会直接行使职权的范围：1. 选举、罢免业主委员会主任；2. 表决通过业主共有物业的使用、收益方案。”（S小区的调查材料）

“业主大会应当有总户数的1/2以上参加，方为有效。业主大会的决议应当经与会业主1/2以上投票权通过，方为有效。”（S小区的调查材料）

业主委员会的成立也完全是按照民主选举的原则进行的，任何人都没有特权被指定为委员或者候选人。

“业委会选举工作先建立筹备组，每个业主都可以报名参加。这样，经过一周的报名，有6位业主报名参加，因筹备组中业主代表的名额为3人，经过这6位报名者协商，决定由其中3位业主参加筹备组”。（J小区的调查材料）

“业主委员会委员的条件是：（1）热心小区的公益事业，自己报名竞选业委会委员；（2）长期在小区居住，每年不少于180天；（3）报名竞选业委会委员的

---

① John Scott & Gordon Marshall, *The Oxford Dictionary of Sociology*, Oxford University Press, 1998, p. 31.

② ［日］森岗清美：《新社会学辞典》，561页，东京，日本有斐阁，1993。

人须向筹备组提供个人姓名、性别、年龄、住宅号、联系电话、产权证明（不是产权人的须提供产权人授权书）、本人照片一张，书面说明为何要当业委会委员和如果当选，准备为业主做什么工作，并同意将这些资料公开张贴和送达每一个业主。”（J 小区的调查材料）

“（1）将选举公告张贴在各楼大堂、会所以及地库等 6 个地点，保证所有业主只要回小区就能见到。（2）第 1 次公告选举办法和被选举人资格等，自荐人自由领取表格；第 2 次公告管委会章程和 14 位自荐人的详细材料。此两项公告分别张贴 1 个月时间。（3）同时，将全部公告张贴的文件缩微后连同选票送达每一业主家中，每次送达须有业主代表和物业公司或者开发商双方至少两人以上同时前往，并要求正式签收；家中无人的情况以挂号信形式寄达登记地址。经过选举，产生 5 名候选人，3 座楼每座都保证 1 人当选，其余 2 人以得票多者当选。（4）现在，5 个候选人的资料将再次公布，并将在一个月内举行第二次选举，反对票不超过 50％即当选。”（C 小区的调查材料）

以上是业主的权利、业主大会的权利和活动方式、业主代表大会和业主委员会的产生方式以及民主程序等方面的规定和实际做法。这些制度保证了所有业主都可以充分发表意见并且参与整个过程，也可以在参与和处理社区公共事务的过程中，遵循民主的程序得出决定性的意见，特别是在选举业主委员会的过程中，能够听取每一户业主的意见，充分地酝酿、发表意见，首先选举候选人，然后差额选举正式委员直至主任，充分体现了业主们在民主基础上进行自治管理的精神。

此外，业主对自己的利益更加关心，对社区的公共事务也更加关心，能够主动积极地参与。

在住宅分配体制下，居民更多的是关心何时能够分到业主由于以下两个原因，更好或更大的房子，何时能够从这里搬走；因此社区的环境、维护等对他来讲，都不是他而应是单位关心的事情。而在商品房社区中，第一，业主购买房屋花了自己一大笔钱，而且，以后还要年年月月地交物业管理费，自然要关心这些钱是否花得值得，管理费的确定是否合理，这些费用都花在何处；第二，绝大多数业主购买房屋是为了自己居住，而且一般要居住多年，主要目的不是为了出租或者买进卖出，因此，他们当然希望自己是居住在适合于生活的社区环境中，不希望这个环境受到破坏，无论是硬件方面还是软件方面。而且，即使是为了出租和买卖，社区的环境好坏也必然影响房屋的出租或出售价格。对自己住宅和居住环境关心的直接目的，进一步发展为对社区更广泛的公共事务的关心，不少业主常常是无偿地、主动地参与属于公共事务的活动。

我们过去常常说，城市居民对于社区的公共事务不关心，积极参与的情形极少见。特别是对比农村村民在村委会选举过程中的热情态度和行为，城市居民的冷淡和无动于衷更是令人印象深刻。这里的原因除了参与机制方面的设计外，居民与居住和生活其中的社区无利益关系大概是最重要的因素了。

业主之所以关心社区公共事务，积极参与各种活动，正在于他们的利益第一次与其居住的社区紧密结合起来，业主们也第一次真正将社区看作自己要努力爱护的家园。据我们的调查，在小区业主委员会的筹备成立和选举过程中，一般都有2/3左右的业主参与和出席大会。例如我们调查的H小区，有业主157户，选举其业主委员会的大会上有136户的业主出席投票。

城市的商品房小区可以被看作中国城市的微观社会，在该微观社会中，业主及业主委员会、物业管理公司和各政府部门的下属机构分别代表不同的领域。

住宅私有化以后，随着所有权主体的变更，所有者与服务于住宅的物业管理人员的关系也就发生了变化。二者已经不是同一所有权下的住宅管理者和使用人，居住者是住宅的所有权者，而物业公司已经变成由所有权者聘请或者雇用的企业，正常情况下，在住宅及其环境的维护、维修和服务方面，二者应当是市场自由交易的买卖双方。物业公司是由住宅所有权人委托来对住宅及其小区环境进行服务的（如果说是管理小区，也是受所有权人的委托来管理），小区物业管理的主体或主人是全体业主及其代表机构——业主委员会。实际上，小区的物业是由业主自己管理，还是雇用物业公司，或者雇用哪一个物业公司等，都是小区主人即所有业主的权利，因为是他们购买的房屋，也是他们为物业公司的服务买单。

既然物业公司本质上是一个企业，它就要追求利润的实现。因此，由追逐商业利益的企业来管理甚至操控社区的公共事务是甚为荒唐的，只会造成商业利益对社会公共事务和居民公共生活环境的侵蚀和破坏。近年来，全国各地的商品房小区之所以纠纷不断，其主要原因大概源于此。物业公司应当凭借自己的服务能力和质量在市场上去找客户。它与业主大会及其常设机构业主委员会的关系是雇用和被雇用的市场关系，相互之间的权利和义务是由双方签订的有关合同来确定的。双方在人格上是地位平等的，谁也不依附谁，谁也没有权力强迫另一方必须干什么。双方只不过是市场上的买卖两方，双方同意就签合同，不同意就作罢，签了合同如果有一方违反，就通过法律途径解决。

政府有关行政部门的职责是制定公平合理的裁判规则，而不是过多地介入，政府主管部门更应当要求管辖范围内的所有企业遵照市场经济的规矩办事。任何企业都不能理所当然地成为开发商开发的小区的物业公司，它们应当通过竞争来获得其客户即业主的雇用合同。如果这些行政部门没有为公民购买的商品付款，就无权干预公民对自己具有所有权的商品的处理（违反国家法律另当别论），当然，也不能指定某些单位或者企业来参加干预；这就像任何部门都无权对公民购买的私人汽车或者家用电器指定某些企业进行大包干式的管理和服务一样。

本章要点

我国城市一直存在着基层社会管理组织。1949 年以前，主要是保甲制度；之后，则是街道办事处和居民委员会；其管理的辖区成为政府规定的城市社区；改革开放前后，城市社区及其居民自治组织都有很大变化，特别是开展社区服务、社区建设后，社区组织的结构和特点都具有了新的面貌；商品房社区更接近社区的基本属性，更具有时代性。

基本概念

街居制　居民委员会　社区服务　社区建设

复习思考题

1. 我国城市管理组织结构的三种类型分别是什么？
2. 我国城市社区的五种类型是什么？
3. 什么是街居制？
4. 社区服务与社区公共服务的联系与区别是什么？
5. 社区建设产生的社会背景与主要原因是什么？
6. 开展社区建设后社区居民委员会的结构与特点是什么？你对此有何看法？
7. 你如何看待商品房社区的属性？
8. 请阐述业主委员会产生的社会背景。
9. 请阐述业主委员会的特点，你怎样看待这些特点？
10. 谈谈对“自治”概念的看法，以及你认为的自治组织的特点。
11. 你如何看待目前我国城市商品房小区管理的主要问题？
12. 谈谈你对中国社区的看法，你认为社区对于居民有没有意义？如果有，有哪些意义？如果没有，原因是什么？
13. 试比较社区制与街居制的不同点。
14. 当前社区制还存在的主要不足是什么？

推荐阅读参考书目

夏建中．当代中国城市社区的组织与服务．社会学，2000（7）

夏建中．中国公民社会的先声——以业主委员会为例．文史哲，2003（3）
夏建中．城市基层政府管理模式的转型：一个街道社区的个案研究．河南社会科学，2005（4）

第十一章

国外城市社区研究

第一节　美国社区发展与社区组织的历史

首先应当明确的是，由于美国是一个联邦制国家，各州之间差异极大，无论是社区发展还是社区制度，各地都没有统一的模式。这里叙述的是主要的方面。

一、社区发展的历史

虽然美国的社区发展课程与零星的活动开始于第二次世界大战后，但是，全国性广泛地实施社区发展则是在20世纪60年代。其正式的名称为“社区发展合作”（community development corporation），主要目的是帮助贫困社区、中下等收入阶层社区的发展。大体上可以划分为四个阶段。

（一）第一阶段

第一阶段开始于20世纪60年代肯尼迪政府时期。当时的主要目的是解决种族歧视、城市更新和城市骚乱而引起的诸多社会问题。许多社区发展运动主要是由社区中的积极分子组织和领导的，基本上包括两类社区，一类是少数民族社区，如非洲裔美国人社区、南美裔美国人社区等；另一类是热心于社区公益事业的人士和宗教界人士进行活动的社区，如著名民权斗士索尔·阿林斯基（Saul

Alinsky）组织的芝加哥南城的社区、费城浸礼教会领导的“新社区合作”组织参与的社区。

联邦政府资助的社区发展运动主要有两大项目，“经济机会的特定影响”项目和“模范城市”项目。

（二）第二阶段

第二阶段开始于20世纪70年代。与第一阶段开展多侧面的综合性目标不同，这一阶段的社区发展运动更多地关注社区居民住宅的建设。社区活动分子设法找到贷款、技术支持来改善或者重建破败的住宅。所以，这一阶段社区发展运动获得的联邦政府的资助，主要来自住宅与城市发展部；此外，更多的资助来源于慈善资助和私人基金会如福特基金会。

（三）第三阶段

第三阶段开始于20世纪80年代。不过，由于联邦政府的经费削减，这一时期开展活动的经费更多地来自地方政府、地方各种形式的合作伙伴。根据20世纪90年代初期的一项调查，全美大约有2 000个社区发展运动项目，每一个州都有参与的社区。这2 000个项目中，有62%的项目包括一个社区或者多个社区；另38%的项目则涉及几乎整个城市。

到20世纪80年代末，社区发展运动的内容已经包括了社区住宅修建和居住改善，创办企业，社区组织的筹划、建立和运行，青少年教育，公共安全，劳动力人力资本的培养和发展，食品救助，健康保健服务，中老年人服务以及文化艺术活动等。

（四）第四阶段

第四阶段开始于20世纪90年代。从20世纪90年代初开始，社区发展的继续前行中，出现了更丰富的多样化行动计划。其中，有三个行动计划最重要，影响范围也相当广泛，并且一直持续到今天。这三个计划分别是“全美社区发展行动”、“综合社区行动”和“社区建设行动”计划。

“全美社区发展行动”（National Community Development Initiative）计划于1991年启动，该计划运行10年，参与该计划的有18个公立和私立基金会。该计划的主要目标为：第一，帮助社区综合系统或者制度的发展和不断成熟，支持社区发展；该目标亦被称为“制度变迁”。第二，帮助社区发展的各种项目获得可用的长期资助。截至2001年，该计划共向社区发展在各个城市的有关项目资助了 2.53 亿美元。

“综合社区行动”（Comprehensive Community Initiative）和“社区建设行动”（Community Building Initiative）计划都产生于 20 世纪 90 年代中期。“综合社区行动”计划超出了解决和纠正诸如收入不足、青少年怀孕、发展资产、住宅和社会服务等社会问题的范围，其宗旨是促进贫困社区及其居民个人的环境的根本转型，寻求的转型是综合性的，包括社区的各个方面：社会、教育、经济、物质基础、文化等；关注于社区建设，即加强社区的居民、组织和志愿者团体的能力建设。该计划的原则是不断促进公立基金会和私人基金会资助的社区的广泛努力，这些努力不仅包括以上诸要素，还包括健康、青少年发展、预防犯罪、吸毒、儿童福利等社会问题的解决。

“综合社区行动”强调三方面的培养和建设：强调个人和家庭人力资本的建设，这些由传统的学校和社会服务机构负责；强调社区经济和物质等基础设施方面的资本建设，这些主要由地方政府和各种社区发展组织负责；强调社会资本的建设，包括公民生活、社会网络、社区意识等，这些由当地教会、文化组织、公民团体、娱乐性组织负责。

“社区建设行动”计划与“综合社区行动”的宗旨和原则基本相同，其具体工作目标包括：着重社区的能力培养、加强居民之间的纽带联系、帮助居民以个人或者集体的方式参与社区变迁。“社区建设行动”计划包括多侧面的具体行动内容：社区参与、能力建设、社区治理、合作、社会资本建设、加强公众实践、关注种族问题的深刻根源、以资产为导向等。

在实践中，“社区建设行动”计划属于“综合社区行动”的一部分。所以，进入 21 世纪后，社区发展呈现出更加丰富多彩的局面。

二、社区发展的主要模式

社区发展的模式有三种，分别是自下而上模式（bottom-up）、综合性再发展模式（comprehensive redevelopment）和政府投资的供给模式。

第一种模式的特点是从动员和组织居民开始，帮助社区决定如何进行社区发展与再发展，如何产生更多的由社区居民拥有的住宅和商业与公益的组织；这些商业组织通常不能破坏社区环境，其目的是能够为社区提供更多的就业岗位。

第二种模式的特点是通过对社区社会与物质的条件的重新规划和发展来对整个社区进行赋能，然后，根据社区物质条件的再发展、社区的复兴和再生、居民参与和赋能情况来进行评估。这种模式是一种社会全面发展的模式，联邦政府资助的一些项目如“赋能地带”（Empowerment Zone）、“创业社区”（Enterprise

Community）项目和福特基金会资助的“邻里与家庭”（Neighborhood and Family）项目采取的都是这种模式。

第三种模式采用的是吸引投资的供给理论，其产生的最初原因是试图纠正自由市场经济的三个错误：（1）潜在的投资者在社区中发现机会的不可能性；（2）利润最大化阻碍了投资于社区的社会意识；（3）社会或者法律如地方法律对投资于社区的限制。这种模式认为，吸引投资的策略应当高于社区的需求和社区居民的政治活动，社区被看成一个弱市场，它更需要的是资金，而不是组织和动员。这种模式并不旨在改革社区以促进社区的转型和良性运行，而是扩大美国主流经济的受益面。而且，该模式在极大程度上依赖于政府的资金，如果政府投资的供给不足，恐怕就难以维持。

概括以上三种模式，第一、第二种属于社区发展推行的间接方式，第三种属于直接方式。

三、美国城市社区组织的发展历史

（一）社区组织的界定

这里的城市社区组织包括城市居民的社区组织和邻里组织。虽然社区与邻里（neighborhood）的定义差不多，都是指在一定的区域内，有一定的人口，居民之间存在互动关系，也因此，有时候社区组织和邻里组织可以替换使用，但是，实际上，两者还是有两点主要的区别：第一，邻里组织一般指的是人口规模更小、地理范围更有限的组织，基本上相当于美国社会学家对社区分类中的“面对面的街区”（face block）和“受保护的邻里关系”（defended neighborhood）。① 而社区组织指的是人口规模和地理范围要更大些的组织，甚至有时候可以指一个城市，如亨特和达尔研究社区权力结构时，社区指的是亚特兰大市和纽黑文市。第二，邻里组织肯定指的是地域性社区，而社区组织既可以包括地域性社区，也可以包括非地域性社区。

社区组织一般包括“社区委员会”和“邻里委员会”两种。其定义有多种，主要指的是居民通过集体行动的力量，组织成一个志愿者组织公开透明地处理严肃和复杂的多种城市事务，并且负责筹集资金、积极帮助和参与居民的各种活动。因为，美国城市社区中还有许多其他的非政府组织，如各种兴趣俱乐部、青

---

① 在美国社会学家的分类中，比这两种社区大的是“有限责任的社区”（community of limited liability）和“有限责任的扩大社区”（expanding community of limited liability）。

年人组织、家长—教师联合会、各种商业协会、教会等，但是，这些组织都不是社区或邻里组织。虽然这些组织也都在社区中，也都服务于社区居民，但是它们并不参与以上的居民活动，也不帮助筹集资金。社区工作、社区健康中心和社区发展组织也都不是社区组织，因为这些组织的工作人员基本上是专业人士或者政府雇员，而不是志愿者。[①]

（二）社区组织的发展

在1840年以前，美国城市不存在社区邻里组织，主要是由于人们对城市的错误观念阻碍了社区邻里组织的产生。那时，人们仅仅将城市看作商业活动的聚集地，比如说看作规范经济生活的企业所在地，或者是个人和机构为了追求商业利益而在一相对富裕地点的集合。很少有人将城市看作不同居民群体构成的社会系统。直到19世纪中叶，由于城市中不同区域的出现，比如中心商业区、工厂制造区、行政管理区和有组织的政治活动与市民活动的出现，产生了空间的定位和识别需要，人们才开始逐渐地将城市看作各种群体活动的地点，看作穷人、富人，或者本地人、移民以及新居民的居住地点。

到19世纪末20世纪初，辛辛那提市的居民首先建立了社区邻里组织，这些组织成立的主要目的是改善当地社区的公共服务，如完善的上下水设施、良好的路灯系统、合格的中小学校、消防和警察机构等。由于成立的社区组织在这些方面取得了一些成绩，到1907年，这些邻里组织建立了邻里组织联盟。该联盟包括36个社区邻里组织，8万多居民。这时，联盟关注的已不仅仅是本社区的事务，开始关注整个城市的社区问题，希望为更多的居民争取更多的公共服务和福利。例如，该联盟推动的活动包括反污染奶制品、禁开赌场、扩大和促进城市公园和体育场的建设等，一些邻里组织的活动甚至扩大到建立城市规划中心来参与城市发展的全部规划。

到1910年，美国几乎所有的大城市都存在社区邻里组织[②]，这些邻里组织得到了教会、大学以及私人慈善机构的资助。它们包括各种类型的社区组织，开展活动时，这些社区组织学习预防性社会工作的专业知识，对本社区的具体情况

---

① See Gerson Green, *Who's Organizing the Neighborhood? Community Organizations: a Report on Their Structure, Accountability, Finance, Personnel, Issues and Strategies*, The National Center for Voluntary Action, Office of Community Anti-Crime Programs, Law Enforcement Assistance Administration, US Department of Justice, May 1979, p. 2.

② Robert Fisher and Peter Romanofsky, *Community Organization for Urban Social Change: a History Perspective*, Greenwood Press, 1981, pp. 5-9.

进行科学分析，承诺要促进本社区和整个城市的完善。而最早建立的辛辛那提市邻里组织联盟以及纽约市哈德逊邻里联盟，开始建立以街区为基础的社区邻里组织的草根参与机制，监督市政府公共服务的运行和效果，筹款来管理各种各样的经济、教育和娱乐活动。

到了第一次世界大战和第二次世界大战期间，社区邻里组织得到进一步发展。当时，美国国防委员会与教育部一起，促进了遍布全美的城市社区和邻里理事会（Community or Neighborhood Council）的产生，以应对与战争有关的事务。全美有 100 万～125 万人参加。战后，其中的许多理事会继续存在下来，并且调整自己以适应和平时期的社区工作。不少理事会在市民与专家之间建立了密切的联系，动员社区居民参加志愿者组织。理事会成员经常开会，确定和讨论社区的主要问题，指派理事会成员去解决特定的问题。

第二次世界大战后，一些组织和居民的领袖成立了“改善我们的社区全美委员会”，推进社区在全美城市更新和重建中的参与。20 世纪 70 年代，美国的许多城市经历了社区或者邻里组织的复兴，社区邻里组织运动的开展曾经一度如火如荼，主要原因是当时城市重建、种族隔离与骚乱、经济危机等造成城市社区生活环境的动荡、治安恶化、居住质量下降等严重问题。当时最著名的是索尔·阿林斯基组织的社区邻里运动，他领导的社区活动深刻影响了美国社区和社会。阿林斯基的运动有三个原则：首先，组织和动员各种社区和社区内的各种居民，包括底层劳动者、黑人、墨西哥裔美国人、中产阶级房产所有者以及家庭妇女等，为自己的利益而斗争，获得更多的权利。其次，产生当地的领袖，他重视社区已经存在的各种组织资源，包括教会、公民团体、小企业、地方社团等，然后通过一个强有力的领袖来整合和领导这些资源。最后，想方设法一定要赢得胜利。

20 世纪 70 年代城市社区邻里运动的结果是 1976 年通过的《全美邻里政策法案》，1977 年议会通过建立了“全美邻里委员会”（National Commission on Neighborhood）。

20 世纪 90 年代，社区主义理论逐步开始盛行。不少信奉社区主义的政治家也深入社区居民中，进行深入、细致的社区服务和建设工作，启发、组织和帮助社区居民积极参与那些切实影响他们日常生活的地方决策过程，在这种参与中表达自己的意愿，学会做一个负责和成熟的公民。近年来，社区主义理论的影响越来越大，不仅在美国，而且在其他一些西方发达国家也出现了“社区运动”。

第二节 美国城市社区管理体制、主要模式和主要活动特点

一、城市社区管理体制

美国行政管理体制为联邦、州和县，城市基本上都是归属于县政府，但是，美国的城市都是自治市。由于美国是一个联邦制国家，各州之间千差万别，又由于城市是自治市，一个州内的各个城市之间也各不相同，因此很难找到一个普遍的模式来全面概括美国社区管理体制、社区结构及其活动的情况。这里，我们叙述的只能是基本的状况。概而言之，美国城市社区管理体制大致可以分为以下几种。

第一，大城市如纽约，市下面是区（borough），如布鲁克林区、曼哈顿区等，区的行政负责人是区长，与其同级的是区理事会；区下面是社区（community district），全市共有59个社区。社区的负责机构是社区委员会（community board），委员会的委员由50人组成，任期2年。委员必须是本社区的居民或者辖区内企业组织的所有人；委员均为义务职，没有任何报酬。这些委员必须得到区长的认可，但是其中有一半成员必须是在区理事会推荐的候选人中产生的；另一半可以是各个群体的代表，但是，来自城市中就业者的比例不能超过1/4。每一个社区委员会都会雇用一个主任和一些专业人员来保证社区日常行政工作的进行，他们从事的是有报酬的工作；主任的职务为社区服务委员会主任，负责社区服务供应和有关规定的筹划和制定，并保证其正常运行。一般来讲，社区服务委员会的专业人员为5～7人，他们负责处理居民的抱怨和意见，为中老年人提供帮助，对社区的需求进行讨论和确定轻重缓急，启动有关的社区项目，提供对居民有用的信息，解决社区中的问题，解决居民之间的纠纷，还要为社区的各种活动提出想法和主意。

法律规定，市理事会在有关事务上必须与社区委员会商量，通常，他们一个月要碰头开一次会，讨论那些需要在社区层面上或者在全市范围内共同协作进行的工作。

社区下面是居民的邻里单位，每一个社区的大小规模不一，邻里单位和居民人口也各不相同。如笔者访问纽约布鲁克林区期间了解的一个社区（CB6），它包括6个邻里单位，据2000年的统计数字，其人口为10.4万左右。

第二，中等城市如芝加哥和波士顿①，市下面不设区，而是直接设选区一级的政府管理机构。芝加哥全市共有 50 个这样的选区，选区的行政负责人是市议员（alderman），他们也是市理事会的理事，所以，市理事会由 50 个理事组成。市议员都是由居民直接选举产生，该负责人领导的社区政府办公室，一般只有两三个公务员。选区的人口平均为 6 万左右，如该市第 9 选区，2000 年时人口为 61 649。再如波士顿市，市下面有 9 个选区，每一个选区设一个社区委员会，同时还有一个社区志愿咨询组织。

第三，小城市以及小镇，由于人口少，基本上都既没有区政府机构，也没有社区一级的行政管理机构。负责与居民进行日常联系的多是由居民直接选举产生的市理事会的理事，再就是居民邻里委员会一类的居民自治组织，属于真正的非政府组织（见表 11—1）。

表 11—1　　四个美国城市的社区组织情况

	亚拉巴马州伯明翰市	俄亥俄州戴顿市	俄勒冈州波特兰市	明尼苏达州圣保罗市
人口	28.9 万	19.4 万	37.6 万	27 万
邻里委员会数量	93	73	90	17
邻里委员会以上的区域社区组织	22	7	7	无
邻里和区域社区组织的工作人员	无	24	26	32
市社区组织方面的工作人员	9	4	11	1

二、社区组织的主要模式和主要活动特点

社区组织的领袖由社区居民选举产生，其领导机构是董事会或者理事会（the board of directors）。这些理事的任期一般是一年，理事会通常每年开会 5～12 次，当然，如果需要的话，可以更多。绝大多数日常活动的运作组织是执行委员会（executive committee），它们至少一个月活动一次，但是实际上通常会更多。此外，根据社区需要处理的事务重点不同，社区理事会还下设各种事务委员会，其成员主要由不是理事会和执行委员会成员的居民组成。美国城市社区的工作也相当广泛，包括从日间看护、财产税申报、老年人看护、社区环境美化、

① 这里是相对于纽约和中国的城市讲的，实际上，芝加哥和波士顿都是美国的大城市。

住宅事务、交通防火到环境教育、就业、食品服务、宠物服务、健康照顾以及社会服务、立法、城市服务和预算、儿童门诊产业保留、洪水控制等。

由于是完全自治的组织，所以资金的筹集极其重要。根据社区和社区组织的规模，一个社区组织的年预算在几千美元到几十万美元之间。筹集来的资金主要用于工作人员的补贴、宣传和组织活动的经费、支付房租以及购买办公设备与用品。资金大致上 2/3 来源于非政府组织，1/3 来源于联邦或地方政府。一般来讲，社区组织都非常注意筹款的多种来源，因为资助来源渠道的多少与组织能够保持独立性的程度直接相关联，资助来源的多样性可以使这些组织保持自己的独立性。

根据美国有关学者的观点，社区组织是公民社会的民主基础，特别是参与式民主的主要动力和有力的组织形式，它可以弥补美国代表制民主的许多不足。下面提供两个比较典型的社区个案，我们可以从中了解美国城市社区的一些主要特点。

1. 俄勒冈州的波特兰市

波特兰市近年来一直被研究社会资本的著名学者普特南大加赞赏，被他称为美国开展社区发展和社区活动最好的两个城市之一，因此也是社会资本存量很高的城市。该市的城市管理属于委员会模式，市领导由市长和理事会组成。市长和理事会成员 5 人（包括作为成员之一的市长）的任期都是 4 年，由全市选举产生。

（1）社区组织的结构与主要功能。

全市共有 90 个邻里联合会（Neighborhood Association），这些邻里联合会派代表进入 6 个区的联合理事会（District Coalition Board）；但是，商业区分为两个邻里联合会，它们没有参加联合理事会。每一个区联合理事会有 6～23 个邻里联合会，邻里联合会辖区的人口平均为 4 250 人。全市有一个邻里联盟办公室（Office of Neighborhood Association），该办公室由市财政拨款建立，向市理事会报告工作，是市政府与居民之间的沟通管道，负责全市的社区自治组织工作。在协调各邻里委员会工作的同时，它特别关注市民对社区活动的参与，尤其是在预防犯罪和向居民及时告知重要信息方面，希望居民能够提出各种建议。该办公室还是社区管理过程中发生纠纷的协调中心。

邻里联合会的工作人员和代表的选举由各联合会自己规定，区联合理事会的理事由邻里联合会的代表和一些特殊代表组成，这些特殊代表是社会服务、工商业组织和其他市民组织的代表。但是，邻里联合会和区联合理事会都必须是法人化的且是非营利的免税组织，同时也是独立的自治组织。

邻里联合会决定自己的辖区范围，如果与其他联合会的辖区有冲突，由区联合理事会解决，必要的话，通过征询辖区内居民的意见解决。

全市年财政预算有120万美元用于社区邻里工作，其中1/3左右直接拨给邻里联盟办公室，2/3左右通过签合同的方式拨给区联合理事会。

波特兰市的社区组织有几个办公室和一些专职工作人员。市邻里联盟办公室有一个自己的中心办公室，每一个区各有一个办公室；此外在商业区还有两个预防犯罪办公室。中心办公室有7名工作人员，各区的办公室各有2～3名工作人员。除了中心办公室外，其他所有办公室的工作人员都是由各区联合理事会雇用的。

区联合理事会每月开一次会，各区办公室的基本职责是负责协助邻里联合会处理社区居民的各种要求。办公室工作人员中专门有一个全职的负责预防犯罪事务的责任人，其主要职责是协助邻里联合会保证社区各种治安措施和设施的实施与正常运转。各区办公室还要保证居民提出及送达的书面报告能够转到邻里联合会、区联合理事会以及邻里联盟办公室。除了这些基本职责外，各区办公室之间的工作差别很大，由各区联合理事会决定。

邻里联盟办公室的活动必须对所有居民公开，所有它组织的活动都对居民开放，任何人都可以参与。各社区组织开会决定的任何正式职位都必须有记录，包括参加人员、选举结果和不同意见等。

（2）针对居民开展的主要活动包括以下几个方面。

a.《邻里简报》。各区联合理事会负责印刷和邮寄《邻里简报》，每年至少1期，有条件的可以多期，每户1份。各办公室负责编辑和技术支持。内容是与居民有关的所有活动和各种信息，包括各邻里联合会辖区的犯罪统计数字、每个月邻里联合会开会、活动的统计等。

b.《市邻里联盟办公室简讯》。每年10期，由邻里联盟办公室负责，分发给所有邻里联合会的成员以及对此有兴趣的居民个人。内容不要求涵盖所有的社区活动，而是提供最近成功进行的事情。

c. 居民调查。由区进行的居民需要的调查。结合邻里联合会的年度报告，进行居民入户调查。也有的区采用的是邮寄问卷的形式，还有全市性的调查。自1978年以来，该市年年进行不同问题的抽样调查，调查内容通常与城市公共服务有关。

d. 邻里结识活动。每年5月的第二周开展“邻里结识周”活动，举办各种活动、大会和讨论会，有关政府官员、市议会议员、社区组织的负责人以及广大居民都可以自由参加。

e. 培训与邻里小额资助项目。为全市邻里联合会的负责人提供培训课程，内容主要围绕提高他们的组织活动的能力、向市政府和市议会提交建议的有效率的方式和途径。还有一种是邻里技术的培训项目。主要集中在计算机使用、志愿者工作的有效性、技术性资源的使用等。邻里小额资助是由州社区基金会提供的，任何邻里联合会都可以申请，主要用于居民的讨论会和其他的培训课程计划。

f. 邻里调解中心。主要放在区的层次上，工作人员是具有专业知识的调解员和受过训练的志愿者，帮助解决邻里之间的纠纷，避免先告上法庭。该中心也调解企业之间、邻里联合会之间以及非政府组织之间的纠纷。

g. 邻里信息和邻里组织资料中心。由市邻里联盟办公室负责，向市民提供有关地方政府职能的所有信息、所有邻里联合会和区邻里理事会的会议与活动时间表、所有社区组织工作人员和办公室的地址和联系方式。这些材料每两周更新一次。

社区组织结构类似于波特兰市的还有西雅图市、俄亥俄州的戴顿市、明尼苏达州的圣保罗市等。如圣保罗市有 17 个区邻里联合会，社区组织成员均由居民选举产生。

2. 亚拉巴马州的伯明翰市

伯明翰市的城市管理属于市长—理事会模式中的强市长类型，市长和 9 名理事会成员都是 4 年一选，但是，是以区为基础进行选举。

（1）社区组织的结构与主要功能。

全市共有 93 个邻里联合会，邻里联合会辖区的人口平均为 2 740 人，邻里联合会的工作人员任期为 2 年。邻里联合会的辖区一开始是由政府的官员挨家挨户征求居民的意见，问他们愿意归属周围的哪一个邻里联合会而决定的。以后，每两年可以变动修改一次。

社区由 2～6 个邻里联合会构成，共有 22 个社区。社区选出一个社区咨询委员会（Community Advisory Committee），其成员来自邻里联合会的工作人员和选出的代表。实际上，社区咨询委员会是该社区权力结构的主要基础。通常该委员会至少两个月开一次会，但是，任何一个社区的代表都可以要求召开社区咨询委员会会议，这些代表被要求将社区居民的意见和要求反映给市政府和市议会。

全市社区组织活动的最高机构是市民参与计划（Citizen Participation Plan）和市民顾问理事会（Citizens Advisory Board）。正式意义上，前者的规定会自动取代任何社区咨询委员会、邻里联合会的规定。市民参与计划特别号召，邻里联合会可以直接去市政府的社区发展部或者其他的政府部门反映问题和提出建议，该组织还要求邻里联合会代表弱势群体的利益。

市民顾问理事会是综合邻里联合会与居民的政策建议向市政府和市议会提交的中心组织，该组织保持着与市长、市议会和政府其他部门的联系，其成员来自邻里联合会，其地位是作为广大居民的代言人。理事会每一个月开一次会，至少每一个季度被授权与市长和市议会开一次碰头会。该组织是伯明翰市历史上第二个与地方政府有如此联系的市民组织，第一个是地方反贫困项目理事会。

邻里联合会的选举每两年一次，该辖区内任何 16 岁以上的居民都有权参加选举，任何 18 岁以上在社区居住满 90 天以上，并且至少参加过两次社区邻里大会的居民都有资格被选为邻里联合会的工作人员，但是，参加竞选的人必须有竞选声明。被选上的工作人员都属于义务性的志愿工作者，并非专职雇员。房地产公司的所有者、企业主以及其他的组织不能参加选举。虽然某些邻里联合会选举的投票率可以达到 70%，但是也有不少邻里联合会选举的投票率只有适龄选民的 15%左右。

每年全市社区组织可以从“社区发展街区资金”（Community Development Block Grant）（其经费来源是联邦政府）获得 50 万美元的居民活动补助。邻里联合会、社区咨询委员会和市民顾问理事会都没有专职的工作人员。

（2）针对居民开展的主要活动包括以下几个方面。

a. 各种《邻里简报》。内容是各种与居民有关的信息，主要包括会议通知、新的邻里项目的介绍、城市或者邻里的有关事情或服务的信息等。每月出版一次，分发给每家每户。每个邻里联合会都可以提出自己需要哪些信息和材料。这可以使居民了解到参与活动的作用，以及参与的机会。

b. 邻里调查。每年对一部分邻里联合会（大约 20 个）的居民进行入户调查，了解他们的需要和遇到的问题。这些信息被用于有关政策的制定。

c. 《全市简报》。这是居民之间和邻里联合会之间进行交流的重要渠道，内容包括该市正在进行的项目、有关市民参与制度的重要事件和报告、各邻里联合会最近的活动介绍。此外，还包括邻里联合会办公室地址和联系方式、邻里联合会工作人员的名字和地址、邻里联合会日常开会的时间和地点等。

d. 邻里联合会训练课程。每一次邻里联合会选举后，联合会的成员都有机会参加社区发展部下属的社区资源中心组织的训练课程，一方面学习如何就社区服务和政策修改提出要求、建议或者方案，另一方面可以熟悉市政府和市议会的政府官员。另外，邻里联合会的工作人员会经常被派出参加美国邻里大会和其他的社区邻里大会，学习和了解全国各地其他邻里联合会是如何工作的。

e. 邻里服务公司。这是一个由 32 个邻里联合会组成的联合体，主要为低收入群体服务，每年可以从“社区发展街区资金”获得 158 000 美元的资助，开展一些有益于普通居民的项目，如开办社区的超市、帮助那些低收入群体认识他们对社区的需要并且采取有效的措施满足这些需要等。

f. 社区联合会主任每两周可以从社区资源中心得到一份情况通报，内容是市政府做出的与邻里社区有关的决策。主要包括：城市土地规划的变更与相关的公众听证会的日期，市政府负责的并且将要影响居民的社区发展项目，政府对邻里联合会提出的要求的回应，市议会的会议日程表，市议会议员以及工作人员的空缺与补缺，城市规划委员会的会议日程表，市民顾问理事会的日程表等。

邻里联合会的工作人员通常花大量的时间与精力在与居民有关的事务上，特别是社区内和周围土地的规划和使用、社区与城市生活环境的情况。如涉及社区内和周边的土地开发，邻里联合会会与有关开发商开会协商。开发商在打算获得开发某一区域的政府文件前，必须获得有关邻里联合会的同意。

除了以上社区组织开展的活动外，美国还存在其他三种较普遍的社区活动模式，这些活动模式有的是与社区组织一起开展的，有的是自己独自进行的（有些城市没有社区组织）。

第一种模式是被称为“全美基础联盟”（National Base Alliance）的模式。其主要任务是策划与协调社区内的各种活动，同时制定有关决策和确定社区工作的轻重缓急。这种模式一般是自治组织自己进行，比较典型的例子是波士顿市的达德利邻里委员会的工作。该社区活动的特征是政府和国家基本上不参与，其关注的事务包括：社区层次的计划和决策，提高社区的社会经济地位，寻找战略伙伴来发展社区，组织社区居民参与各种活动，振奋社区精神，促进能够保证社区居民权利的立法进程，提倡对社区的奉献和责任。

第二种模式是被称为“青少年的明天”组织的模式。它主要在纽约市活动。其目标是发展为低收入家庭服务的网络，主要工作包括健康、住宅、儿童福利、就业训练、心理健康、青年人服务等。除了志愿者组织的帮助外，该模式的特点是建立各种伙伴关系，也包括与商业组织结成伙伴关系，前提是这些企业应当能够为社区居民提供物质和心理上的帮助，并且保证社区有一个没有噪音和空气污染的环境。该组织在纽约的 10 个社区委员会管辖的社区进行了参与，其经费来自纽约市当局，其政策由副市长办公室确定。此外，还有巴尔的摩的温切斯特社区邻里委员会，其工作主要建立在与一些政府机构和非政府组织的伙伴关系基础上。邻里委员会由一个 11 人组成的董事会领导，该董事会由市长任命，包括 6 个社区居民代表、4 个市政府代表和 1 个支持社区工作的基金会代表。邻里委员会的主要工作是住宅与社区公共空间的建设、教育、健康照顾、就业、居民服务、公共治安等。

第三种模式是由福特基金会资助的“邻里家庭创建”组织的模式。该组织的模式存在于威斯康星州的密尔沃基市、田纳西州的孟菲斯市和康涅狄格州的哈特福德市。其活动建立在两大原则基础上：(1) 在社区项目的策划、实施、活动过程中，必须是所有的社区团体、社区邻里组织参与和合作的共同行动。(2) 在决策和项目执行过程中，当地市政当局和社区邻里组织必须都参与。在这类模式中，社区邻里组织成员应当包括低收入家庭的居民、社区中的专业人士和工商业机构的人士，同时还包括政府部门和第三部门的代表。

第三节　其他发达国家的社区模式

一、英国

英国的社区在英格兰、苏格兰和威尔士略有不同，大体上，地方政府分为两个层次，第一个层次是地方政府（unitary authority），在其下是第二个层次，即社区或者镇委员会。

社区委员会是根据皇家地方政府委员会的指令而建立的，委员会是当地政府与地方社区之间的沟通桥梁。英国法律规定，地方政府有责任制定社区委员会的规划，该规划包括社区委员会的辖区范围、选举人和被选举人的条件和标准、选举的各种安排、委员会的成员和比例构成、社区委员会的会议程序规定、经费来源和财务管理的制度。

苏格兰地区共有 1 100 个社区，威尔士地区有 866 个社区，英格兰的社区委员会也叫作教区委员会。各社区管辖的范围不一，少的只有 100 多人，多的则达到 4 万人。社区委员会由一个公共董事会领导，通常董事会的选举每三年举行一次，除了被选举的董事会成员外，国会议员、地方的议会议员依其职权，也参加董事会；不过，这些议员服务于董事会是没有报酬的，同时也没有选举权。社区委员会本身亦为志愿者组织。

社区委员会的主要功能包括代表当地居民，使居民能够就他们所关心的问题发表意见。社区委员会是社区居民、地方议会和地方政府之间的重要纽带，地方政府对于社区居民的看法也相当重视，鼓励他们就与居民日常生活密切相关的事情以及公共服务工作表达真实的想法。同时，法律规定，政府在城市规划方面必须听取受到影响的那个社区的社区委员会和居民的意见。

从政府的角度来讲，市政府将社区委员会看作政府机构与社区居民之间的协调者和联络组织，以及推动和鼓励居民参与社区规划和决策过程的工具。

社区委员会日常处理的事务也相当广泛，包括社区规划、公众权利、图书馆、环境保护、教育、道路和交通、扶贫、健康照顾、社区安全和预防犯罪、社区基础设施的建设与维护、休闲娱乐以及体育活动等。

二、意大利

意大利议会立法给予社区组织正式的法律地位，特别是在意大利中部和北部地区，法律还承认社区居民对有关城市和社会服务进行政治决策以及管理他们自己事务的权利，鼓励居民对城市发展和制定公共服务制度的参与。

根据法律，社区委员会从属于市理事会，后者被授权决定前者的权力范围。社区委员会的组织结构包括委员会及其主席、居民大会和居民代表会议。各个城市之间的社区委员会的规模大小不一，同样，社区委员会的开会时间也各不相同。一些城市是1个月开一次会，而另一些城市可能是3个月一次。

社区委员会在社会服务、医疗健康服务、住宅、文化以及休闲娱乐方面有权对市理事会提出建议，在城市建设、商业发展以及社区中有关评价居民需求和推荐社区项目的政府有关调查方面有着同样的权利；有些城市的社区委员会也有权在城市规划，公共项目的启动、实施和管理，体育活动，文化和娱乐中心的建设，公园和学校的管理方面提出建议。

社区委员会的领导人是主席，是经选举中的绝对多数通过决定的。主席一般有几个顾问，这些顾问是委员会中不同利益群体或者党派的代表。在委员会之下是居民大会，通过召开全体大会来为居民提供参与、发表意见和想法、提出有关社区发展的会议议程的场所。在居民大会之下是居民代表会议，居民代表会议的功能与居民大会相似，只不过其规模更小些，召开起来更加容易，它还可以召开各种领域的居民、管理者和专家的专门会议。

三、北欧国家

北欧国家的社区委员会建立的目的，主要是为了减少地方政府的数量，或者在那些将几个小城镇合并而成的较大的城市中，取代这些政府机构。从总的趋势上来看，大的社区委员会正越来越多地涉及对城市公共和个人服务、城市服务系统有效满足社区居民的制度建设的决策。从这个角度讲，社区委员会已经成为城市服务系统长期的管理、执行组织。

有关社区组织的立法及其法律地位在北欧各个国家各有不同，瑞典是在《社区委员会法》中对此作出规定，芬兰则是在《地方政府法》中对此作出规定。这些法律给予社区委员会极大的自由和自治权；而有关社区地域范围、社区委员会委员的数目、社区委员会的权力和经费等，则是由市理事会在某些条件的限制下决定。

在北欧国家，社区委员会也是由董事会领导，但是，董事会不是通过选举产生，而是由市理事会任命，而市理事会是通过市民选举产生的。董事会依靠社区委员会中的各类委员来处理诸如教育、文化、环境、公共健康、社会问题、住宅和城市建筑等方面的事务。这些委员关注居民的日常生活，向社区委员会提交建议、项目策划书和行动方案等。总的来讲，社区委员会的主要目标是加强地方民主，促进民主、自治管理的有效性，提高居民的参与程度。

社区委员会负责安排官方会议，在此会议上，官员为民众提供所有居民关心的信息。同时，居民也可以不受限制地向市政府官员提出各种问题，并且获得当场的解答；还可以要求政府对居民提出的需求提出解决措施，并将有关事务列入社区发展的政府工作会议议程。社区委员会可以从政府获得一些资助，但是，它们更愿意享受自治权，而从其他领域找到资金。

经过多年的发展，人们普遍的看法是：社区委员会是一个重要的民主机制，可以将居民的意见和社区的问题反映到市政府，对培育社区精神也作出了贡献。

四、加拿大

加拿大的社区是以地域为基础形成的自然社区，而非以行政划分或者功能区隔为基础的社区。社区委员会的委员通过选举产生，其功能包括两方面：政策建议和决策。根据法律，社区委员会是当地居民的组织，有权代表居民和社区的利益；市政府授权其有特定的建议和决策权；并且有权实施特定的行动；还可以发起与社区居民利益有关的会议。

社区委员会是市政府与市民之间的桥梁，并且为居民有效参与社区的治理提供各种途径；特别是在那些缺少正式议会议员和市理事会成员的社区，社区委员会成为市理事会理事与这些社区的居民之间活动的平台，居民可以通过社区委员会向政府官员和议员们表达自己的利益诉求。社区委员会委员通过选举产生，并且明确界定其所负责的区域和联系的居民。社区委员会的职责包括：监督公共服务的运行是否到位，提出和启动与社区居民需求有关的项目与活动，为居民参与市政府的决策提供活动平台。

加拿大的社区委员会的模式主要有以下三种：地方社区利益模式、分散管理模式、联盟模式。三者的主要区别在管辖范围与规模上，第一种模式最小，社区由邻里委员会组成，社区管辖的范围与城市的行政区划并不一致，主要是根据它们共享的利益和居民的社区认同。社区委员会的委员由邻里委员会的辖区选举出来的代表组成，由于这类社区建立的首要目的是促进居民与社区委员会委员们的互动，同时有效地监督他们的工作，所以，社区及其社区委员会在规模上都尽可能小，最少的社区委员会仅由 3 位代表组成。第三种模式最大，多是由几个社区组成的社区联盟，其管辖的范围基本上是以市政府的行政区划为基础。第二种模式的规模介于两者之间，主要强调分散化的管理，更多强调区理事会而不是市政府对社区委员会的责任和职能。

下面是加拿大城市社区的两个个案。

（1）埃德蒙顿市。该市的社区委员会是一个社区联盟，该联盟是一个自治组织，不依附于任何一个政府机构，全市有 140 个联盟，市的层面上有一个埃德蒙顿社区联盟协会，负责协调和督促各社区联盟的工作，该协会同样也是非政府的志愿者组织。社区联盟与全市的理事会管理系统相互契合，以便于与市政府机构的互动和联系。

社区联盟参与地方政府的决策，并且积极地对政府官员、议会议员和理事会理事从事游说和咨询活动。其经费来源有三个渠道，市政府的适当资助、社区成员的少量会费和向各种基金会进行的资金申请。居民是否是社区联盟的成员完全取决于他是否接纳会费，所以，居民这方面的身份是不固定的。

（2）温尼伯市。该市的社区委员会根据 1991 年的《温尼伯市法案》进行运作，其目的是促进居民参与社区委员会进行的与社区居民有关的各种决策和项目。同时，社区委员会经常举办论坛，以供被选举的官员、议员们和居民讨论与社区相关的事务，并对后者关心的问题提出解决方案和措施；社区委员会还为居民提供有关市政府政策和城市规划方面的最新信息；此外，还要保证市政府与社区居民之间密切的沟通和联系。

社区委员会管理的日常工作包括：街道的整洁与卫生，可再生资源的回收与利用，社区公共设施的管理与维护等。社区委员会的主要职责包括：代表居民的利益，要求市理事会理事或者议会议员向居民提交报告，显示他们为社区居民成功举办了哪些活动及作出了哪些努力。

温尼伯市的政府官员和议会议员们普遍认为，社区委员会的存在是一个重要的民主机制和居民代表组织。

加拿大的邻里委员会组织中有很大的比例与埃德蒙顿市的联盟模式差不多，这些邻里委员会同样不依附于任何政府机构，其主要工作是促进那些不是社区委员会成员的居民参与有关社区的活动。概而言之，加拿大的邻里委员会存在如下三种模式：一是草根组织。它们建立在自愿性的基础上，在规模和地理范围上非常灵活，没有固定的标准。二是选举的委员会。其主要功能是作为联系社区委员会、社区联盟和其他政府或者非政府机构之间的桥梁。三是市民董事会或委员会。其代表当地社区的利益，且与市政府或者市议会有较多的联系，不仅仅限于咨询或者社区范围内的活动，而是参与城市更广泛的社会、经济事务的决策。

加拿大的社区组织最主要的工作是：首先，代表社区居民的利益，并且使居民的利益诉求被政府机构听到，以便能够体现在有关政策的制定中；其次，使那些少数派群体，如少数族裔、贫困群体、边缘群体能够参与到政治活动中，为他们提供参与决策过程的途径。

五、日本

日本的社区组织包括三个层次，即自治会、连合自治会和区协议会。自治会也叫町内会，性质上是居民自治组织，但是，在实际工作中，町内会与政府特别是区的政府机构保持着比较密切的联系。政府对于町内会的角色也比较重视，许多决策都希望获得居民的承认和理解，因此，政府的不少决策都会听取町内会特别是会长的意见；居民反映问题时，如果由町内会提出，政府会更加重视。

一个町内会的规模为 180～400 户，平均为 200 户、800 人左右。10～20个自治会组成一个连合自治会，规模为 2 000～6 000 户、人口 1 万～2 万，相当于一个小学校区；5～10 个连合自治会组成一个区协议会。

町内会有两个物体可以作为该社区管辖边界的识别物，一个是社区布告栏，另一个是神社。社区布告栏向居民公告町内会计划和组织的活动以及与社区及其居民日常生活相关的信息；神社是社区居民进行宗教仪式、节日庆祝和祈祷的集合场所，它是町内会最重要的地点，兼具宗教、社区和社会活动的特点。

町内会的成员是志愿性的，绝大部分町内会会员都是由社区居民轮流担任，町内会的会长基本上是每两年选举一次。

町内会履行三个方面的主要功能。

第一，社会经济的功能。包括对贫困家庭的社会支持，为那些无家可归者提供心理方面的服务。此外，对于社区内各种年龄群体如老年人、儿童、青少年等，在体育活动、休闲娱乐等方面还提供和组织多种社会活动或者项目。

第二，游说功能。作为咨询和建议的组织，町内会促进保护公民权利的法律的立法，同时，游说和支持那些推动社区项目的政治团体。町内会的领导通常都坚决反对与社区居民利益相违的商业和其他活动，他们赞成环境保护，并且积极组织居民参与那些旨在提高居民生活质量的各种活动。

第三，管理功能。这一功能是由地方政府赋予的，町内会负责的事务主要包括居民身份的登记、婚姻登记，以及帮助有关方面进行对居民关于公共事务相关问题的态度的问卷调查。

经费方面，首先，主要来源是居民的会费，每个家庭交纳的会费为每月200～1 000日元，日本80%～90%的居民参加町内会；其次，当地政府会将财政支出的10%资助给町内会，这些资助实际上是对町内会为当地政府进行工作所付的报酬和地方政府使用社区设施的租金；最后，不少社区还有自己的林地、湖泊或者房地产可以创收。社区内其他类型的志愿者组织也热心于组织各种文化和社会活动，以加强社区凝聚力，此外，还有些商业组织也关心地方的政治活动和履行公民的责任，因此，町内会可以向这些组织开展活动，以获得有助于社区居民福利的经济支持。

町内会日常的工作包括神社的维持，社区的消防事宜，青少年教育，地域财产的管理（与财产管理委员会合作），妇女会，犯罪防范，环境卫生与保健，社会福利设施建设和管理，街道的清洁，以及组织节日庆典活动。

町内会一般由5～15人组成，包括会长、副会长、会计、秘书、委员若干；任期1～2年。会长下是部长，部长下是班长；班长的工作比较琐碎，负责收费、巡逻、清扫公园、通知各种事情等。这些成员多是退休人员，义务工作。

町内会的办公场所不固定，有的叫集会所，有的是公民馆，有的在小学校，还有的在居民家中。

连合自治会由9～18人组成，包括会长、副会长、会计、秘书、委员等；任期两年，均为义务。

下面是笔者2005年调查的一个个案——东京大田区大森町自治会。该自治会有100多年的历史，规模为450户左右，人口约为1 300人。下设11个部、24个班。部长和班长由居民轮流担任，任期两年。会费方面，一般会员，即居民为每年50日元；特殊会员，即愿意参加的法人组织为每年2 000日元。自治会工作人员21人，下设防火防灾事务委员会、妇女委员会、边缘群体支援委员会。2004年的经费共计50万日元。町内会没有独立办公地点，一般在会长家中开会。该自治会与其他3个自治会共有一个集会所，召开较大的居民会议时，需要提前预约才能使用。

各发达国家社区组织的特点如表11－2所示。

表 11—2　　各发达国家社区组织的特点比较

特点	英国	意大利	北欧国家	美国	加拿大	日本
社区组织名称	社区委员会/教区委员会	社区委员会/邻里委员会	邻里委员会	社区委员会/邻里委员会	社区委员会/邻里委员会	自治会/町内会
法律地位	志愿者组织	合法的社区组织	合法的社区组织	合法的社区组织	合法的社区组织/志愿者组织	志愿者组织
选举过程	选举	选举	选举	选举	选举	选举
居民选举参与情况	较低	中等偏上	一般	中等	中等	中等偏上
社区委员会的董事会	选举，比例代表制	选举	提名	选举	选举	选举
权威性	纽带、协调、咨询、建议	咨询、建议	咨询、建议	建议	建议	建议
经费来源	政府和私人基金会	政府	政府	政府和私人基金会	会费、政府和私人基金会	房地产、会费、政府
角色或者主要功能	规划、教育、道路与公共交通、反贫困活动、健康、犯罪预防、增加社区设施、公众权利、娱乐、居民需求评估与反映	社会服务、健康服务、住宅、规划、娱乐休闲设施、公园、体育运动中心、居民需求的评估与反映	文化、娱乐休闲、初等教育、社会服务	监督社会服务的运行、社区需求、社区内的规划、公园和娱乐设施	社会服务、居民需求分析与反映、解决冲突、健康、住宅、儿童福利、经济发展、社区规划	社会与经济功能、游说与组织功能、管理功能

通过以上的叙述，我们可以看出美国等发达国家的社区组织及其活动具有以下几个特点。

第一，市政府官员和社区组织的成员全部由居民直接选举产生，城市社区管理体制基本上实行自治管理。社区居民是社区的真正主人，这主要体现在社区组织的角色主要是其服务者，而不是其管理者；社区组织最重要的使命或者职责是为居民的利益而不是政府的任务而工作，它们都将社区居民的福祉或者生活质量作为头等大事，所有工作与活动都首先围绕它展开。

第二，在社区一级层次上的公务员数量极少，领取国家公务员工资的一般不超过10人，甚至不超过5人。绝大多数社区委员会和邻里委员会的成员都是志愿者，有的甚至是居民轮流担任，没有任何报酬。这样，社区组织很难有行政官员的色彩，这大概也是“小政府，大社会”的一个体现，同时，也能够有效减少财政开支，避免机构臃肿、人浮于事、助长官僚习气。

第三，社区中存在大量的志愿者组织，社区居民组织与各种志愿者组织之间是一种横向的合作伙伴关系，而不是社区居民组织领导其他志愿者组织的纵向关系。这些自治组织和志愿者组织自己决定社区中的公共事务，自己组织各种居民邻里活动，基本上一切都是居民自己说了算，也就是自己通过民主方式来解决，或者寻找其他途径与政府有关部门进行协商。

第四，社区组织履行的职责与社区居民的日常生活密切相关，作为联结政府与居民之间的桥梁，它们一方面维护居民的利益，向政府提出有关的利益诉求，并且监督政府在社会服务方面的运行是否到位；另一方面建立联系平台，促进政府与居民的信息沟通。

第五，由于是自治组织，所以，经费来源上基本上以自筹为主，这也是保障自己独立性的一种有效方式。自筹经费中的多数是以申请项目的形式进行，因此，项目经费无论是来自政府还是私人基金会，都有很严格的花销要求，基本上都是用于项目活动本身，很少可作为办公经费。所以，社区组织普遍的情况是办公室、会议室以及办公设施和设备极少甚至根本没有。也因为是自治组织，所以，每个城市都有其自身的管理体制特点。虽然文中将它们大致划分了一些类型，但是实际上的类型可能要丰富和复杂得多。

第六，地方政府重视社区组织的作用，认为它是一个重要的民主机制，既是反映民意的重要渠道，也是上情下达的有效管道，并且对培育社区精神和增进社会资本都起到了积极作用。

本章要点

美国城市采取的是社区发展的模式，社区居民组织中主要存在社区委员会和邻里委员会；所有的社区居民组织都是自治组织，从组织的建立、领导的产生、经费的来源和活动的开展都是居民自主进行的；其他发达国家的社区形式千差万别，但基本上也都是尊重居民自己的意愿而运行的。

基本概念

社区委员会　邻里委员会

复习思考题

1. 美国社区组织的界定是什么?
2. 美国城市社区管理体制、主要模式和主要活动特点各是什么?
3. 试比较我国与发达国家城市社区居民组织的主要异同点。

推荐阅读参考书目

夏建中．美国社区的理论与实践研究．北京：中国社会出版社，2009

关联课程教材推荐

书号	书名	作者	定价
978-7-300-26323-6	社会学概论新修（第五版）	郑杭生	69.00
978-7-300-26861-3	社会调查研究方法（第四版）	郝大海	48.00
978-7-300-26569-8	农村社会学	陆益龙	49.00
978-7-300-28381-4	应用社会学（第三版）	李　强	59.90
978-7-300-28456-9	组织社会学（第四版）	于显洋	59.00
978-7-300-28091-2	人口社会学（第二版）	杨菊华　靳永爱	59.90

配套教学资源支持

尊敬的老师：

衷心感谢您选择人大版教材！相关的配套教学资源，请到中国人民大学出版社官网（www. crup. com. cn）下载。部分教学资源需要验证您的教师身份后，才可以下载，请您登录出版社官网后，点右上角“注册”，填写“会员中心”的“我的教师认证”项目，等待后台审核。我们将尽快为您开通下载权限。

如您急需教学资源或教材样书，也可以直接与我们的编辑联系：

龚洪训　　电话：010－62515637　　电子邮箱：6130616@qq. com

专业教师 QQ 群：

195761402（全国社会学教师 QQ 群）

欢迎您登录浏览人大社网站，了解图书信息，共享教学资源

期待您加入专业教师 QQ 群，开展学术讨论，交流教学心得